信访制度智库性功能建设研究

王 凯 叶明珠 编著

人民出版社

责任编辑：邓创业

封面设计：胡欣欣

图书在版编目（CIP）数据

信访制度智库性功能建设研究 / 王凯，叶明珠 编著 . — 北京：
  人民出版社，2021.1
ISBN 978 – 7 – 01 – 023738 – 1

I. ①信⋯　II. ①王⋯②叶⋯　III. ①信访工作 – 研究 – 中国②咨询机构 –
  研究 – 中国　IV. ① D632.8

中国版本图书馆 CIP 数据核字（2021）第 181546 号

信访制度智库性功能建设研究

XINFANG ZHIDU ZHIKUXING GONGNENG JIANSHE YANJIU

王　凯　叶明珠　编著

人民出版社 出版发行

（100706　北京市东城区隆福寺街 99 号）

北京汇林印务有限公司印刷　新华书店经销

2021 年 1 月第 1 版　2021 年 1 月北京第 1 次印刷
开本：710 毫米 × 1000 毫米 1/16　印张：18
字数：270 千字

ISBN 978 – 7 – 01 – 023738 – 1　定价：48.00 元

邮购地址 100706　北京市东城区隆福寺街 99 号
人民东方图书销售中心　电话（010）65250042　65289539

目　录

序

　　《信访制度智库性功能建设研究》一书是北京市信访矛盾分析研究中心的重要成果，也是研究中心在信访制度改革研究领域的又一重要探索。

　　本书从顶层设计角度审视信访制度，结合国家治理背景探讨信访制度的改革完善，意义重大。党的十八届三中全会明确提出"全面深化改革的总目标是完善和发展中国特色社会主义制度，推进国家治理体系和治理能力现代化"，这是中国共产党首次明确提出"国家治理"的概念。党的十九大，十九届四中、五中全会进一步明确了新时代推进国家治理体系和治理能力现代化建设的系列重大举措。"国家治理"的提出是思想观念的一种深层次变化，是一种全新的政治理念，表明中国共产党对社会政治发展规律有了新的认识。"国家治理"的提出意味着中国改革从党政推进型开始转向政府、社会、市场各个主体的共治。在改革的动力机制上，不再单纯地党政推进，而是发挥党政、市场、社会的智慧和力量；在问题治理上，政府、市场、社会各自形成治理的闭环，使发展成本降低并分散化，形成低成本的良性发展；在治理机制上，不再过分强调自上而下的管理，还包括自下而上的社会建构，把群众的智慧和力量当作国家治理的重要源泉，是党群关系、政民关系在新时代的新构造。

　　"国家治理"立足于中国的现实国情，重视理论创新、实践创新和制度创新，关注发挥中国特色本土制度的治理价值。信访制度作为具有中国特色的制度设置，是当代中国国家治理体系中的重要组成部分。作为我国国家治理体系中的法定制度，信访是我国国家治理中自下而上的特殊机制，是国家治理的负反馈机制。透过信访这个窗口，能够观察到国家法治化建设进程中存在的问题，能够观察公共政策制定、执行过程中存在的不足和缺失，近距离了解和体察普通民众的愿望和诉求。因此，信访制度就显得更加弥足珍贵。

本书系统探讨了信访制度的智库性功能，将其作为信访制度改革完善的重要方向，进行一系列创新性探索，值得肯定。伴随信息时代和知识经济时代的来临，全球化进程不断加速，当今世界的国际竞争不仅体现在与经济、科技等"硬实力"的竞争，以思想、观念、文化为核心的"软实力"竞争越来越受到重视，而作为创新思想的源泉，智库正成为各国"软实力"竞争的新焦点。纵观当今世界各国现代化发展历程，智库在国家治理中发挥着越来越重要的作用，日益成为国家治理体系中不可或缺的组成部分，是国家治理能力提升的关键。中共中央办公厅、国务院办公厅印发的《关于加强中国特色新型智库建设的意见》明确指出，"中国特色新型智库是国家治理体系和治理能力现代化的重要内容"。

自 1951 年创设以来，信访制度已经有七十年的历史了，与共和国的历史几乎相当。在各个历史阶段，信访都承载着多元的制度功能，发挥着不可替代的作用。纵观信访制度的发展历程，其一直发挥决策咨询的智库性质的功能。进入 21 世纪以来，在大数据的时代背景下，信访制度的智库性质的功能日益凸显，信访制度利用其独特的资源优势，日益承载资政辅政、启迪民智、聚贤荐才、平衡分歧等多元智库性功能。信访制度的智库性功能具有战略性、本土性、专业性、灵活性、相对独立性等特征，不仅可以成为新时代信访制度改革完善的重要探索方向，还可以成为中国特色新型智库建设的一个重要的突破口。本书运用历史的视角，阐释了信访制度智库性功能的内涵，并从政府治理、政治建设和社会治理几大领域深入分析了信访制度独特的智库性功能。在此基础上，本书还探讨了加强信访制度智库性功能建设的实践路径，为推动信访制度的深层变革建言献策。论述过程中，本书提出不少颇具新意的观点，让人耳目一新。

实践中，北京市信访矛盾分析研究中心已成为信访制度智库性功能建设的典型样本。2009 年 11 月，北京市信访矛盾分析研究中心正式成立，开创了全国信访系统成立专门机构分析研究信访矛盾和社会问题的先河。研究中心从成立之初便带有智库色彩，经过 10 余年的探索和尝试，研究中心逐步形成独具特色的研究机制、研究方法和研究领域，深入开展信访理论研究，开展课题研究 100 余项，出版信访理论专著 40 多部，这些研究成果得到各级领导的高度重视，获得省部级以上领导重要批示肯定近 200 次。研究中心的很多成果具有突破性：如推动并积极参与国家信访立法研究工作；推动"中国法学会行政法学研究会信访法治化专业委员会"的成立；致力于信访及社会矛盾领域高等教育事业的发展，推动设置我国第一个信访博士培养方向，推动成立"全国信访高等教育联盟"；积极构建"智慧信访"大数据平台，建立全国首个信访与社会矛盾数据库，建立全国首个"信访数据实验室"；创设"社会矛盾预防与应对国际论坛"、"社会公共治理亚洲论坛"、"中法人民权益保护制度论坛"等 3 个国际性、常设性高端论坛等。时至今日，研究中心日益发挥资政辅政、启迪民智、聚贤荐才等多元智库性功能，成为信访研究领域具有重要影响力和引领力的新型智库。研究中心的创立和成功运作，为新时代信访制度智库性功能建设的实践探索提供有力借鉴。

展望未来，推动信访制度的发展完善，应从国家治理体系的顶层设计角度，重新审视信访制度的功能和定位，凸显信访制度的智库性功能，将信访制度建设成为新时代国家治理体系的重要组成。本书的出版为新时代信访制度改革完善提供了理论参考，为国家治理和信访工作的理论研究和实践工作注入了正能量。可以期待，北京市信访矛盾分析研究中心一定能够把握时代的脉搏，积极探索，作出更多的贡献。

是为序。

朱维究

2021 年 1 月

导　论

　　信访制度是中国特色社会主义民主法治中一项重要的制度设置。我国正处于转型时期，正经历着前所未有、迅速变化的经济、社会转型，即从传统社会向现代社会，从农业社会向工业社会、从封闭性社会向开放性社会、从计划经济体制向市场经济体制的历史变迁。与西方发达国家的发展历程不同，我国的转型期具有特殊复杂性，不仅需要将工业化、城市化、市场化三类转型浓缩于同一历史时期，同时，还需要时时应对全球化的各类纷争和挑战（如近期的中美贸易纠纷），快速、集中、多重的转型不可避免地引发中国经济、社会领域的深刻变化。这使信访制度承受了前所未有的压力，信访制度在功能定位、法律依据、体制结构和运行机制等方面都面临着一系列的挑战。在推进全面深化改革的时代背景下，信访制度改革完善的重要性日益凸显：信访制度的发展与创新，关系到如何巩固党的执政地位，关系到如何更好地发展社会主义民主，关系到如何深入推进社会主义法治进程以及如何建设社会主义和谐社会等一系列重大问题。党的十八大报告明确要求"完善信访制度"，十八届三中全会要求"改革信访工作制度"，党的十八届四中全会进一步要求"把信访纳入法治化轨道"。党的十九届四中、五中全会再次明确要求"完善信访制度"。在新的历史时期，创新和完善信访制度已经成为一个重要的理论和实践议题。

一、信访制度是中国珍贵的制度资源

　　自 1951 年创设以来，信访制度已经有七十年的历史了，与共和国的历史相当。"信访是一个地道的中国问题"①，围绕信访形成的制度也具有浓郁的中国特色，信访制度是中国共产党人联系群众的制度设置，具有重要的制度价值，发挥着多元的制度功能。

（一）信访制度是中国共产党人的制度创新

从政治理论和实践来看，如何建立政府与群众的广泛联系、实现政府与民众的有效政治沟通，确保政府与群众之间的信息对流是巩固政治秩序和长期执政的重要保证。政治学理论认为，政治沟通是政治生活和政治管理的生命线，任何政治生活和政治管理活动都离不开一定的政治沟通。政治沟通在现实政治生活中起到传播信息、减少信息不对称性、加强政治决策的科学合理性、增强政治信任、提高政治权力合法性、整合政治系统等作用。对政治系统来说，沟通是它赖以存在、得以运行的基本前提和不可或缺的要素。"政治沟通犹如血液循环，是滋养政治系统的东西。"②民主政治是现代社会发展中的一种不可抗拒的历史潮流，它已经成为当代各个国家政治发展的普遍形式。在科恩、罗尔斯、哈贝马斯这些思想家看来，民主政治与政治沟通息息相关，民主政治的实现必须有其沟通机制的"在场"和"到位"，否则，民主将如空中楼阁般无法到达。③

中国共产党自成立之日起就十分重视政治沟通的作用，密切联系群众，走群众路线，是中国共产党区别于其他政党的显著标志之一，"从群众中来，到群众中去"就是极具中国特色的政治沟通理论与实践，而作为群众工作重要内容的信访恰恰是实现政治沟通的有效渠道。从制度设立的角度来看，信访是在合法程序下由法律法规确定的正式的政治沟通渠道。信访作为人民群众利益和意愿的表达行为，历来受到党中央和老一辈无产阶级的重视。它是在长期的社会主义革命和建设过程中逐步建立和完善的，是我党对实现有

---

① 李宏勃：《法制现代化进程中的人民信访》，清华大学出版社 2007 年版，第 3 页。

② Gabriel Abraham Almond and James Smoot Coleman，ed. *The Politics of the Developing Areas*，Princeton University Press，1960，p.47.

③ 参见［美］科恩：《论民主》，聂崇信、朱秀贤译，商务印书馆 1988 年版，第 158 页。

效政治沟通的经验总结，其制度的建立实际上是第一代领导人精心培育的结果。

中国共产党从诞生之日起，就将自己深深地扎根于人民群众之中。无论是在建党初期，还是在革命根据地、在井冈山、在中央苏区、在延安，以毛泽东同志为代表的第一代领导人十分注意从群众的来信与来访中了解群众思想动态，发现重大问题，对相关政策进行调整。

在建党初期，我党就十分重视人民群众的来信来访，领导人通过人民群众的来信来访了解群众的意见和想法。1921年，安源煤矿的两个工人给毛泽东同志写信，反映他们那里的情况。收到信件后，毛泽东同志亲自到安源煤矿，和工人们促膝谈心。①

在中央苏区，毛泽东和许多主要领导人经常召开群众会议，征求群众意见。大量史料说明，抗日战争时期，毛泽东、周恩来、朱德等中央领导同志同人民群众保持着广泛、密切的联系，许多来信都是他们亲自批阅的，许多来访人都是他们亲自接待的。②在延安时期，毛泽东、周恩来、刘少奇、朱德、任弼时等都亲自处理人民来信和来访。1942年，陕北解放区物质生活困难，群众对征粮任务过重很有意见，毛泽东根据群众来信来访提请党中央讨论开展大生产运动，自己开荒种地、纺纱织布，以减轻群众负担。事实证明，大生产运动不仅帮助军队克服了生活资料的困难，而且减轻了群众的赋税负担，赢得了人民的拥护，为长期抗战、壮大军队、扩大解放区奠定了坚实的基础。③

1949年3月，中共中央迁至北京，人民群众的来信逐渐增多。毛泽东当时住在香山，几乎对每一封来信都亲自阅示，有些直接回信，其余的由田家英代为回信。由于来信越来越多，1949年4月成立了中央书记处政治秘书室，由中央书记处书记任弼时兼任室主任，主要为毛泽东和其他中央领

---

① 参见刁杰成：《人民信访史略》，北京经济学院出版社1996年版，第20—21页。
② 参见刁杰成：《人民信访史略》，北京经济学院出版社1996年版，第21页。
③ 参见中央办公厅信访局、国务院办公厅信访局编著：《信访学概论》，华夏出版社1991年版，第129页。

导人处理信访问题。① 秘书室虽然不是决策机关，但中共决策机关的领导者所写的批语通常以其起草的报告和意见作为基础，由秘书室直接负责信访工作，足见第一代领导人对信访的重视。

新中国成立开创了信访工作的新纪元。新中国成立伊始，我党面临着复杂的政治与经济考验，保持和加强党与群众的联系、增进内部团结成为开展各项工作的基本出发点。如何构建和谐的民主政治关系、充分实现人民当家作主，是我党第一代领导人最为关心的政治问题，密切联系群众的信访制度正是在此背景下逐步形成制度化雏形的。

1951 年 5 月 16 日，毛泽东在批转中共中央办公厅秘书室就当年 1 月至 3 月处理群众来信情况的报告时指出："必须重视人民的通信，要给人民来信以恰当的处理，满足群众的正当要求，要把这件事看成是共产党和人民政府加强和人民联系的一种方法，不要采取掉以轻心置之不理的官僚主义的态度。如果人民来信很多，本人处理困难，应设立适当人数的专门机关或专门的人，处理这些信件。如果来信不多，本人或秘书能够处理，则不要另设专人。"②

通过信访，党的第一代领导人广泛吸收广大人民群众参与管理国家大事，既发扬了民主，克服了工作中的缺点，又完善了政治机制，为革命和社会主义建设事业提供了保障。可以说，信访制度在设立之初具有极其特殊的价值与目标：它一方面有利于建立巩固新政权所需要的公共秩序；另一方面还有利于树立政府权威，提高政府的公信力；同时，它还为党和政府提供大量、重要、苗头性的政治信息，成为决策的可靠依据。实践证明，中国的革命和建设需要人民群众的积极参与，密切联系党和政府与人民的信访制度具有十分重要的制度价值。

信访制度作为直接协调国家与社会关系的战略性机制，是中国共产党人的制度优势。从国家与社会的辩证关系来看，信访制度的基础可归纳为

---

① 参见董边、镡德山、曾自编：《毛泽东和他的秘书田家英》（增订本），中央文献出版社 1996 年版，第 7—8 页。

② 《毛泽东文集》第六卷，人民出版社 1999 年版，第 164 页。

国家和政府需求、公民和社会需求两个方面。从国家和政府需求看，建立和运行信访制度的政治出发点是为了党和政府应人民利益要求有效地治理社会。这种治理的有效性集中体现在，信访制度的建立和运行有助于深化执政党执掌政权和政府实现治理的政治合法性，有助于强化社会成员对于党和政府这一公共权力主体的政治认同，有助于强化政治体制机制运行和方针政策的实施效度。与此同时，这种治理的有效性还在于，维护社会政治稳定和秩序，化解社会冲突和矛盾，消除社会风险和危机。① 从社会和公民需求看，信访制度存在和运行的根本出发点，在于公民的民生需求。信访制度为公民的民生需求和权利救济提供了公共权力希望寄托和代理委托，因此，在信访制度上，与公民民生需求和私人权利实现相伴随的，是公民对于公共权力治理运行的民主要求，尤其是对于与其民生需求和权利主张直接相关的政府体制机制、行为和方针政策的公民政治权利要求。② 如何在公民与国家之间的互动过程中，实现一种广泛的政治参与，形成一种国家与社会之间的良性互动机制至关重要。就目前情况来看，党和国家正是通过信访渠道让信访群众明白政策取向，在信访制度沟通功能中实现了一种有效沟通。因此，需要高度重视信访制度的价值，促进国家与社会的良性互动，真正实现善治。

（二）信访制度的发展与我国的法治现代化进程相随相伴

信访制度是我国法律体系内的一项制度。1995 年之前的信访运作是以中央和地方党政机关制定的各种规定、办法、意见等规范为制度支撑的，显示出松散性和差异性，这与当时特定的治理模式有关。20 世纪 90 年代之后，在健全社会主义法制的背景下，依法信访成为各界共识。1995 年，国务院发布了新中国成立以来第一部严格意义上的信访行政法规《信访条例》，它

① 参见王浦劬：《以治理的民主实现社会民生——对行政信访的再审视》，《信访与社会矛盾问题研究》2012 年第 3 辑。

② 参见王浦劬：《以治理的民主实现社会民生——对行政信访的再审视》，《信访与社会矛盾问题研究》2012 年第 3 辑。

的出现意味着信访从随意走向规范,从根本上改变了信访无法可依的被动局面。进入 21 世纪以来,中国改革进入深水区,信访反映出的社会矛盾与社会问题也愈加复杂。从 1992 年开始,全国信访总量连续 12 年攀升。① 面对这种形势,修改《信访条例》以回应实践治理的根本性需要这一问题被提上日程。2005 年,新修订的《信访条例》正式公布,该条例在信访处理程序、信访机构的监督权、信访人权利保障等方面都有突破,推进信访工作法治化进程的深入。与此同时,民政部、公安部等中央部委也分别制定本领域的信访工作部门规章。此外,全国各省都普遍制定了地方性信访条例,明确本地区信访工作的实施细则,推动信访工作的科学化、规范化。2005 年以来,全国信访总量开始呈现下降的趋势。目前,我国的信访法律制度体系逐渐形成,初步形成了以《宪法》为统帅,以国务院《信访条例》为基础,以部门规章、地方性立法为主体的信访法制格局。信访相关的法律法规为信访活动的依法开展提供了法律依据,也使信访制度成为我国法律体系的重要组成部分。

宪法法律至上是法治国家的最高体现,作为我国法律体系内的一项制度,信访制度是我国宪法精神的体现。我国《宪法》第二十七条第二款规定:"一切国家机关和国家工作人员必须依靠人民的支持,经常保持同人民的密切联系,倾听人民的意见和建议,接受人民的监督,努力为人民服务。"《宪法》第四十一条规定:"中华人民共和国公民对于任何国家机关和国家工作人员,有提出批评和建议的权利;对于任何国家机关和国家工作人员的违法失职行为,有向有关国家机关提出申诉、控告或者检举的权利,但是不得……诬告陷害。"此外,《宪法》还规定,一切国家机关和工作人员必须"经常保持同人民的联系,倾听人民的意见和建议,接受人民的监督","对于公民的申诉、控告或者检举,有关国家机关必须查清事实,负责处理"。这些规定都是信访制度的宪法依据。与此相对应,国务院《信访条例》明确建立行政信访制度的基本目的之一是"为了保持各级人民政府同人民群众的密切

---

① 参见张洋:《党的十六大以来信访工作成就综述》,《人民日报》2012 年 10 月 30 日。

联系"，《信访条例》第三条第一款要求"各级人民政府……应当做好信访工作……倾听人民群众的意见、建议和要求，接受人民群众的监督，努力为人民群众服务"，这些规定确保了我国信访制度落实体现宪法的精神。可见，作为一项现代政治制度，信访制度是我国法律体系内的一项重要制度，信访制度贯彻落实宪法精神，是我国依法治国方略的体现。

（三）信访制度具有十分重要的制度价值

1. 信访具有民主性，是一种"动态民主"制度

信访是具有中国特色的民主政治制度，信访制度维护了公民合法权益，确保公民能够参与国家的政治生活，具有鲜明的民主性。具体而言，一是信访制度直接反映了民众的真实意愿。在我国，信访制度是公民直接表达民意诉求的法定渠道，"人民信访制度是密切联系群众的重要渠道和纽带，是人民直接参与制度的一个重要组成部分"[①]。与间接表达相比，信访制度作为直接的民意表达，是直接民主的体现，是我国公民权益诉求表达的重要组成部分。二是信访制度维护了公民的合法权益。我国《宪法》规定："每一个公民都有对于任何国家机关和国家机关工作人员的批评建议权，对于国家机关和国家机关工作人员的违法失职行为有申诉、控告和检举权。"[②] 这构成了信访制度存在的宪法依据，信访是公民批评、建议、申诉、控告和检举等基本权利的体现，信访制度是维护和实现我国公民基本权利的法定渠道。三是信访制度是公民政治参与的重要渠道。在当代中国，信访就是我国公民一种重要的自发式政治参与渠道。与动员式政治参与相比，自发式政治参与更为积极主动，参与主体对自己行为拥有清晰的认识、明确的意图，因此，自发式参与对公共决策的意义重大。具体而言，公民可以通过信访制度参与国家政策、法律的制定过程，参与法律的执行过程，从而对政府决策和公共政策产生积极的影响。

---

① 浦兴祖主编：《中华人民共和国政治制度》，上海人民出版社 2005 年版，第 491 页。

② 《中华人民共和国宪法》（1982）第四十一条。

信访作为一种民主政治制度，具有一些特性，信访是一种"动态民主"制度。实践中，信访是由人民群众主动发起而激发的民主，这使得信访对代议制民主具有一种改进和修复的意义，成为具有不断建构功能的"动态民主"。作为政治与法律运行意义上的动态民主机制，信访具有立法、执法和司法都不具有的民主优势，是一种实实在在的人民民主机制。作为一种"动态民主"制度，信访透露出来的民主信息具有可见性、直接性和协商性。信访在其设立之初具有典型的直接民主的制度特性。随着信访的不断发展，其对于公民意愿表达权利的维护也在不断完善。当前，信访已经成为普通公民在国家政治生活中维护权利的重要制度，是对间接民主的一种有益补充。

2.信访具有救济性，是简便高效的"权利救济"制度

在现代社会，解决纠纷的最重要和最权威的途径是司法诉讼。然而，由于社会纠纷的多样性和当事人需求的差异性，诉讼不可能解决所有的纠纷。因此，世界各国都发展出了具有本国特色的替代性纠纷解决机制，从而实现对公民权利的及时救济。在中国当前特定的文化传统和社会现实条件下，信访制度作为具有中国特色的权利救济和人权保障制度，发挥着十分重要的作用。"信访制度是中国当代民主和人权的重要补充形式，或者说，信访本身就是一种中国式的特殊的民主实现机制和人权救济机制。"①

在我国目前的法律体系当中，信访与行政复议、行政诉讼一样，是普通群众解决纠纷、维护权利的途径，而且，与行政复议、行政诉讼相比，信访涉及的领域更为宽泛，处理的机制更为灵活，因此，救济性也是信访制度重要的本质特征。实践中，依法及时为公民解决问题、救济权利和伸张正义，是信访制度承担的基本功能。信访部门承担了权利救济功能，处理了大量的权利救济类信访事项。总体而言，信访机构解决纠纷，对公民进行权利救济主要有以下几种表现形式：回答当事人的问题，提供一种权威性的咨询意

---

① 李宏勃：《法制现代化进程中的人民信访》，清华大学出版社2007年版，第231页。

见；直接作出处理；协调处理或转送其他机关处理；信访对涉法事项的帮助和法律救济等。① 通过这些方式，信访在维护群众权益方面发挥着重要的作用。在 2005 年国务院《信访条例》颁布之后，全国公安部门在 4 个月内接到二十余万起的来访②，这一事实一定程度上反映了信访解决问题的高效性。

实践中，信访制度已成为我国公民权利保障的重要体现。国务院新闻办公室在《2009 年中国人权事业的进展》（白皮书）中指出，"公民依法享有批评、建议、申诉、检举和控告的权利。中国政府通过开展绿色邮政、专线电话、网上信访、信访代理等多种渠道，为人民群众反映问题、表达诉求、提出意见建议提供便利。坚持实行党政领导干部阅批群众来信、定期接待群众来访、领导包案和责任追究等制度，切实维护人民群众的合法权益。"③ 由此可见，信访机构是《宪法》第四十一条赋予的公民权益的重要代理机构。信访制度确保我国公民享有广泛的权利和自由，信访制度的有效运作是法治精神的具体体现。

3. 信访具有监督性，是范围广泛的"权力监督"制度

信访是对公共权力的法定监督渠道，通过信访制度，公民可以直接向政府反映情况，提出批评建议，直接提出申诉、检举和控告。由于权力具有非自动实现的属性，需要通过代理人才能实施，确保代理人真实代表公共利益的意愿，需要制度的保障，使公民能够对权力的行使进行有效的监督。信访制度是我国公民参与国家政治生活、参与社会公共事务、监督公共权力的重要手段。实践中，信访反映的问题很多是"求决"性质的，公民通过信访渠道反映的问题涉及公、检、法、司等部门工作人员不作为问题，涉及基层干部、部门领导干部和企事业单位领导干部违规违纪问题，以及行政执法和司法审判部门裁决不公正、权钱交易、作风粗暴、办案进程慢、案件执行难等

---

① 参见范愉：《非诉讼纠纷解决机制研究》，中国人民大学出版社 2000 年版，第 570 页。

② 参见《全国公安部门接访 20.4 万起破案 1.8 万件赔补 1.6 亿元》，新华网，http://www.china.com.cn/chinese/sy/971251.htm。

③ 转引自国务院新闻办公室：《国家人权行动计划（2012—2015 年）》。

问题，对公权力依法运作起到重大的监督作用。与司法监督、行政监督和舆论监督等其他监督方式相比，信访制度具有监督范围广泛、监督方式灵活等特点，成为我国公共权力监督体系的重要组成部分。

信访制度的运行在权力监督方面的意义是相当重要的。信访中反映的很多问题，是公民对公共权力的直接监督。信访制度赋予了最广大群众以最广泛的权利，向党委、政府反映干部违法乱纪、权力腐败问题，推动党委、政府依法对权力滥用者予以制裁。因此，如果信访机制运作规范顺畅，则对国家干部行为的规制和约束乃至对中国的民主化、法治化进程都将产生积极而深远的影响。2006 年 8 月，全国人大常委会通过了《中华人民共和国各级人民代表大会常务委员会监督法》，规定各级人民代表大会常务委员会可以根据人民来信来访的途径，确定常务委员会听取和审议本级人民政府、人民法院和人民检察院的专项工作报告的议题，明确将信访监督列为人大监督政府和司法机构的重要形式，从某种意义上讲，这表明了国家权力机关对信访工作监督功能的认可与肯定。

（四）信访发挥着多元的制度功能

信访的内容随着社会的发展不断发生变化，其在不同的历史阶段承担着不同的使命。民主革命时期，由于党就生活在群众之中，因此群众通过信访形式和党发生联系的情形并不多。信访主要是党和政府了解群众思想、团结群众、发扬民主、改进工作的方法。新中国成立后，政治、经济和社会条件发生了巨大的变化，信访的使命也随之调整。在新中国成立初期，信访主要为中央领导制定政策、指导工作决策提供信息。据不完全统计，1951 年 7 月至 1954 年 6 月的 3 年中，中共中央、政务院、中央有关部门根据人民来信或参考人民来信制定了 13 项政策。[①] 同时，随着反映个人问题的信访数量的增加，信访工作开始关注个案的解决，出现"一事一议"的工作形式。

"文化大革命"十年动荡造成大量冤假错案和十分严重的社会矛盾。粉

---

① 参见刁杰成：《人民信访史略》，北京经济学院出版社 1996 年版，第 67—68 页。

碎"四人帮"以后，大批群众涌向各级党政机关要求解决问题。从 1977 年下半年开始，全国信访量大幅度上升，来访量的上升尤其明显。据统计，1979 年在北京的上访群众，最多的时候一天达一万人，中央办公厅信访局和国务院办公厅信访局仅 1979 年就收到人民来信 108 万件。[①]面对如此形势，信访的主要任务是冤案、错案和假案的昭雪平反，其个案处理的工作模式得到进一步强化。1982 年第三次全国信访工作会议之后，信访工作开始趋于正常，其任务逐渐转移到为改革开放服务上。随着市场经济的发展，改革进入深水区，利益逐渐多元，中国社会进入矛盾高发期，化解各类社会矛盾成为信访工作的主要内容之一。

时至今日，信访所承载的制度功能也随着信访活动的变化而日益的多元与丰富。2005 年国务院《信访条例》第一条明确了条例的立法目的和宗旨，是"为了保持各级人民政府同人民群众的密切联系，保护信访人的合法权益，维护信访秩序"，这一规定成为信访制度实然功能的法定基础。从信访实践看，信访制度在公民的私权保护、政府的公共治理两方面都发挥着十分重要的作用。对于公民而言，信访制度是公民权益诉求表达、监督公权力、实现权利救济和政治参与的法定渠道；对于国家而言，信访制度是党委、政府进行信息收集，协调权力机关之间的冲突，化解社会矛盾，辅助政府决策的重要渠道。当前我国的信访制度正发挥着多元的制度功能，对于塑造"国家与公民之间的良性关系"意义重大。

二、信访制度运行的背景及挑战

进入 21 世纪，伴随经济的高速增长，中国社会的转型进入了一个社会矛盾凸显期，社会矛盾治理成为国家治理的重要挑战，如何化解信访和社会矛盾问题，考验着各级政府的智慧。面对快速变迁的制度环境，作为我国国

---

① 参见中央办公厅信访局、国务院办公厅信访局编著：《信访学概论》，华夏出版社 1991 年版，第 141 页。

家治理体系的重要组成，信访制度需要顺应"大数据"的时代潮流，不断创新完善，积极回应现实挑战，发挥其独特的制度功能，推动我国社会矛盾治理体系的创新发展，助力我国国家治理体系和治理能力现代化建设。

（一）国家治理现代化建设进程中的信访制度

1.社会矛盾治理成为国家治理的重要挑战，信访制度备受关注

党的十八届三中全会明确提出"全面深化改革的总目标是完善和发展中国特色社会主义制度，推进国家治理体系和治理能力现代化"。党的十九大报告再次强调了这一改革的总目标。在转型期的社会背景下，"社会矛盾明显增多，教育、就业、社会保障、医疗、住房、生态环境、食品药品安全、安全生产、社会治安、执法司法等关系群众切身利益的问题较多"[①]。"社会矛盾和问题交织叠加"[②]，各类社会矛盾问题集中凸显、趋于复杂化：一是社会矛盾显性化。不同社会群体、不同利益群体之间的差异日益加剧，不同矛盾相互交织，一点小事，或一个小的矛盾如果处理不好，就有可能引发更为严重的社会矛盾，造成一系列的后果，社会矛盾越来越趋于显性化。[③] 二是矛盾冲突群体化。一些社会热点难点问题容易引发社会矛盾。同时，具有相同利益诉求和心理共鸣的社会成员易就共同关注的问题，为共同的利益聚集在一起，表达诉求或宣泄情绪，使社会个体矛盾演化为群体矛盾。三是矛盾博弈政治化。转型时期，矛盾个体往往不直接要求解决自身问题，而可能将问题与转型期的腐败、人权保障等政治问题相挂钩，将问题引向政府，具有矛盾博弈的政治化倾向。这种倾向易使简单的问题演变为突发性的社会矛盾，矛盾的不可控性也随之增强。四是社会矛盾复杂化。突出表现为四个方

---

① 胡锦涛：《坚定不移沿着中国特色社会主义道路前进　为全面建成小康社会而奋斗——在中国共产党第十八次全国代表大会上的报告》，人民出版社 2012 年版，第 5 页。

② 习近平：《决胜全面建成小康社会　夺取新时代中国特色社会主义伟大胜利——在中国共产党第十九次全国代表大会上的报告》，人民出版社 2017 年版，第 9 页。

③ 参见靳江好、王郅强主编：《和谐社会建设与社会矛盾调节机制研究》，人民出版社 2008 年版，第 98 页。

面，即社会矛盾的一致性和差异性共存、渐进性与突发性共存、偶发性与联动性共存、合理性与违法性共存。

面对社会矛盾，中国特色治理机制——信访制度备受关注。信访作为中国本土性的替代性纠纷解决机制，发挥了巨大的作用。从实际运行情况看，我国社会矛盾治理体系对信访制度具有"刚性依赖"，这种"刚性依赖"集中体现为信访制度的"兜底性"，即信访制度是我国社会矛盾治理体系的"兜底"机制，具体表现为：首先，信访制度需要直面很多社会矛盾领域的新情况、新问题，这些问题往往是法律和政策的空白点。新形势下，越来越多的信访问题与社会保障密切相关，越来越多的信访问题与环境保护密切相关①，一些社会保障、环境保护类信访问题直接反映了相关公共政策的空白点。其次，在我国的社会矛盾治理体系中，如果社会矛盾无法通过诉讼、复议、仲裁和调解等制度渠道有效解决，还可在信访渠道"兜底"反映。各种各样的社会矛盾和利益诉求，其他法定途径都不予受理的时候，信访工作机构代表党和政府对其进行受理，是一种"兜底"机制。如果缺乏"兜底性"社会矛盾治理机制，群众对政策的不满在积累到一定程度时，会通过"街头政治"进行表达。中国信访制度的存在与发挥作用，客观上畅通了民意诉求的表达渠道，积极维护群众的合法权益，缓解了产生"街头政治"的压力。从这个意义上讲，信访是减少发展代价的一种制度安排，是推动实现善治的一种制度安排。推动信访制度创新发展，有利于健全完善我国社会矛盾治理体系，推动国家治理现代化建设进程的深入。

2.信访是我国国家治理体系中预警风险、政策纠偏的重要制度设置

国家治理体系应当包含失误的补救机制。从国家治理体系的纵向构成看，它包括从预见稳定到预见失误的补救体制机制和制度安排，也就是说，国家治理体系必须为政府、市场、社会等各个国家治理的参与者，以及经

---

① 参见张宗林、张建明、刘雯：《信访工作的新思维与新理念》，《中国行政管理》2013年第6期。

济、政治、社会、文化、生态文明等不同领域，从宏观到微观的具体行动上，给一个可以预期的状态。无论是政府的政策措施，还是市场中的买卖双方，企业的投资行为，以及社会个体的行动，都是基于某种预见而采取的理性行动，若缺乏可靠的预见能力，行动要么陷入畏缩要么陷入冲动，容易丧失理性。在高速发展进程中，实际上会导致决策环境快速变化，直接导致预见难度加大，会使预见失误率提高，预见稳定的制度安排就显得尤为重要。对于政府而言，政府的政策也需要依据预见，而在高速发展中，相对稳定的预见是有困难的，但许多时候，政府在信息不完整、没有明确预见的情况下，就要制定政策，此时的政策又是市场和社会进行决策的基本参照。由于失误的结果具有滞后性，并且在紧随高速发展之后的低速发展期，预见失灵与社会失衡会叠加在一起，社会矛盾会更突出。因此，国家治理体系有必要提供预见失误的补救机制和制度安排。

在此背景下，信访制度显得尤为重要。透过信访这一国家治理重要的负反馈机制，能看到经济发展的社会代价，能看到公共政策制定、执行和协调过程中存在的问题，能看到政府和干部是否依法行政。新的历史条件下，信访制度作为国家治理体系的重要组成，不仅是党和政府密切联系群众的桥梁和纽带，更是分析研判社会风险的重要窗口，政策纠偏和优化治理的重要平台。通过深度挖掘信访特质数据的价值，提出有针对性的政策建议，形成信访制度负反馈、正效应的制度推力，有利于推动公共政策制定、执行的科学化，推动政府和官员的依法行政，从而真正从源头上预防化解社会风险，推进国家治理体系和治理能力现代化建设的进程。

3.信访是我国群众参与国家治理的重要制度安排

信访具有典型的直接民主制度特性，是对间接民主的有益补充。无论是政策制定和执行中的被忽略的少数，还是政治系统中的沉默者，都可以通过信访的渠道发出自己的声音。党和政府的各级领导人亲自处理人民群众的来信来访的做法与传统，实现普通群众与领导人的直接沟通。随着信访的不断发展，其对于公民意愿表达权利的维护也在不断完善，加之其便利、直接、自主、及时、灵活的特性，信访已经成为公民在国家政治生活中直接行使民主权利的一项重要制度。

具体而言，首先，公民可以通过信访制度行使建议权参与国家治理，提出个人的意见和建议，参与国家政策、法律的制定过程。越来越多群众通过信访渠道表达对公共事务的关注，北京、上海等地的信访机构都建立专门人民建议征集部门，收集群众关于公共事务的意见和建议。仅 2018 年度，北京市人民建议征集办就收到群众建议上万件次。其次，公民还可以通过信访制度参与政策、法律的执行过程。很多信访事项反映了行政执法过程中存在的问题，信访制度产生的潜在压力，使得行政执法过程的合法性、公开性、公正性有了切实的制度保障。因此，信访是我国国家治理体系中自下而上的特殊机制，是我国群众直接参与国家治理的重要制度设置。

4. 信访制度是我国国家治理现代化建设的重要突破口

国家治理体系与国家治理能力现代化的本质是将现代社会的科学、民主、法治的精神，以及由此而形成的公共理性，贯穿到国家治理体系与国家治理能力建设当中。这就需要在整个社会弘扬科学、民主与法治的精神，通过弘扬科学精神使政府与社会在面前具有尊重规律的意识；通过弘扬民主，使社会在遇到价值取向不一，无法准确判断的时候，能够通过民主的程序达到不同利益群体间的妥协；通过弘扬法治，使国家意志能够得到社会尊重和支持，避免陷入民粹主义陷阱。通过科学、民主、法治，使国家治理体系和治理能力获得预见性、安定性、可预期性。

当前中国在经济上已经有了质的飞跃，这一经济特质导致整个社会对生命财产安全有新的认识和要求，从温饱诉求转向尊重、尊严、发展诉求。作为国家政策也应当进行治理转型，工作重心应当从经济建设转变为经济建设与社会建设并重；从强调发展能力，转向发展与稳定并重，并树立起减少发展成本就是增进发展效率的观念。从目前的情况看，消纳发展成本正变得越来越沉重，尤其是社会矛盾的治理开始成为国家治理关键构成部分。尤其是预防和化解社会矛盾这类消纳发展成本的行动正外部性很强，直接受益却很难判断，完全依赖社会自我治理不太现实，需要政府予以重点支持。预防和化解社会矛盾，首要的是发现社会矛盾的内在规律，这依赖于大规模、长时间跨度调查社会矛盾分布，潜心研究社会矛盾变化趋势。

信访自下而上的特点，使其成为代议制民主的补充，是发扬民主的一种方式，也是社情民意的"晴雨表"。由于我国的转型源于计划经济，自上而下的治理系统可以说相当强大；相对而言，自下而上的治理系统则相对薄弱。现代化既要发展经济，又要社会大规模参与，需要进行社会动员；在发展中国家，经济发展使经济上的不平等加剧，同时，社会动员又降低了不平等的合法性，在现代化过程中这两方面的结合，很容易造成政治上的不稳定。① 变革时代需要一个稳定的政治秩序，缺乏稳定的政治秩序，变革很难低成本地实现。尤其是我国的转型与信息化、网络时代同步到来，互联网在促进社会活力的同时，也使个体力量会以不特定的方式聚集，处理不当就可能危及社会稳定。加上我国的法治建设的进程仍有待深入，社会治理也不可避免地有一个转型期，在这个转型期存在法治的理想与现实之间差距与阵痛，而治理必须填补这一鸿沟，尽管很多法治理想主义对信访有各种批评，但信访在客观上却起着弥补这个鸿沟的作用。在经济发展和社会发展中寻求动态平衡，对于我国现阶段而言，其关键在于使社会在现代化的过程中保持稳定的秩序，弥补既有治理体系和治理能力系统中自下而上治理的不足又是其关键，从这个意义上讲，信访作为既有的自下而上治理系统，实际上也是一个完善自下而上治理系统的突破口，也是倒逼各项工作走上良性发展的工具。

（二）"大数据"背景下信访制度的价值日益凸显

1."大数据"时代已经到来

"大数据"时代的到来已成为不可阻挡的历史潮流，对此，信访制度也

---

① 参见［美］塞缪尔·亨廷顿：《变革社会中的政治秩序》，李盛平、杨玉生等译，华夏出版社 1988 年版。

不能置身之外。"大数据"（Big Data）作为独立词汇最早出现于 1998 年，①
2000 年一篇学术论文中首次将"大数据"引入社会科学。② 根据"谷歌趋
势（Google Trends）"的数据，直到 2011 年下半年，全球社会对"Big Data"
的关注才开始迅速升温。按照"百度指数"的数据，中国社会对"大数据"
的集中关注始自 2012 年初。当年出版的科普读物《大数据》引领了中国社
会对大数据的讨论。③ 学界普遍认同，大数据是继互联网、物联网、云计
算之后，又一新的技术革命，大数据正在改变着人们的生活、工作和思维
方式。④

　　对于"大数据"具体内涵，学者和研究机构有着不同诠释，较有代表性
观点有：麦肯锡全球研究所研究中心（Mckinsey Global Institute）认为，"大
数据是指大小超出了传统数据库软件工具的抓取、存储、管理和分析能力的
数据群"⑤。王岑认为，大数据是泛指巨量的、多类型的、高速的数据集，通
过对数据的筛选、处理，提炼出有价值的信息资产。⑥ 研究咨询机构 Gartner
的定义为："大数据"是需要新处理模式才能具有大数据的更强的决策力、洞
察发现力和流程优化能力的海量、高增长率和多样化的信息资产。孟小峰和
慈祥从数据集的特点入手，界定了大数据的三个主要特点，即常用的 3V 界
定：规模性（Volume）、多样性（Variety）和高速性（Velocity）。⑦ 黄璜和黄竹

---

①　See Francis X. Diebold. On the Origin（s）and Developmentof the Term " Big Data".Pier Work-
　　ing Paper Archive，Penn Institute for Economic Research，Departmentof Economics，Uni-
　　versity of Pennsylvania，2012.

②　See Francis X. Diebold." Big Data" Dynamic Factor Models for Macroeconomic Measurement
　　and Forecasting. The Eighth World Congress of the Econometric Society，2000.

③　参见黄璜、黄竹修：《大数据与公共政策研究：概念、关系与视角》，《中国行政管理》
　　2015 年第 10 期。

④　参见王岑：《大数据时代下的政府管理创新》，《中共福建省委党校学报》2014 年第 10 期。

⑤　Mckinsey Global Institute.Big Data: The Next Frontier for Innovation，Competition，and Pro-
　　ductivity［R］.America: MiKinsey & Company，2011.

⑥　参见王岑：《大数据时代下的政府管理创新》，《中共福建省委党校学报》2014 年第 10 期。

⑦　参见孟小峰、慈祥：《大数据管理：概念、技术与挑战》，《计算机研究与发展》2013 年第
　　1 期。

修认为，大数据是数据与算法、网络与存储、决策与管理相互交织融合的产物，脱离其中任何一个层面，都无法涵盖大数据的完整意义。① 综合以上不同观点，基于不同的切入点和认识，可从三个层面上理解"大数据"的内涵：首先，"大数据"直观表现为数据的巨量化和多样化。"大数据"直观表现为海量的数据，很多学者的概念界定中都强调了"大数据"的这一表现特征。"大数据"的这一特征可以集中概括为数据的规模性、多样性和高速性。其次，"大数据"强调分析和利用海量数据的新技术。就这个语境而言，"大数据"是指分析、处理巨量数据的现代技术，如云存储和云计算等。最后，"大数据"更是一种思维方式和研究方法。"大数据"强调"把目标全体作为样本的研究方式、模糊化的思维方式、侧重相关性的思考方式等理念，技术方面是指利用海量数据进行分析、处理并用以辅助决策，或者直接进行机器决策、半机器决策的全过程大数据方法"②。综合分析可知，大数据的价值并不主要在其规模，更重要的是如何识别和转化庞大数据背后可能隐藏的规律。③

"大数据"已上升为中国的国家战略。伴随着"大数据"时代的来临，中国政府也越来越重视与"大数据"相关的基础建设与工作。2014 年 10 月，党的十八届四中全会明确要求"推进政务公开信息化，加强互联网政务信息数据服务平台和便民服务平台建设"④。2015 年 9 月 6 日，国务院发布《促进大数据发展行动纲要》，明确 2018 年底前建成国家政府数据统一开放平台，率先在信用、交通、医疗等重要领域实现公共数据资源合理适度向社会开放。⑤ 在此基础上，2015 年 10 月，党的十八届五中全会进一步提出了"实

---

① 参见黄璜、黄竹修：《大数据与公共政策研究：概念、关系与视角》，《中国行政管理》2015 年第 10 期。

② 马奔、毛庆铎：《大数据在应急管理中的应用》，《中国行政管理》2015 年第 3 期。

③ See John Gantz，David Reinsel. Extracting Value from Chaos. IDC，2011. http://www. emc. com/digital _universe.

④ 《中共中央关于全面推进依法治国若干重大问题的决定》，2014 年 10 月 23 日中国共产党第十八届中央委员会第四次全体会议审议通过。

⑤ 参见《国务院：中国 3 年内建国家政府数据统一开放平台》，中国新闻网，http://tech.if-eng.com/a/20150906/41469177_0.shtml。

施网络强国战略，实施'互联网＋'行动计划，发展分享经济，实施国家大数据战略"①。至此，"大数据"正式上升为中国的国家战略。近年来，中国在"大数据"建设领域取得了很多实际成果。2012 年 8 月，国务院制定了促进信息消费扩大内需的文件，推动商业企业加快信息基础设施演进升级，构建大数据产业链，促进创新链与产业链有效嫁接。② 此外，中国地方层面的大数据建设也如火如荼。广东率先启动大数据战略推动政府转型，北京正积极探索政府公布大数据供社会开发，上海也启动大数据研发三年行动计划。③ 2014 年以来，贵州省大力发展大数据产业，创建了国家级大数据产业发展集聚区。④2015 年 12 月 16 日，中国工业和信息化部副部长冯飞受访表示，截至 2015 年 1—10 月，中国移动互联网的用户达到 9.5 亿，居世界第一位，到 2020 年，中国所掌握的数据将占到全球整个数据量的 20%。⑤ 就未来而言，中国的"大数据"发展的前景广阔。

2."大数据"背景下应珍视信访制度的价值

大数据不仅是一场技术革命，一场经济变革，也是一场国家治理的变革。牛津大学教授舍恩伯格在其著作《大数据时代》中反复强调："大数据是人们获得新的认知、创造新的价值的源泉，还是改变市场、组织机构，以及政府与公民关系的方法。"⑥ 大数据时代，互联网是政府施政的新平台。单

---

① 《中国共产党第十八届中央委员会第五次全体会议公报》，2015 年 10 月 29 日中国共产党第十八届中央委员会第五次全体会议通过。

② 参见《2014 我国大数据发展分析报告》，物联网，http://www.cssn.cn/xwcbx/xwcbx_gcsy/201411/t20141104_1388658_2.shtml。

③ 参见《2014 我国大数据发展分析报告》，物联网，http://www.cssn.cn/xwcbx/xwcbx_gcsy/201411/t20141104_1388658_2.shtml。

④ 参见《习近平考察贵州：贵州发展大数据确实有道理》，新华网，2015 年 6 月 18 日，http://news.sohu.com/20150618/n415223950.shtml。

⑤ 参见《工信部：2020 年中国大数据规模将占到世界的 1/5》，国际在线，2015 年 12 月 16 日，http://www.bigdatas.cn/article-1698-1.html。

⑥ Neil Couch，Bill R obins，Big Data for Defence and Security[EB/OL] . https://www.rusi.org/downloads /assets /RUSI _ BIGDATA _ Report _2013. pdf.

纯依靠政府管理和保护数据的做法会使政府在面对大规模而复杂的数据时应接不暇、不堪重负。而通过电子政务系统,可以实现在线服务,做到权力运作有序、有效、"留痕",促进政府与民众的沟通互联,提高政府应对各类事件和问题的智能化水平。因此,中国的"十三五"规划两次明确提及"大数据",强调"实施国家大数据战略,推进数据资源开放共享",并要求"运用大数据技术,提高经济运行信息及时性和准确性"。[①] 越来越多的学者意识到"大数据时代中国国家治理能力建设的全新机遇"[②]。"开放数据,公开信息,建立真正自由平等的开放型社会是国家治理的方向。"[③] 具体而言,大数据技术有利于提升国家的科学决策能力,大数据技术有利于提升国家的社会监管能力,大数据技术有利于提升国家的公共服务能力,大数据技术有利于提升国家的应急管理能力。

伴随"大数据"时代的来临,信访制度的价值更加值得珍视。信访是我国公民反映利益诉求的法定渠道,我国公民可以通过书信、电子邮件、传真、电话、走访等形式,向各级人民政府及其相关的工作部门反映情况,提出建议、意见或者投诉请求。从 2000 年以来,各地信访机构都普遍建立网络信访办公系统,每一位公民的信访行为,都即时地转化为一条信访信息,录入信访信息系统。日积月累,信访系统积累形成了基础数据庞大的动态数据库。这些信访数据是第一手的,它真实地、准确地反映了群众的直接诉求和社会矛盾的现状特点。可以说,信访是社会矛盾的"缩影",它能较为真实地反映治理的现状。

信访是一门学问,遗憾的是,这么多年来我们并没有把它当成一门学问来对待,没有把它当成一门学问来研究。信访部门拥有大量的数据和资料,这是反映一个地区社会矛盾和社会问题的基本状态和矛盾程度的重要指标。

---

① 《"十三五"规划建议》,新华网,2015 年 11 月 3 日,http://finance.ifeng.com/a/20151103/14054229_0.shtml。

② 唐皇凤、陶建武:《大数据时代的中国国家治理能力建设》,《探索与争鸣》2014 年第 10 期。

③ 郭建锦、郭建平:《大数据背景下的国家治理能力建设研究》,《中国行政管理》2015 年第 6 期。

信访本身其实有着更高的价值，但多少年来，这种价值始终被埋没着。由于没有珍视信访制度的价值，使得信访机构成为一个坐拥金矿的"贫困者"。在"大数据"的时代背景下，信访制度的特殊价值进一步凸显。新形势下，亟须建立"智慧信访"系统，运用人工智能等分析技术，对信访大数据进行深度分析，建立量化评估社会矛盾的科学指标体系，实现对社会矛盾的量化评估和监控。"智慧信访"大数据系统可将信访数据转化为多层次、多维度的信息，揭示数据背后的逻辑关联，实现对社会矛盾形势的实时监测，随时掌握社会风险的动态，追踪极端事件的苗头，实现未雨绸缪，推动社会矛盾的源头治理、精准化解。就未来而言，"智慧信访"工作的开启，将形成积极应对、精准分配资源的信访工作新模式，推动社会矛盾的有效预防化解，推动政府治理的创新发展，推进国家治理体系和治理能力现代化建设进程的深入。

（三）信访制度运行过程中面临诸多挑战

1. 信访制度成为各类社会矛盾的聚集地，面临多元挑战

在转型期社会矛盾多发的背景下，信访成为各类社会矛盾的聚集地，这使信访制度承受巨大的压力。信访实践中，群众的联名信[①]、集体访[②]的数量增多。一些联名信、集体访参与人员数量多、组成复杂，如果应对和处理不及时、不妥当，容易引起群众的不满和对立情绪，致使矛盾激化，甚至演变为群体性事件。集体访和联名信的出现，是社会矛盾强度较大的反映，也加大了信访问题的化解难度。此外，缠访、闹访等现象也不断出现，信访人采取极端的诉求表达方式是希望引起领导关注，解决自身的实际问题，这是信访问题烈度较强的体现。整体而言，信访与社会矛盾体现出"五个交织"的特点，即历史遗留问题与现实问题相互交织、经济利益诉求与政治权益诉求相互交织、合理要求与不合法方式相互交织、多数人

---

① 联名信，是指由 5 人或者 5 人以上的信访人共同签名向信访部门反映同一问题的来信。
② 集体访，一般是指 5 人以上（包括 5 人）为反映同一问题共同上访的行为。

的合理诉求与极少数人的无理取闹相互交织、群众自发行为与敌对势力恶意渗透操纵相互交织。从实际情况看，一些信访问题的参与人数众多、组织化程度增强、暴力倾向加重，解决的难度也不断增加，信访的总体形势不容乐观。

在转型时期的特殊背景下，信访制度在功能定位、法律依据、体制结构和运行机制等方面都面临着一系列的挑战：一是信访制度的功能定位有待重新审视。信访制度作为中国特有的权利救济制度和民主政治制度，在实际运作中，具有复杂多样的制度功能，在公民的权利保护、政府的公共治理等方面都发挥着十分重要的作用。但是，也正是这种功能承担的复杂性、模糊性、过渡性，使信访制度功能定位也成为一个有待深入探讨的理论问题①。当前，信访制度的运行环境已经发生了深刻变化，信访制度的运行现状凸显了重新审视其功能定位的迫切性。二是信访制度的立法规范存在不足。法律政策依据是信访制度运行的合法性来源和规范基础。我国从中央到地方已经形成一个数量众多、规模庞大的信访法律体系，信访制度法治化水平大大提升。但是，信访制度的立法建设仍有待加强，当前，信访工作的法律依据主要是国务院的《信访条例》，属于行政法规，存在法律位阶较低、适用范围较窄等问题，直接影响到信访工作的有效开展。新形势下，亟须加快推进"信访法"的研究和论证工作，明确国家治理体系下信访制度的功能定位、职责权限，统领全国范围内的信访工作，消除中央和地方层面在信访法律依据方面的差异，完善信访运行机制，健全信访终结机制。三是信访制度的体制结构有待完善。我国信访制度的体制结构独具特色，党委、人大、行政、司法、政协和企事业单位的信访机构自成体系，共同构成我国整个信访体制。信访体制存在信访机构设置分散，相互之间缺乏联系和协调；信访部

---

① 目前，学界普遍采用"主—辅结合"的方式来界定信访制度的功能定位，即认为信访制度是以某种特定的功能为主，辅以其他功能。具体主要包括四种观点：一是认为信访制度的功能定位应以解决纠纷、权利救济为主；二是认为应以权力监督为主；三是认为应以有序政治参与和沟通协调为主；四是综合功能说，认为应将信访制度纳入整个民主政治建设的大背景中考量，通过信访推动我国民主政治建设。

门权责不统一，体制机构缺乏相应的权力配置等现实问题，有待破解与完善。四是信访制度的工作机制运行不畅。我国信访运行机制的规范性仍有待提高，缠访、闹访、越级上访、到敏感地区上访等造成的非程序处理问题仍较为突出，亟须关注和解决。

2.应重新审视信访制度功能定位，积极推动信访工作的战略转型

面对信访制度运行过程中的现实挑战，应从国家治理的高度重新审视信访制度的功能定位，推动信访制度的创新与完善。新形势下，对于信访制度功能定位探讨的意义尤其重大，主要体现为以下三方面：一是信访制度功能定位是信访制度改革完善的基础。信访制度功能定位的重新审视，不仅是信访法治化建设中必须破解的基本问题，还直接影响着信访制度体制结构的设置，以及信访制度运作机制的设计。二是信访的功能研究有助于摆脱困境。从实际运行情况看，因多元因素的综合作用，当前信访制度的主要功能转向权利救济。相比而言，信访制度的政治参与、权力监督等功能则相对式微。重新审视信访制度的功能定位，解决信访制度功能错位的问题，有利于从根本上破解信访制度的现实挑战。三是信访的功能研究决定信访改革的走向。信访制度的存废之争、信访制度权利救济功能的剥离与保留之争、信访部门的扩权与缩权之争，都与信访制度的功能定位密切相关。只有准确定位信访制度的功能，信访改革的方向才能得以明晰。

在重新审视信访制度功能地位的基础上，应积极推动实现信访工作的战略性转型，推动信访工作"四化"，即推动信访工作的科学化、学科化、专业化和数字化，实现信访工作的"三大转变"：一是从表层汇总型信访向深层剖析型信访转变。传统信访只是在对信访总量、重复信访、群体信访等基本指标进行表层汇总和简单描述。信访部门只有运用多元学科专业知识、使用现代"大数据"的方法对信访数据进行深层次的剖析，才能真正指出信访与社会问题的症结所在，找到切实解决问题的措施和办法，有效地预防和化解各类突出信访矛盾和社会问题。二是从实务操作型信访向理论研究型信访转变。信访工作模式要打破传统的经验主义模式，深入探索信访活动的规律

和信访背后的利益关系，从简单的受理、转送、交办等实务操作模式向深入探讨内在规律的理论研究模式转变。三是从参与保障型信访向服务决策型信访转变。参与保障过于注重化解社会矛盾的功能。然而，大量信访矛盾特别是涉及群体利益的问题，往往与相关政策法规滞后、不完善相关，信访部门的工作必须适应新形势、新特点的需求，从推动个案的化解转向加强分析研究、提出建议，促进科学决策和政策完善。从长远而言，只有对通过信访渠道反映出来的大量社会矛盾和社会问题进行整理、归类、分析、挖掘，抓住社会矛盾和问题的本质，服务于领导科学决策，才能真正实现信访与社会矛盾的源头预防和有效治理。

三、本书的出版目的

结合当前信访制度运行的新情况、新背景，本书拟达到以下的出版目的。

（一）丰富信访制度研究的基础理论

长期以来，信访领域普遍存在重实践、轻研究的经验主义倾向，信访理论研究长期滞后于信访实践的需求。近年来，在理论与实务界的共同努力下，信访理论研究取得了长足的进步。关于信访理论问题的研究不再局限于对信访制度优劣和改革的研究，而是从战略高度对信访进行了全方位、多角度剖析，并探索信访制度完善和发展的新路径。但是，我们必须深刻认识到，尽管关于信访理论的研究方兴未艾，但相较于其他学科的研究，信访理论研究存在起步晚、发展慢的问题，造成系统性、前瞻性、创新性不足，这一问题很大程度上就与信访理论研究基础性材料的缺乏有关。因此，开展关于信访基础理论的研究显得尤为必要和迫切。

信访工作领域尚有诸多问题有待理论研究的界定，如信访的概念、信访制度的功能定位、信访工作的范围、信访与法治的关系、信访机构的转型等，对这些问题的深入研究将给信访工作注入更为强劲的实践活力，对这些问题的明确界定也将为信访工作的推进打下坚实的基础。因此，信访基础理论问题研究对于信访工作实践意义重大。本书围绕新时期信访制度的功能定位这一重要理论问题，结合时代背景，提出并探讨了信访制度智库性功能这一最新的动向，以期丰富和完善信访制度功能定位的理论探讨。

（二）探讨信访制度的改革方向

信访治理的困局使得信访改革何处去成为学界的焦点话题，信访矛盾的化解问题也因此备受关注。学者在信访改革的问题上出现了三种意见：一是以废除作为权利救济方式的信访、保留作为公民政治参与渠道的信访为核心思想的"废除论"；二是以扩充信访机构的权力使其真正能够承担"为民做主"重任为核心思想的"强化论"；三是以消解信访的纠纷解决功能使其回复到建立之初时的状态为核心思想的"还原论"。[①] 整体而言，有关信访改革的研究主要还集中在信访存与废、强化抑或弱化的宏大叙事上。趋于一致的认识是：信访是我国在特定历史时期为实现民主政治目的创设的一种制度，对于我国的民主政治建设和社会稳定曾经发挥过积极作用；随着我国政治、经济背景的发展，信访制度虽然进行了局部调试却总是显现出"排斥"反应，出现的各种信访异象成为国家整治的对象。在具体的改革方案上，各方出于不同相关因素的考量，呈现出不一致的改革方案。

近年来，关于信访制度存废之争已逐渐淡出，取而代之的是信访制度如何发挥功能，如何在新的历史条件下进行改革，这种转变很大程度上与信访理论研究的深入有关，也离不开信访理论研究对于信访工作的直接有效支撑。本书是对信访制度改革方面的探讨，信访机构朝着特色智库方向发展是信访改革的重大突破。"大数据"时代对政策量化分析的日益重视为信访机构的特色智库建设提供了契机。信访机构掌握大量关于信访和社会矛盾问题的客观数据，通过对这些数据的量化分析，并根据党和政府决策需要开展重

---

① 　参见章志远：《行政法学总论》，北京大学出版社 2014 年版，第 353—356 页。

大课题研究，可以有效促进公共决策的科学性，从而使信访机构真正成为具有中国特色的、具有资政辅政功能的智囊机构。信访机构作为我国党政机构的重要组成部分，若朝着国家重要的特色智库方向发展，必将会迎来一次历史性的变革，具有积极的引领和示范意义，是信访改革领域的一次重大突破。

（三）推动信访制度成为国家治理体系的重要组成

党的十八届三中全会首次明确提出"推进国家治理体系和治理能力现代化"改革目标，"国家治理"的提出是思想观念的一种深层次变化，是一种全新的政治理念，表明中国共产党对社会政治发展规律有了新的认识。国家治理体系，就是保证党领导人民有效治理国家的制度体系，这些制度紧密相连、相互协调，是党领导人民治理国家的基本依托。在我国现代治理结构中，信访是社会成员参与治理的重要途径，也是社会矛盾处理的"兜底"结构，对于国家治理体系的完善意义重大。

信访可以反映国家治理的能力，可以成为衡量国家治理民主化、法治、效率、公共权力运行的制度化和规范化等能力的标尺，在一定程度上它可以促进国家治理水平的提高，从而成为国家治理体系现代化的重要内容。[①] 所谓信访改革并不能局限于信访工作层面的提高和改进，而是要针对现行信访制度进行深入性、系统性变革，必须将其纳入国家治理体系环节中加以考虑。从制度设计角度思考，信访改革的目的是将信访制度纳入国家治理体系下进行考量，一方面促进信访制度自身的完善与发展，另一方面充分利用自身治理机制和治理优势，推进国家治理体系的构建和完善，这也是信访改革的重要意义所在。就未来而言，应从国家治理体系战略高度推进信访制度改革，本书尝试探讨信访与国家治理的关系，以此作为推动新时代信访制度发展完善的理论依据。

---

① 参见张宗林、郑广森主编：《信访与法治》，人民出版社 2014 年版，第 5 页。

四、本书的逻辑框架

全书共七大部分，分别为：导论部分；第一章"国家治理视野下的信访制度与智库"；第二章"信访制度智库性功能的内涵分析与历史渊源"；第三章"政府治理领域的信访制度智库性功能"；第四章"政治建设领域的信访制度智库性功能"；第五章"社会治理领域的信访制度智库性功能"；第六章"信访制度智库性功能建设的探索"。这七个章节紧紧围绕信访制度智库性功能建设这一核心，依照"为什么—是什么—怎么做"的逻辑红线，分别回答了在新的历史条件下信访制度智库性功能建设的三大问题：一是信访制度的智库性功能的内涵是什么，主要体现在哪些领域；二是新的历史条件下，为什么需要加强信访制度的智库性功能建设；三是加强信访制度智库性功能建设的路径。本书努力探讨以下几方面的理论问题。

（一）探讨了国家治理体系中信访制度与智库的关系

在"推进国家治理体系和治理能力现代化"的背景下，信访制度的发展完善与新时期智库建设息息相关。第一章"国家治理视野下的信访制度与智库"阐释当代中国信访制度与智库建设的逻辑联系。本章探讨了国家治理的历史渊源及内涵，在此基础上，分别从国家治理的视角审视信访制度的发展完善与智库建设，两者在国家治理现代化建设进程中实现了对接。本部分内容也探讨了信访制度的新情况、新特点，并描述了世界范围内及中国智库建设的现状。

（二）诠释了信访制度智库性功能的内涵

信访制度的"智库性功能"的提出具有深刻的历史渊源和现实意义。第二章"信访制度智库性功能的内涵分析与历史渊源"运用历史的视角，梳理不同历史时期信访制度在治理领域，特别是决策咨询领域的功能与作用。可以看到，在不同历史阶段，信访制度客观地发挥决策咨询的"类智库"性功能，只是表现形式有所不同，信访制度的"智库性功能"拥有深刻的历史渊源。"大数据"时代背景下，信访制度的智库性功能日益凸显，成为信访制度运用的重要特征，也成为信访制度发展完善的重大方向。

（三）从政府治理、政治建设、社会治理角度探讨信访制度的智库性功能

本书第三章、第四章、第五章分别从政府治理、政治建设、社会治理角度探讨了信访制度的智库性功能，这基于实践与理论两方面的考虑。一方面，在运行实践中，信访制度的智库性功能集中体现于这三大领域。具体而言，政府治理领域，信访制度在公共政策的制定、执行和协调阶段发挥着重要的智库性功能；政治建设领域，信访制度作为代议制民主重要补充，发挥了不可替代的智库性功能；社会治理领域，信访制度在洞察社会心态、预警社会风险角度发挥了重要的智库性功能。另一方面，信访制度的研究与公共管理学、政治学、法学、社会学的理论密切相关，三个章节分别运用这多元学科的视角探讨信访制度的智库性功能，有助于更加清晰地辨析信访智库性功能的理论内涵与现实特点。

（四）探讨了信访制度智库性功能建设的路径

大数据时代已经到来，信访部门要充分重视和发挥信访制度的智库性功能。第六章"信访制度智库性功能建设的探索"探讨了信访制度功能建设的具体路径，在描述全国范围内的信访智库性功能建设现状的基础上，介绍北京市信访矛盾分析研究中心智库建设的经验。结合实践，本章还具体探讨了信访制度智库性功能建设的体制机制改革、人才配置、专业化教育支撑、大数据保障等重点问题。

综上所述，本书作为北京市信访矛盾分析研究中心"信访制度改革研究系列丛书"的一本，努力从顶层设计角度探索信访制度的改革，提出信访制度未来改革完善的重要方向——信访制度的智库性功能建设，希望有助于启发信访理论研究者和实务工作者的思路，为信访制度的改革完善提供参考。

第一章　国家治理视野下的
信访制度与智库

党的十八届三中全会明确提出"全面深化改革的总目标是完善和发展中国特色社会主义制度,推进国家治理体系和治理能力现代化",这一新提法为深入推进全面深化改革指明了方向。党的十九大报告再次强调这一总目标,十九届四中、五中全会明确新时代推进国家治理体系和治理能力现代化建设的系列重大举措。在推进国家治理体系和治理能力现代化建设的背景下,信访制度的改革完善和新型智库建设是两个重要而又相互关联的着力点。

一、国家治理的提出是中国政治更加成熟的标志

(一)国家治理的提出是中国共产党"为人民服务"宗旨的深化

"全心全意为人民服务"是中国共产党党章确定的宗旨,是中国共产党人的行动指南,其实际上回答了在党的行动中体现"为了谁","替谁说话","如何减少政府成本,减少腐败"等根本性的问题。抽象的宗旨在具体的行动中很容易产生各种不同的判断,如何在具体行动中体现宗旨的指引也是党的历代领导集体孜孜探索的命题。从新中国成立后历代领导集体的政策措施看,稳定政权、发展经济一直是主流方向,改革开放主要以经济建设为中心,在十六大之后,开始逐步意识到经济发展的环境代价和社会代价日益沉重,力图为中国找到更具人民性的发展之路。这个历程反映了在经济发展到一个特定的阶段,会对政治、社会产生影响的客观规律。从今天看,经济、政治、社会的发展之路,国家、集体、个人的关系已经不能简单地继续沿着老路走下去,需要重新调整相互定位与关系,需要进行新一轮的改革。这也

是十八大以来新一届领导集体提出政治、经济、社会、文化、生态五个方面协调发展的内在原因。

市场经济中的市场主体是多元的，利益关系主要通过市场呈现，各个市场主体的利益指向和利益诉求呈现多元化、复杂化状态。在这样的大环境中，即使是共产党人、政府的工作人员也需要在市场环境下生存，其个体利益诉求难以避免。在社会主义市场经济背景下，如何体现中国共产党人及中国政府"为人民服务"的宗旨和执政理念，从历代领导集体的实践看，最主要的措施就是通过治理把不同利益主体的力量积聚起来，采取共同行动，为中国人民的生活及根本利益服务，促进各项事业获得良性发展。

在发展市场经济过程中，外部性的存在会使发展的受益者与成本承担者错位，而承担成本的人也是人民的一部分，成本与收益的错位会导致承担发展成本的部分人民不满。尤其是负外部性直接由环境和社会承担时，容易产生规模性不满，进而成为经济发展的社会代价。减少发展代价的前提是及时发现发展的社会代价，而经济发展的社会代价存在明显的滞后性、隐蔽性、积累性，不易发现。在市场经济中，滞后性容易导致既定的利益结构固化，隐蔽性容易导致社会矛盾不易早期发现与治理，积累性容易导致社会矛盾呈现缓慢积累、集中爆发的态势。而在既有的各种工作机制中，信访是集中反映少数人诉求和发现社会矛盾苗头的系统，也是早期发现发展成本的机制，只要善加利用，在国家治理过程中即可发挥其发现发展的社会代价的特有功能。

（二）"国家治理"是治国理念的重要转变

自改革开放以来，中国的改革模式是党政推进型改革，这一模式的特点是把中国共产党和中央政府作为推进改革的关键力量。党政推进型改革的优点是可以加速经济转型、社会转型，缺点是会导致社会矛盾指向执政党和政府。

在改革初期，党政推进型改革有明显的积极意义，它能够快速推进整个政府转变观念和改革发展，进而带动社会转变观念、发展经济。但在社会主义市场经济逐步确立之后，尤其是进入深化发展阶段之后，党政推进型改革的优点变得不突出，今天需要再次转变观念，促进改革模式进行转换，以凝聚全社会的力量促进国家进入良性发展。

从目前看，改革模式的转换，需要处理好政府、市场、社会的关系，通过"简政放权防止截留改革红利"[①]，建立和完善政府权力清单制度，明晰政府权力边界，解决政府对资源配置干预过多问题；通过确立"市场在资源配置中起决定性作用"[②]，解决市场体系不健全、难以真正形成公平竞争的市场环境问题；通过推进社会建设，发挥社会组织的作用，解决社会自我治理的能力，克服社会过度依赖政府导致公民权利变相萎缩的困境。

"国家治理"的提出是思想观念的一种深层次变化，是一种全新的政治理念，表明中国共产党对社会政治发展规律有了新的认识，意味着中国改革从党政推进型开始转向政府、社会、市场各个主体的共治。政府治理、市场治理和社会治理作为现代国家治理中的三个最重要的次级体系，在国家治理中不仅要发挥政府的驱动作用，更要发挥市场的力量以及社会的力量，通过各种治理机制功能的发挥，共同推进国家现代化。在改革的动力机制上，不再单纯地党政推进，而是发挥党政、市场、社会的智慧和力量；在问题治理上，政府、市场、社会各自形成治理的闭环，使发展成本降低并分散化，形成低成本的良性发展；在治理机制上，不再过分强调"自上而下"的管理，还包括"自下而上"的社会建构，把群众的智慧和力量当作国家治理的重要源泉，是党群关系、政民关系在新时代的新构造。

（三）国家治理现代化是"为人民服务"在新时代的再升华

中国政府改革是从全能政府向有限政府转化，在全能政府中政府几乎执掌社会活动的一切，这一特有的转化过程，要求政府主动地约束自我的权

---

① 《简政放权防止截留改革红利》，中国政府网，http://www.gov.cn/xinwen/2014-06/05/content_2694093.htm。

② 《中共中央关于全面深化改革若干重大问题的决定》，2013 年 11 月 12 日中国共产党第十八届中央委员会第三次全体会议通过。

力，进行自我革命，宏观讲是理顺市场经济中国家与社会的关系，微观就是理顺市场经济条件下的干群关系，从现代化的角度看实际上就是选择走法治化、民主化之路。

法治政府通过政府守法带动公民守法，进而形成社会理性和市场依法运行，形成法治社会。民主政府对中国政府而言，除了坚持人民代表大会制度、政治协商制度之外，还要求尊重地方的自主权以及吸收民众自下而上参与国家治理的意见，形成不同层次的参与式治理。对于中国这样一个文化多样的多民族的地域广大的国家，国家治理除了考虑市场治理、社会治理之外，还要考虑中央与地方关系，通过地方政府间的竞争以及差异化竞争，发挥地方实现地方治理的积极性以及适应地方治理的多样性。

在从全能政府转向有限政府这一特殊过程中，国家、市场、社会都习惯于遵循自上而下的管理系统，对自下而上的参与式治理缺乏认知和实践，推动形成并强化自下而上的参与式治理将是国家治理体系和治理能力现代化的关键环节。国家治理的提出毫无疑问将强化自下而上的参与，进而使"为人民服务"在具体运作上得到贯彻，从这个意义上讲，国家治理实际上是为"为人民服务"的宗旨打上时代印记。

二、国家治理视野下信访制度特性和功能的再审视

任何制度都在发展的进程中不断演化，信访制度也不例外。自1951年信访制度创设以来，在秉承民主性、救济性和监督性等制度本质属性的基础上，在不同的历史阶段，信访制度发挥着不同的制度功能，呈现不同的制度特点。进入21世纪，伴随经济的高速增长，中国社会进入了一个社会矛盾凸显期，如何化解社会矛盾和冲突，考验着各级政府的智慧。在此背景下，面对快速变迁的制度环境，作为国家治理体系的重要组成，信访制度不断创新发展，从而具备了崭新而又独特的制度特点。当前的信访已经不再是传统意义上的信访，"信访越来越与经济发展的速度和模式相关""信访越来越和公共政策的制定与执行相关""信访越来越与环境保护相关""信访与国家的

社会保障机制越来越相关"①。新的历史时期，在现实运行过程中，信访制度呈现出一系列崭新的制度特性。

（一）国家治理体系中信访制度的四大特性 ②

1.特质数据：信访系统拥有反映国家治理现状的动态大数据

信访系统在接待群众来信来访过程中收集并存储了大量的资料和数据，从而形成了反映我国治理现状问题的动态数据库。信访是公民表达权益诉求的法定渠道，公民可以通过书信、电子邮件、电话和走访等形式，向各级党委、政府反映情况，提出建议、意见或投诉请求。近年来，全国信访机构普遍建立健全信访网上办公系统，信访事项可以及时转化为信访信息，录入信访信息系统。日积月累，信访系统已拥有基础数据庞大的动态数据库，国家信访局 2013 年的公开数据显示，仅当年 1 至 10 月全国信访总量就高达 604 万件（人）次。③信访大数据涉及多元领域，具体包括十七大类，如城乡建设、"三农"问题、国土资源、劳动就业、住房问题、社会保障、教育文化、医疗卫生、环境保护、商贸旅游和纪检监察等领域，涵盖社会的方方面面，覆盖当前社会问题的热点和难点。信访数据是未经加工的原始民意资料，具有一手性、动态性，是中国社会矛盾现状的"缩影"，较为真实地反映国家治理面临的问题及挑战。

信访大数据能够"立体"地、量化地反映社会矛盾的状况：一是信访总量反映社会矛盾的"广度"。信访总量从数量的角度反映了一定区域内公民利益受损的情况，呈现了一定区域内社会矛盾的整体规模。二是访信比（即来访数量与来信数量的比例）反映社会矛盾的"烈度"。从社会行为学来看，不同的信访行为反映矛盾的激烈程度各不相同。一般而言，来信的方式较为

---

① 张宗林、张建明、刘雯：《信访工作的新思维与新理念》，《中国行政管理》2013 年第 6 期。

② 参见张宗林、王凯：《国家治理视野下信访制度特性和功能的再审视》，《行政论坛》2019 年第 4 期。

③ 参见仝宗莉、唐述权：《国家信访局：前 10 月全国信访总量 604 万件（人）次，同比降 2.1%》，人民网，http://politics.people.com.cn/n/2013/1128/c1001-23683864.html。

温和。与来信相比，来访是风险升级的体现。因此，在信访总量相同的情况下，访信比越高，社会矛盾激烈程度越高。三是联名信、集体访①的数量反映社会矛盾的"强度"。集体访和联名信是指一个群体共同反映同一信访事件，往往表现为群体心理的聚合。比如，信访人在联名信上分别署名、按手印，信访人集体访时联合多人到场共呼口号。一般而言，集体行为产生的社会影响更大，这种因共同利益聚合而产生的社会影响不容忽视。因此，联名信、集体访由于涉及群体利益，具有一定的组织性，凸显社会矛盾的群体性。四是重信重访②的数量反映社会风险的"深度"。重信重访总量和比例的居高不下并持续攀升，表明信访人反映的问题没有得到有效解决，信访矛盾持续积累，信访问题的化解难度增大。长此以往，可能会成为影响社会安定和经济发展的不稳定因素。五是极端信访行为的数量反映社会矛盾的"异常度"。极端信访行为是指信访人偏离了正常的信访行为，甚至采用自焚、自残、以暴力相威胁等极端行为来表达诉求。极端信访行为往往具有较强的对抗性和暴力倾向，是社会矛盾激化的体现，值得高度关注。

大量信访数据反映的问题往往涉及公权力的运行，与政府、干部和公共政策紧密相关，这使信访数据具有独特的价值。根据 2005 年国务院《信访条例》的规定，信访问题受理范围是针对国家机关及其工作人员，法律、法规授权的具有管理公共事务职能的组织及其工作人员，提供公共服务的企业、事业单位及其工作人员，社会团体或者其他企业、事业单位中由国家行政机关任命、派出的人员，以及村民委员会、居民委员会及其成员的"职务行为"。这些涉及"职务行为"的信访事项，本质上是公共权力运行过程中与公民的私权发生冲突。因此，信访数据深层次地触及了政府治理的方式、方法，是反映公共权力运作过程中存在的瑕疵和问题的特质数据。

---

① 联名信，一般指 5 人或 5 人以上的信访人向各级信访部门反映同一问题，并共同签名的来信。集体访，一般是指 5 人或 5 人以上为反映同一问题的共同来访。

② 重信是指来信正在依法办理过程中或已经依法办结，信访人再次来信表达同一诉求。重访是指来访正在依法办理过程中或已经依法办结，信访人再次来访表达同一诉求。

2. 负正效应：信访制度是我国国家治理的"负反馈机制"

反馈是治理系统自我控制、自我调节、自我完善的基本要求。1952年，控制论创始人维纳在一次演讲中提出："必须存在一个有效的机制，使得对任何正常状态的严重偏离都会产生一个要把种种条件恢复正常的过程"，"这种机制叫做负反馈机制；它之所以叫做负的，是因为它在演绎中会产生一个可以消除原先误差的效应"[①]。可见，"负反馈机制"是一个系统信息反馈、纠偏纠错、不断优化的重要制度设置。一个治理系统的良性运行，离不开反馈机制的正常运行。在我国的国家治理体系中，信访制度便是一个重要的负反馈机制，集中体现为追踪群众的负面心态以及反映政策运行的偏差和异常。

习近平总书记高度重视信访工作，将人民群众来信来访作为了解群众期盼、总结为政得失的一面"镜子"。透过信访窗口，能洞察群众社会不满的现状、特点及趋势。信访作为群众表达不满的"减压阀"，是追踪社会心态的重要渠道。通过信访能直接观测群众的"显性不满"，它一般表现为利益受损引发的不满，并试图通过信访等方式寻求救济，因而这种不满往往直接表现出来。通过信访还可以洞察群众的"隐性不满"。"隐性不满"是指因治理的偏失，导致社会成员产生的尚未表达的不满，它往往具有隐蔽性、广泛性和积累性，是社会治理的难点。建立在信访大数据基础上的"智慧信访"人工智能分析平台，能够实现对群众的情感倾向分析，可深入挖掘群众的"隐性不满"，预警社会负面情绪的积聚。专项调查显示，信访人自我评价呈现较强的底层认同，具有负面倾向，这些负面情绪更多指向民生问题。[②]

透过信访窗口，能把握公共政策制定、执行过程中存在的问题。分析信访领域出现的新情况、新问题，越来越多的信访事项与公共政策的运行密切相关。公共政策制定得不合理，执行得不到位，协调得不顺畅是引发信访事项的重要原因。实践中，有些公共政策较多地注重促进经济发展而忽略了社

---

① 庞正元、李建华编：《系统论、控制论、信息论经典文献选编》，求实出版社1989年版，第302—303页。

② 参见曹颖、陈满琪、徐珊珊：《转型期的社会心态研究——基于公众与信访人的实证分析》，《民主与科学》2013年第2期。

会公平正义，而有些政策在制定时缺乏战略性研究，缺乏连续性和稳定性，没有形成科学合理的政策体系，缺乏配套性和协调性，没有形成损益补偿等衔接和配套机制，政策执行后出现一系列问题，从而成为触发信访与社会矛盾的政策性因素。

作为"负反馈机制"的信访，能够及时反馈治理过程中存在的偏差和问题。信访渠道反馈的负面信息有利于政府了解民生需求，并锁定重要的社会风险点，促进相关政策的制定、调整和修正，推动政府和官员的依法行政，从而发挥积极的正向作用。

3. 隐性推力：信访制度产生优化国家治理的制度性推力

信访作为一种公共政策的优化矫正机制，具有独特性，能够发现公共政策运行过程中存在的问题，形成完善公共政策的制度性推力。通过信访渠道反映的信息，积极反思公共政策制定、执行和协调中的问题，并提出有针对性的对策和建议，有利于巩固党的执政基础、增强政府治理能力、推动社会管理创新、维护社会和谐稳定，具有极为重要的价值和意义。

实践中，信访问题形成社会压力，不断"隐性"推动政府纠偏纠错，促进政府持续地自我完善，推进政府治理的创新发展。信访问题能够形成综合性的社会压力，特别是一些涉及群体性利益的信访问题，容易引发媒体和社会的普遍关注，从而倒逼政府积极审视自身的行政行为，及时采取配套政策和补救措施，避免社会风险的积聚爆发。如代课教师信访问题的解决过程就是信访制度发挥"隐性推力"的典型例子。2006 年开始，全国集中清退了44.8 万中小学代课人员，代课教师信访问题凸显。2011 年，教育部收到的代课教师信访问题达 2036 件，占到当年教育部信访总量的 16.4%，是占比最高的信访问题。[①]对此，教育部、人社部、财政部和中央编办联合发布《关于妥善解决中小学代课教师问题的指导意见》（教人［2011］8 号），积极通

---

① 参见《中国教育年鉴》编辑部编：《中国教育年鉴（2012）》，人民教育出版社 2013 年版，第 134 页。

过择优招聘、转岗使用、辞退补偿、纳入社保、就业培训等多种途径解决代课教师问题。在此政策的推动下，各地也都相继出台针对代课教师的工作方案，使代课教师问题得到关注和解决。目前，作为时间跨度较长、复杂程度较高的历史遗留问题，代课教师信访问题仍在解决过程中。

4.刚性依赖：信访制度对国家治理具有不可或缺性

作为国家治理体系中独具特色的负反馈机制，信访制度是不可或缺的。在国家治理进程中，信访制度的如下特征日益凸显：一是信访是为政府自我纠偏纠错设置的制度。政策制定执行过程中，政府往往难以发现自身的不足，信访为政府自我纠偏纠错提供不可多得的制度渠道。二是信访是为公民表达不满设置的制度。越来越多的信访问题与政府政策和公务人员的职权行为密切相关，公民不满的表达，直接推动对公权力运行的监督和检视。三是信访是为保护人民群众合法权益设置的制度。信访作为中国独有的维权机制，是对代议制民主的有益补充。实践中，信访制度往往需要直面政府治理、社会治理领域的很多新情况、新问题，这些问题往往是法律和政策的空白点。信访制度能够提供必不可少的决策支持和信息，从而推动政府治理、社会治理的创新发展。基于以上特性，一些重大决策和公共政策的出台都直接源于信访，如没有涉军信访的出现，就不会有退役军人事务部的成立。因此，国家治理对信访制度的依赖不是可有可无的，而是刚性的、不可或缺的。

在社会矛盾多发的背景下，信访制度对于社会矛盾治理的特殊重要性，强化了国家治理对信访制度的"刚性依赖"。信访也是我国社会矛盾治理体系的"兜底"制度。在我国的社会矛盾治理体系中，如果社会矛盾无法通过诉讼、复议、仲裁和调解等制度渠道有效解决，还可在信访渠道"兜底"反映。正是由于信访制度的存在，避免群众出现投诉无门的情况，从而大大降低了社会不满通过"网络暴力""街头政治"表达的可能，避免社会冲突的积聚爆发。因此，信访制度对于国家治理是不可或缺的。

（二）从国家治理的高度重新审视信访制度的功能定位

作为一种全新的政治理念，国家治理是指"在中国特色社会主义道路的既定方向上，在中国特色社会主义理论的语境中，在中国特色社会主义制度的完善和发展的改革意义上，中国共产党领导人民科学、民主、依法和有效地治国理政"①。国家治理的提出是中国政治走向成熟的标志，表明中国共产党对社会政治发展规律有了新的认识，强调"在理性政府建设和现代国家构建的基础上，通过政府、市场、社会之间的分工协作，实现公共事务有效治理、公共利益全面增进的活动与过程"②。因此，国家治理理念是思想观念的深层变化，意味着中国改革从党政推进型转向政府、社会、市场多元主体的共治。在国家治理过程中，不仅要发挥政府的作用，还需要发挥市场的力量和社会的力量：在改革的动力机制上，从单纯的党政推进，走向"立体"发挥党政、市场和社会的智慧和力量；在问题的治理导向上，推动政府、市场、社会形成治理的闭环，降低发展的成本，实现低成本的良性发展；在治理的机制上，不再过分强调"自上而下"的单向管理，还包括"自下而上"的社会建构，重视吸纳公民广泛参与国家治理，重塑党群关系、政民关系。

时代在发展，形势在转变，新时代的信访制度已经具有鲜明的时代特征，应从国家治理的高度重新审视信访制度的功能定位，推动信访制度的创新与完善。新的历史时期，可将信访制度的功能定位如下。

1.信访是具有中国特色的人民权益保护制度

信访制度是我国公民实现基本权利的制度保障，发挥维护公民合法权益的重要制度功能。依据国务院《信访条例》第二条的内容，我国公民通过信访所能实现的权益，即向各级政府、县级以上政府工作部门"反映情况，提

---

① 王浦劬：《国家治理、政府治理和社会治理的基本含义及其相互关系辨析》，《社会学评论》2014 年第 3 期。

② 薛澜、张帆、武沐瑶：《国家治理体系与治理能力研究：回顾与前瞻》，《公共管理学报》2015 年第 3 期。

出建议、意见或者投诉请求"。《信访条例》明确的这些权利具有确凿的宪法依据，源于我国《宪法》第四十一条的相关规定，其中，"反映情况，提出建议、意见"的权利源于我国宪法赋予公民的批评权和建议权，它们不受国家机关和国家工作人员的职务行为违法失职与否的限制。公民对国家机关和国家工作人员的任何职务行为都可以"反映情况、提出建议、意见"，只要不损害他人的合法权利和正当声誉，不损害国家与社会公共利益及公共道德。"投诉请求"的权利源于我国宪法赋予公民的申诉权、控告权和检举权，以及在受到国家机关和国家工作人员侵害的情况下获得赔偿和救济的权利，这表明公民有权通过信访渠道依法获得权利救济。可见，公民信访权是由宪法赋予公民的批评权、建议权、申诉权、控告权、检举权和救济权所衍生的政治权利。实践中，信访制度的设置和运行，也有效保障了我国公民基本权利的有效实现。

2.信访是国家治理体系中风险预警、政策纠偏的制度设置

从国家治理体系的纵向构成看，它包括从预见稳定到预见失误的补救体制机制和制度安排。现代国家治理的环境日益多元复杂、快速变化，治理决策难度加大，治理过程蕴含很高的风险，因此国家治理体系有必要提供风险预警、政策纠偏的制度安排。在此背景下，信访制度显得尤为重要。透过信访这一国家治理重要的负反馈机制，能看到经济发展的社会代价，能看到公共政策制定、执行和协调过程中存在的问题，能看到政府和干部是否依法行政。信访制度作为国家治理体系的重要组成，不仅是党和政府密切联系群众的桥梁和纽带，更是分析研判社会风险的重要窗口，政策纠偏和优化治理的重要平台。通过深度挖掘信访特质数据的价值，提出有针对性的政策建议，发挥信访制度决策咨询的智库性功能，形成信访制度负反馈、正效应的制度推力，有利于推动公共政策制定、执行的科学化，推动政府和官员的依法行政，从而真正从源头上预防化解社会风险，推进国家治理体系和治理能力现代化建设的进程。

3.信访是我国国家治理体系中的替代性纠纷解决机制

在现代国家治理体系中，司法诉讼是解决纠纷最重要、最权威的途径。但是，源于社会纠纷的多样性和当事人需求的差异性，诉讼不可能解决所有的纠纷。因此，世界各国结合国情发展形成了非诉讼纠纷解决机制，如谈判、调解、仲裁等，用以解决特定的纠纷。在现实条件下，信访作为中国本土性的替代性纠纷解决机制，仍发挥着十分重要的作用。"信访制度严格地说并不是一种特定的纠纷解决程序，然而，从实践中的作用和效果看来，信访制度却在我国的纠纷解决系统中具有不可替代的重要地位。"[①] 信访制度的不可替代性集中体现为信访制度的"兜底性"，即信访制度是我国社会矛盾治理体系的"兜底"机制。信访制度的"兜底性"纠纷解决功能的发挥需遵循现代社会矛盾治理的普遍规律，注重与诉讼、复议、仲裁和调解等多元制度的衔接和整合。从现实情况看，尤其是针对一些特殊的历史遗留问题，如返城知青、支援三线、涉军信访、国企改制、征地拆迁、代课教师和失独家庭等历史遗留问题和信访疑难问题，信访制度的"兜底性"纠纷解决的功能显得尤为重要。

4.信访是我国公民参与国家治理的重要制度安排

信访具有典型的直接民主制度属性，是对间接民主的有益补充。信访制度是我国公民在国家政治生活中直接行使民主权利、参与国家治理的重要制度设置。具体而言，首先，公民可以通过信访制度行使建议权参与国家治理，提出个人的意见和建议，参与国家政策、法律的制定过程。越来越多群众通过信访渠道表达对公共事务的关注，如北京、上海等地的信访机构都建立专门人民建议征集部门，收集群众关于公共事务的意见和建议。仅 2018 年度，北京市人民建议征集办就收到群众建议上万件次。其次，公民还可以通过信访制度参与政策、法律的执行过程。很多信访事项反映了行政执法过程中存在的问题，信访制度产生的潜在压力，使得行政执法过

---

① 范愉：《非诉讼纠纷解决机制研究》，中国人民大学出版社 2000 年版，第 561 页。

程的合法性、公开性、公正性有了切实的制度保障。因此，信访是我国国家治理体系中自下而上的特殊机制，是我国公民直接参与国家治理的重要制度设置。

5. 信访是我国公民实施权力监督的法定渠道

监督性是信访制度的本质属性之一，信访制度是我国公民监督公共权力的法定渠道。通过信访，公民可以直接向政府反映情况，提出批评建议，提出申诉、检举和控告。公民通过信访渠道反映的问题涉及政府与官员是否依法行政，涉及如行政公务人员的贪污腐败、滥用职权、作风粗暴、行政不作为等问题，对公权力依法运作起到重要的监督作用。实践中，纪检监察类问题一直是群众信访问题的重要组成。2009—2017 年，北京市信访办收到的纪检监察类信访问题的数量始终位居各类信访问题的前 5 位。可见，信访制度是我国公共权力监督体系的重要组成部分，信访作为一种权力监督方式，具有监督范围广泛、监督方式灵活等特点。信访制度所具有的促进公民权力监督功能，既符合《信访条例》的法定要求，也是现实的公共治理的客观需求。未来还可推动信访制度与国家监察委衔接、协同，进一步强化我国公共权力监督体系的合力。

（三）信访制度未来改革的方向

从运行现状看，信访制度的多元制度功能中，纠纷解决功能仍较为突出。就长远而言，伴随我国多元社会矛盾纠纷解决机制的建立健全，信访制度的纠纷解决功能将不断弱化，作为国家治理体系的重要组成，信访制度风险预警、决策咨询、政策纠偏、公民参与和权力监督的功能将日益凸显。展望未来，可从以下三个方面推进信访制度的改革完善。

1. 推进以信访立法为抓手的信访法治化进程

信访法治化是落实"全面推进依法治国"战略的重要举措，党的十八大、十九大和十八届三中、四中全会均提出信访法治化建设的新要求。2017 年 7

月，第八次全国信访工作会议上，习近平总书记明确要求信访工作应"注重源头预防，夯实基层基础，加强法治建设，健全化解机制，不断增强工作的前瞻性、系统性、针对性"①。信访立法工作是推动信访法治化的重大举措，也是从源头上预防社会矛盾的重要措施，对推进国家治理体系和治理能力现代化有着重要意义。我国信访工作的法律依据主要是国务院的《信访条例》，属于行政法规，存在法律位阶较低、适用范围较窄等问题，直接影响信访工作的有效开展。因此，制定一部科学规范和指导信访工作的信访法势在必然，是推进信访工作法治化的根本要求，也是信访改革进程中具有里程碑意义的重大举措。

目前，信访立法工作已得到国家相关部门的重视。2015 年 9 月，国务院首次将"信访法"列入《国务院 2015 年立法工作计划》，确定为"研究项目"。2016 年 3 月，国务院将"信访法"列入《国务院 2016 年立法工作计划》，提升为"预备项目"。2017 年 4 月，第十二届全国人大常委会第 93 次委员长会议将"信访法"列入《全国人大常委会 2017 年立法工作计划》，确定为"预备及研究论证项目"。2018 年 9 月，十三届人大常委会立法规划再次将"信访法"列入"研究论证立法项目"。新形势下，亟须加快推进"信访法"的研究和论证工作，明确国家治理体系下信访制度的功能定位、职责权限；整体规范党委、人大、政府、政协、监察委、法院和检察院的信访工作，明确信访与诉讼、复议、仲裁等制度的界限与衔接；破解信访实践出现的新情况、新问题，完善信访运行机制，健全信访终结机制。

2. 推进信访制度成为国家治理体系下的重要制度设计

信访作为具有中国特色的宝贵本土制度资源，契合我国的国情、社情和民情，符合国家治理机制的内生性要求，具有特质数据、负正效应、隐性推力和刚性依赖四大特性，与国家治理体系内部诸多机制存在较强的契合性、适应性。信访作为党和政府发现决策瑕疵或漏洞的自下而上的机制，也是反

---

① 《习近平关于社会主义社会建设论述摘编》，中央文献出版社 2017 年版，第 163 页。

映国家治理能力和水平、减少社会发展代价的重要途径。同时，信访制度通过对社会矛盾的全面化解、权力的有效监督、民主的有效促进来推动国家治理在各个领域的全面落实和协调发展，对国家治理体系起到了黏合和协同的作用，以保证这些机制所构建体系的完整性和有效运作。

近几年来，关于信访改革的探讨更多停留在如何完善信访制度层面，出现了"取消信访论"和"强化信访论"两种对立的信访改革主张。从顶层设计角度而言，这种分歧的出现正是因为脱离了信访制度的自身现实和信访改革的客观背景，没有从国家治理体系的战略高度对信访制度进行创新性设计。信访改革不能局限于信访工作层面的提高和改进，而是要针对现行信访制度进行深入性、系统性变革，必须将其纳入国家治理体系环节中加以考虑。从制度设计角度而言，信访改革的目的是将信访制度纳入国家治理体系下进行考量：一方面，促进信访制度自身的完善与发展；另一方面，充分利用自身治理机制和治理优势，推进国家治理体系的构建和完善，这也是信访改革的重要意义所在。

3. 推进信访机构成为党和政府的重要特色智库，发挥信访的智库性功能

2015 年，中共中央办公厅、国务院办公厅印发了《关于加强中国特色新型智库建设的意见》，明确指出中国特色新型智库是国家治理体系和治理能力现代化的重要内容。党的十九大报告再次强调"加强中国特色新型智库建设"。信访机构的特色资源为智库建设提供内生优势。信访机构掌握大量的信访和社会矛盾问题研究素材，这些都为党和政府的科学决策提供了最翔实的一手材料，以此为基础，信访机构可以形成具有战略性、思想性、对策性特征的特色智库成果。近年来，信访理论研究取得长足进步，特别是众多专家学者对于信访制度及其改革问题的研究投入了极大热情，为信访机构的特色智库建设奠定理论基础。同时，伴随信访机构信息化建设步伐的加快，网上信访工作体系日益健全，信访信息的获取将更加公开、透明、便捷、高效，这为信访机构的智库建设提供有力的技术支持。此外，信访机构在智库建设方面也有了先期探索，2009 年，北京市信访办率先成立全国第一家信

访领域专业性智库——北京市信访矛盾分析研究中心，研究中心的众多智库成果得到国家领导人的高度认可，为相关部门决策提供了重要依据，成为信访机构推进特色智库建设的重要实践。

"大数据"时代对政策量化分析的日益重视，为信访机构的特色智库建设提供了契机。"大数据"不仅是一场技术革命、一场经济变革，也是一场国家治理的变革。伴随"大数据"时代的到来，信访特质大数据库的价值凸显。信访机构通过对这些数据的量化分析，并根据党和政府决策需要开展重大课题研究，用量化的指标数据反映社会发展中的突出问题，为信访工作的改善及党政决策提供基础数据，充分保证了政党执政和政府施政更具有科学性、掌控性和前瞻性，从而助推信访机构在将来真正转型为具有中国特色的资政辅政智囊机构。

就未来而言，推进信访机构成为国家重要的特色智库，重视发挥信访制度决策咨询的智库性功能，既可以成为新时代信访制度改革完善的重要探索方向，还可以成为中国特色新型智库建设的重要突破口，推动社会矛盾的有效预防化解，推动政府治理的创新发展，推进国家治理体系和治理能力现代化建设进程的深入。

三、新型智库是现代国家治理的重要组成部分

2013 年 11 月，党的十八届三中全会在提出国家治理现代化的主题外，同时提出要"建设中国特色新型智库，建立健全决策咨询制度"，将智库建设提高到了国家战略的高度。2014 年 10 月，中央全面深化改革领导小组第六次会议审议通过了《关于加强中国特色新型智库建设的意见》，对我国新型智库的建设进行了具体的部署。

党和国家如此重视新型智库，足见中国特色新型智库的重要作用。而新型智库重要的主要表现，或者新型智库对国家和社会发展的重要意义，就在于它是国家治理现代化的重要组成部分，它的充分发展对国家治理现代化具有重要的推动作用。因此，国家治理现代化必须要关注中国特色新型智库的

发展，既要用国家治理现代化的理念去指导新型智库的发展，又要注意通过新型智库的建设以及研究成果推动国家治理现代化的进程。

本部分将首先明确智库的产生历程及特征，进而介绍发达国家智库发展的状况，在此背景下阐释新型智库的提出价值，最后论证新型智库对现代国家治理的重要意义。

（一）智库的产生历程及特征

"智库"（Think Tank），又称智囊库、思想库、智囊机构等。从字面意思理解，智库可以说是智库和思想的储备地；从学术角度分析，智库可以理解为由一定数量的专家学者组成的，通过广泛调查、深入分析和综合研究，为决策者应对政治、经济、社会、文化、科技、军事、外交等领域重大问题而提供理论支撑和决策咨询的公共研究机构。[①]

1. 智库的产生发展历程

智库的发展历史十分悠久，我国古代就不乏各种智库的影子。当时的智库多是以养士、谋士、策士、门客、幕僚、军师、师爷等聚集在权贵或君王的身边的形式存在。例如，战国时，所谓的四君子就以自己为中心组建了具有重大影响力的智囊团，其中的一些佼佼者，至今为人们所熟知，如毛遂等，齐国的孟尝君更号称拥有门客三千。这可以称得上是早期智库的初级形式。

据考证，"智库"一词出现于第二次世界大战期间的美国，最初用以指称当时军事人员和文职专家聚集在一起制定战争计划及其他军事战略的安宁环境。[②] 后来逐步用于称呼那些从事独立研究、生产创新性思想和智慧，为国家和社会决策服务的各类机构。现代意义上的智库诞生于第二次世界大战后的西方国家。当时复杂多变的国际局势、错综复杂的国家矛盾，产生了大

---

① 参见崔树义、杨金卫主编：《新型智库建设：理论与实践》，人民出版社 2015 年版，第1 页。

② 参见文庭孝、姜珂炘、赵阳：《国内外智库发展及其评价》，《高教发展与评估》2016 年第5 期。

量对综合性、前瞻性决策研究的需求，这为智库的发展创造了巨大的发展空间。各种研究智库纷纷成立，在20世纪70年代，智库的发展迎来高峰，智库发展迅速。如今智库已遍布全球，不仅数量庞大，而且种类繁多，研究涵盖内政、外交、军事、经济、生态和科技发展等领域。

2.智库的主要特征

智库区别于个人或者团队纯粹的个人研究，但也不同于为了商业利益而为其他经济活动主体提供咨询服务的咨询公司。具体说来，智库具有以下四个显著特征。

第一，非营利性。智库是向社会提供公益性质的产品和服务的咨询研究机构。智库的非营利性是由智库的性质所决定的，它必须保障研究成果的客观性，不能迎合任何人，也不能带有任何偏见，所以自然应当避免追求利益所可能带来的对研究结果的影响。这一特性也要求必须由充足的资金来支持智库的发展。从当前全球智库发展的趋势来看，智库的资金来源主要有三个渠道：一是政府资助，二是智库凭借自身的社会影响力获得企业和公众的捐助，三是智库向政府和企业推销科研成果以获取智力报偿。美国智库的发展经费主要来源于政府委托课题资助和社会捐赠，而且后者占较大比例；德国智库的发展经费80%以上都依靠政府的全额资助。①

第二，研究成果具有现实性和针对性。这是智库区别于纯粹科学研究的主要特点。智库的研究虽然采用一些自然科学的方法，但主要还是社会科学研究，所针对的领域主要是政治、经济、文化和社会等问题。智库在面对这一类问题的研究时，又需要适时推出时效性、对策性和影响力强的研究成果，并谋求影响政府和社会的重大效果。所以，一个成功的智库需要有广泛的社会影响，影响力是智库赖以生存和发展的重要源泉。

第三，相对的学术自由。智库的研究成果虽然必须有现实性和针对性，

---

① 参见中国行政体制改革研究会课题组：《中国智库发展存在的问题》，《学习时报》2014年8月25日。

但为了保障研究成果的创造性和客观中立，必须要保障智库相对的学术自由。从全球范围来看，各国智库的发展环境和管理体制虽然存在差异，但都具有一定的学术自由，都保持其思想的独立性。智库一旦丧失了思想独立和学术自由，就难以进行客观公正和深入系统的分析研究，就难以推出符合社会发展趋势的新思想、新观点、新理论和新知识，也会渐渐丧失其存在的价值和发展的空间。

第四，具有优秀的团队和科学的组织管理。现代智库不像古代的幕僚那样，讲求个人的智慧或者幕僚之间互不联系。由于问题的复杂性，现代智库要求不同领域和不同层次的专家相互合作、相互补充，才能够做出较为全面和较为准确的研究成果。所以，现代智库必须具有一个优秀的团队。其次，在团队的基础上，又需要团队具有科学的组织管理，如此才能实现"1+1"大于2的效果。所以，智库人才一般分为两类，一类是横跨各个学科的专业的研究人才，另一类是专门负责组织协调的专业管理人才。管理人才一方面负责对专业研究人才的管理和服务，另一方面还要负责对研究成果的管理，要善于运用主流媒体宣传和推介自己的研究成果，利用其成果来扩大自己的影响力。

（二）当下各国智库的发展状况

2019 年 1 月，权威性全球智库排名报告——美国宾夕法尼亚大学"智库研究项目"研究编写的《全球智库报告 2018》正式发布。该报告显示，2018 年，全球共有智库 8162 家。在世界智库格局中，欧美国家的智库占据主导地位。2018 年，全世界 51.4% 的智库仍集中在北美和西欧两个地区，但占比较去年有所下降，在过去的 12 年中，两区域智库的新建率也呈下降趋势。与此同时，亚洲、拉丁美洲、非洲、中东以及北非的智库数量及类型仍在不断扩大增长。2018 年，全世界顶级的智库的前十名均来自欧美，其中美国五家，英国两家，法国、比利时和巴西各一家。① 相比之下，近年来

---

① 参见曲俊澎：《〈全球智库报告 2018〉发布：中国 7 家智库继续上榜世界百强榜单》，《经济日报》2019 年 1 月 31 日。

中国智库实力整体上升，有 8 家中国智库跻身全球顶级智库 100 强，但与欧美智库相比，在影响力方面还有待加强。

通过比较欧美各国智库的发展状况，一方面可以加深对智库内涵及其特征的理解，另一方面对我国特色新型智库的建设也具有相应的启示作用。

1. 欧美等国智库的状况概览

美国智库的发展居于世界首位，一方面与其雄厚的经济实力以及全球战略的需要有着密切的联系，另一方面与智库在美国社会和政治中举足轻重的地位也不无关系。美国众多著名的智库，在美国政治中具有重要的影响力，常常被称为"影子内阁"，是与立法、行政、司法相比肩的"第四种权力"。美国著名的智库主要有布鲁金斯学会、兰德公司以及国际战略研究中心等。综观美国智库，资金雄厚、与政府关系密切、社会影响力大是其主要特点。但美国智库的成功，有其重要的运作机制，一方面美国智库的研究非常重视社会影响力和研究成果的传播，另一方面美国的智库注重人才的积聚与流通。例如在美国比较盛行的"旋转门"制度，即政府的官员和智库的研究人员经常相互角色转换。

英国的智库虽然随着英国国力的衰落而式微，但其仍然具有雄厚的实力，不容小觑。2015 年，美国宾夕法尼亚大学发布的"2015 年思想库与公共社会项目"报告显示，英国的智库数量为 287 个，占世界智库总数的 4.33%，仅次于美国和中国，居世界第三位。其中英国最为顶级的智库主要有皇家国际事务研究所和国际战略研究所。英国智库的最大特点是受政治影响较大，由于两党制的影响，英国的智库党派倾向性较强。国内智库甚至可以划分为中左派智库、中右派智库和中立派智库。[①] 至 2019 年，美国宾夕法尼亚大学发布的《全球智库报告 2018》显示，英国智库数量为 321 家，位于美国（1871 家）、印度（509 家）、中国（507 家）之后，排名全球

---

① 参见袁莉莉、杨国梁：《英国智库概况及对我国智库建设的启示》，《智库理论与实践》2016 年第 2 期。

第四。① 英国智库呈现衰弱的迹象，由于这一状况，英国政府要求智库的资金来源必须多样化以力求其思想独立。

日本智库相较于欧美又有其自己的特点。日本的智库起步较早，甚至在侵华战争之前就有一些具有智库形态的间谍组织来中国勘察地形，收集风土人情资料，充当军国主义的爪牙。日本的智库主要受大企业资助，所以日本智库研究领域主要集中在社会经济领域，较少研究国际政治问题。例如一项对日本 181 家主要智库所做的调查显示②，日本研究国际问题的智库仅有 7 家，研究政治行政问题的智库仅有 12 家。剩余的智库，主要集中在经济（34 家）、国土开发与利用（28 家）和环境交通（20 家）等。

2. 全球智库的发展趋势

第一，美国、英国及日本智库的发展虽各有特点，但全球智库的发展仍有一些非常明显的特征与趋势需要注意。全球智库发展最明显的趋势莫过于数量猛增。据研究，20 世纪 40 年代，全球每年新增智库 12 家，而到了 20 世纪 90 年代全球每年新增智库数量 142 家，是 50 年前的 12 倍。2008 年至 2009 年全球智库数量更是骤增，从 5465 家猛增到 6305 家，增加了近 1000 家。③ 全球智库数量猛增，毫无疑问显示出各国对智库的重视，表明政府决策对智库的依赖日益加深。

第二，世界顶尖的智库十分重视成果的宣传与推广。众多智库的领导者和负责人都十分强调智库研究成果的传播。例如，美国宾夕法尼亚大学国际问题研究高级讲师、智库和市民研究项目主管詹姆斯·麦甘就撰文指出智库必须思考如何以新形式传播成果；美国布鲁金斯学会约翰·桑顿中国中心研究主任、中国与全球化智库（CCG）学术专家委员会专家李成也撰文认为

---

① 参见曲俊澎：《〈全球智库报告 2018〉发布：中国 7 家智库继续上榜世界百强榜单》，《经济日报》2019 年 1 月 31 日。
② 参见程永明：《日本智库的发展现状、特点及其启示》，《东北亚学刊》2015 年第 2 期。
③ 参见张志强、苏娜：《国际智库发展趋势特点与我国新型智库建设》，《智库理论与实践》2016 年第 1 期。

"成功的智库尤其要重视有效的传播"。在注重成果传播的问题上，胡佛研究所可谓是这方面的典范。①

胡佛研究所历来重视通过各种媒体对其研究人员和研究成果进行对外宣传推广。他们不仅在斯坦福大学本部和华盛顿特区分部成立了媒体关系部，专门负责与媒体打交道，还常年聘请 50 位知名媒体人士担任客座研究员，参加研究所的活动，借以扩大胡佛研究所在新闻界的影响，拉近与知名媒体的关系。此外，胡佛研究所还主动出击，积极同外界广泛接触，不仅著书立说、评论时政，而且努力为研究人员争取机会，在电台和电视台发表意见。

第三，智库之间争夺国际话语权的竞争加剧。各国的顶尖智库，都努力将自己打造成为具有影响力的国际战略与政策研究机构。一些重要的智库都积极努力成为国际上重要议题的设置与研究者，在全球共同关心的诸如能源、环境、气候变化、可持续发展、外交、核武器、新型大国崛起等问题上，努力成为话语主导者和引领者。为了应对中国不断提升的经济军事实力，各国智库纷纷成立专门的研究团队对中国问题进行研究，以企图影响本国政府和世界精英的决策，占据国际战略的话语权。2006 年布鲁金斯学会成立中国中心，卡内基国际和平基金会也一直重点关注中国问题的研究，成立了"卡内基中文网"。美国国际战略研究中心也设有"费和中国研究讲席"等。

世界各国智库的发展以及全球智库发展趋势，不仅加深了我们对智库的理解，更对我国建设中国特色新型智库提供了有益借鉴。对于我们思考和推进国家治理现代化具有重要的意义。

（三）中国特色新型智库的提出及其内涵

2015 年 1 月，中共中央办公厅、国务院办公厅印发《关于加强中国特色新型智库建设的意见》（以下简称《意见》），为新时期智库建设的发展指

---

① 参见崔树义：《智库的大众传播操作：由胡佛研究所所引申》，《重庆社会科学》2012 年第 6 期。

明了方向。《意见》明确指出："中国特色新型智库是以战略问题和公共问题为主要研究对象、以服务党和政府科学决策为宗旨的非营利性研究咨询机构。"其后，《意见》进一步阐明了中国特色新型智库的历史责任、发展方向、建设目标和重要任务。

1. 中国特色新型智库的提出背景

中国特色新型智库的提出具有深厚的现实背景，既有我国改革进入重要战略机遇期，面对的情况日益复杂，需要高水平智库解决现实问题，也是立足于我国智库建设的不足，亟须加强智库建设，为我国的经济发展、复杂的国际环境提供支持。

近年来，中国各地、各系统围绕建设中国特色新型智库制定了一系列建设实施方案，支持、鼓励、推动中国各类智库健康有序发展，智库实力整体上升。同时，中国智库在全球治理和多边外交中发挥着越来越重要的作用，来自中国智库的声音越来越多。2018年，中国拥有507家智库，与2017年基本持平，位居第三。[①] 虽然我国智库数量位居世界第三位，但研究实力和研究能力与国际一流智库仍有差距。2018年，在全球顶尖智库排名中，我国位次最好的中国现代国际关系研究院、中国社科院也仅分别排在全球第30位、第39位。

除此之外，我国在智库体制上也有可改进的空间。我国的资源大多集中在政府手中，然而民间智库却存在着投资难、注册难、开展工作难等"三难"状况，发展速度较为缓慢，社会影响有限。其次，中国智库在专业化、筹融资、独立性和影响力方面也有不足。这主要表现在：智库的重要地位没有受到普遍重视；智库的组织形式、管理方式、科研手段和保障措施亟待创新；智库发展不平衡；智库建设缺少整体规划，资源配置不够科学等。正是有着这样的问题，十八届三中全会提出建立中国特色新型智库的要求，十九大报

---

① 参见曲俊澎：《〈全球智库报告2018〉发布：中国7家智库继续上榜世界百强榜单》，《经济日报》2019年1月31日。

告明确要求"加强中国特色新型智库建设",正逢其时。

2. 中国特色新型智库的内涵

中国特色新型智库有"中国特色"和"新型"两个重要含义:

第一,中国特色新型智库需要突出"中国特色",这是要求我国智库的发展必须从中国的实际出发,必须着眼中国实际的问题,提出符合中国实际的解决方案。这一方面要求中国的智库要紧紧围绕全面建成小康社会、全面深化改革、全面依法治国、全面从严治党等党和政府亟须解决的重点难点问题展开研究,提出方案;另一方面,中国智库必须坚持中国共产党的领导,坚持中国特色社会主义理论、制度和道路,坚持以维护国家利益和人民利益为根本出发点,在路线方针政策等根本问题上不能有偏差。

第二,中国特色新型智库应当强调"新型"。"新型"是指中国智库的建设应当注意体制和机制上的突破,通过改革创新和转型发展,提升智库的知名度和影响力。具体说来,一是新型智库要进行新的定位,智库发展应当注意独立性和自主性,要在咨政建言、理论创新、舆论引导、社会服务、公共外交等方面发挥独特作用;二是新型智库要有新思维,新型智库要突出开放性和国际化建设,运用全球视野和战略思维,缩小我国智库与世界顶尖智库的差距;三是新型智库要引入新的机制,新型智库的建设要淡化智库行政色彩,创新智库管理方式,引入市场竞争机制,形成一种既能把握正确方向,又能激发创新活力的管理体制;四是新型智库要有新模式,新模式要求我国特色新型智库要处理好党、政府、社会和企业的关系,协调智库的经费来源和机构独立性之间的平衡。

3. 中国特色新型智库的基本标准

《意见》对中国特色新型智库的要求进行细化,提出中国特色新型智库应满足八个基本标准:遵守国家法律法规、相对稳定、运作规范的实体性研究机构;特色鲜明、长期关注的决策咨询研究领域及其研究成果;具有一定影响力的专业代表性人物和专职研究人员;有保障、可持续的资金来源;多层次的学术交流平台和成果转化渠道；功能完备的信息采集分析系统；健全的治理结构及组织章程；开展国际合作交流的良好条件等。

（四）新型智库对国家治理的重要意义

党的十八届三中全会同时提出国家治理体系和治理能力现代化的口号和建设中国特色新型智库的目标，并非偶然。中国特色新型智库建设与国家治理有着密切的联系，《关于加强中国特色新型智库建设的意见》明确指出："中国特色新型智库是国家治理体系和治理能力现代化的重要内容。纵观当今世界各国现代化发展历程，智库在国家治理中发挥着越来越重要的作用，日益成为国家治理体系中不可或缺的组成部分，是国家治理能力的重要体现。全面深化改革，完善和发展中国特色社会主义制度，推进国家治理体系和治理能力现代化，推动协商民主广泛多层制度化发展，建立更加成熟更加定型的制度体系，必须切实加强中国特色新型智库建设，充分发挥智库在治国理政中的重要作用。"

2016年3月19日，在"中国发展高层论坛2016"经济峰会上，主办方首次专辟独立单元——"现代国家治理中的智库"，就智库作用、智库治理等问题供与会嘉宾展开碰撞。其中，中国国务院发展研究中心副主任张军扩指出"智库不仅是现代国家治理的重要组成部分，也是一个国家软实力的重要体现。从历史经验来看，凡是国家现代化进展比较顺利的，智库也相对比较发达。在中国现阶段，充分发挥智库作用，也是推进和完善协商民主的重要途径"①。

为何新型智库是现代国家治理的重要组成部分？

第一，这是中国特色新型智库的内涵决定的。前文已指出，中国特色新型智库，是关注中国具体实践，创新体制机制，为党和政府决策提供符合中国实际智力支持的非营利性机构。所以，新型智库具有公共性，理论研究的着眼点是公共治理的科学决策。因此，中国特色新型智库的内涵与国家治理

---

① 张军扩：《智库发展需要怎样的体制与政策环境》，中国政府网，http://www.gov.cn/guowuyuan/vom/2016-03/24/content_5057046.htm.

的范围高度契合，是现代国家治理中的重要组成部分。

第二，这是中国特色新型智库建设的总体目标决定的。《意见》中提出了中国特色新型智库的目标："到 2020 年，统筹推进党政部门、社科院、党校行政学院、高校、军队、科研院所和企业、社会智库协调发展，形成定位明晰、特色鲜明、规模适度、布局合理的中国特色新型智库体系，重点建设一批具有较大影响力和国际知名度的高端智库，造就一支坚持正确政治方向、德才兼备、富于创新精神的公共政策研究和决策咨询队伍，建立一套治理完善、充满活力、监管有力的智库管理体制和运行机制，充分发挥中国特色新型智库咨政建言、理论创新、舆论引导、社会服务、公共外交等重要功能。"由中国特色新型智库的发展目标可见，到 2020 年新型智库将涵盖党政、军队、高校、科研院所、企业和社会各个领域。这些辐射范围是国家治理的重要领域，这些领域的智库发展得好坏，直接影响着国家治理现代化的成败，所以新型智库是国家治理的重要组成部分。

第三，这是新型智库所发挥的社会功能所决定的。在《意见》关于中国特色新型智库的发展目标中还包含着新型智库的社会功能，即"发挥中国特色新型智库咨政建言、理论创新、舆论引导、社会服务、公共外交等重要功能"。新型智库的咨政建言功能，是建立在结合民众意见和遵循科学规律的基础上的。因此，新型智库的意见在国家治理中起连接民众、知识分子、政府和执政党桥梁的作用，这一功能对国家治理至关重要。新型智库的理论创新功能，则是对基于社会实际的相关实践的理论化和抽象化。这也正是现代国家治理中"现代化"内涵所要求的。而新型智库的舆论引导、社会服务功能，更表明新型智库是现代国家治理的重要组成部分，由于现代国家治理必须由能够提供社会服务和舆论引导的机构落实开展，新型智库恰好承担了这一职责。

四、现代国家治理中的信访改革与智库建设

中国特色新型智库对现代国家治理具有重要的意义，信访制度在建设和

发展的过程中要注意协调与新型智库的关系，探索发挥"智库"性作用，借鉴新型智库的方法和理念，引导促进新型智库关注信访与社会矛盾领域的问题研究。

（一）信访制度应探索发挥"智库"性作用

信访制度应当探索发挥"智库"性作用：一方面，中国特色新型智库的功能能够促进信访制度更为符合国家治理现代化的目标；另一方面，复杂的信访形势客观上要求信访制度必须具备"智库"性作用。此外，信访的特色资源和实践也为其发挥"智库"性功能打下了良好的基础。

第一，新型智库作为现代国家治理的重要组成部分，它能够充分利用各种智力资源，以服务于我们党和政府决策为宗旨，以政策研究咨询为主攻方向，以完善组织形式和管理方式为重点，以改革创新为动力，开展前瞻性、针对性、现实性政策研究，提出专业化、建设性、切实管用的政策建议，发挥咨政建言、理论创新、舆论引导、社会服务、公共外交等重要功能。信访制度如果能够发挥"智库"性作用，就能够更好地分析各个层面的社会矛盾和信访形势，在社会矛盾和信访领域开展前瞻性、针对性和现实性的政策研究，为化解社会矛盾、服务人民群众提出更加专业化、建设性和切实管用的建议。只有如此，信访制度才更符合国家治理现代化的目标，助推国家治理现代化的实现。

第二，新时代的新状况和新挑战要求信访制度发挥"智库"性的功能。在转型期的背景下，信访领域聚集了各类社会矛盾，信访形势仍然严峻。究其根源，由于改革进入深水区，各类利益诉求交织出现，人民群众的权利意识也日益高涨，而现代网络传播手段则进一步扩大群众表达利益诉求的影响力和辐射力。这对传统的信访工作提出了重大挑战，传统信访的工作模式单一，更多的是"一事一议"的个体解决模式。在群体性诉求多发的背景下，传统信访工作模式受到重要挑战。信访工作的日常事务性工作，缺乏对社会矛盾和社会问题的深刻洞察和整体把握，导致信访部门研究能力较为薄弱，无法把准确客观的数据信息用于领导科学决策。这种"个体解决、事后处理"

的纠纷处理模式在日益复杂的信访工作中功能较为单一，在信访实践中难以适应日益复杂的矛盾形势，也难以适应经济社会发展的要求。因此，创新工作理念，改进工作方法，提高应对复杂局面和严峻形势的能力是当前信访工作急需解决的现实课题。信访制度必须强化分析研判社会矛盾的能力，推动政府决策的科学化、民主化，从而推动信访问题的源头预防，实现信访问题的治本之策，这就要求信访制度必须探索发挥"智库"性的作用。

第三，信访实践也为其发挥"智库"性作用提供良好的条件。信访机构的特色资源为其发挥"智库"性作用提供了内生优势。[①] 信访机构长期服务于全面深化改革一线，积累了翔实的一手资料和大量的信访和社会矛盾问题研究素材。这些信访中的特色资源，为信访机构以客观事实为依据、以问题为导向、以服务政府决策为目的，进行具有战略性、思想性、对策性特征的"智库"性研究提供了坚实的基础条件。

（二）信访机构应注重借鉴现代智库的理念、成果和方法

信访机构在发挥"智库"性作用的过程中，应当注重借鉴新型智库的理念、研究成果和研究方法。理念是新型智库的灵魂，只有把握了新型智库的理念，才能保证信访制度的"智库"性作用不偏航；研究成果是新型智库的主体，如果信访智库能够借鉴新型智库的研究成果，就可以在预测和解决社会矛盾上事半功倍，高效发挥"智库"性作用。研究方法是新型智库的根本，如果没有好的研究方法，新型智库也很难发挥为党和国家建言献策的功能，信访制度在发挥"智库"性功能的过程中，必须注重借鉴新型智库的研究方法。

1.信访机构应借鉴新型智库的理念

在谈到中国特色新型智库时，《关于加强中国特色新型智库建设的意见》

---

① 参见张宗林：《信访改革的三个方向》，国家信访局网站，http://www.gjxfj.gov.cn/2015-10/14/c_134712382.htm.

提出了中国特色新型智库的基本原则——坚持党的领导、把握正确导向，坚持围绕大局、服务中心工作，坚持科学精神、鼓励大胆探索，坚持改革创新、规范有序发展。这些原则很好地诠释了新型智库的理念。具体而言，这些原则一方面要求新型智库要坚持中国特色的理念；另一方面又要求新型智库遵循科学创新的智库一般发展规律。依据《意见》的原则要求，信访机构在借鉴新型智库理念时，要坚持从中国国情出发，为中国特色社会主义建设服务；信访机构应当积极为党和国家建言献策，为党和国家科学民主依法决策提供重要支撑。只有把握了这两点，信访机构对中国社会矛盾的分析、预测和解决，才能接地气，才能有中国意识，才能真正符合中国的实践。另外，信访机构在探索发挥"智库"性作用时，要注意借鉴新型智库的前沿理念，遵循智库的发展规律。科学精神是政策研究的核心，信访机构要坚持实事求是，不偏不倚地开展信访与社会矛盾的研究。

2. 信访机构应借鉴新型智库的研究成果

信访机构借鉴新型智库的另一个重要方面是借鉴新型智库的研究成果。信访应当关注新型智库对社会矛盾和信访制度的研究，也应关注新型智库其他方面如政治问题、经济发展、国防科技、国家对外战略等各个方面的研究成果，因为这些问题与社会矛盾息息相关，对于把握社会矛盾的走向、预测社会冲突有重要价值。为此，信访机构和制度还需要补充一些专业的人员，因为相比于传统的信访工作，信访智库领域工作对工作人员有更高的要求，信访机构应当补充一批受过专业训练的高素质人才，搜集和追踪新型智库，特别是高端智库的相关研究动态。其次，信访机构还应该变被动为主动，如通过组织研讨、座谈会等方式，就一些重要的社会矛盾和信访问题，请新型智库专家提供建议。这种方式更有针对性，有利于深化信访机构对社会矛盾深层规律的把握。再者，信访机构还可以通过委托课题、建立合作研究中心等形式利用新型智库的智力资源解决信访和社会矛盾等问题。

3.信访机构应借鉴新型智库的研究方法

如果说借鉴新型智库的研究成果是新型智库"授之以鱼",那么信访机构借鉴新型智库的研究方法则是"授之以渔"。信访机构如果能够借鉴新型智库的研究方法,则信访机构也就具有了新型智库的重要或者本质特征。信访机构借鉴新型智库研究方法,应该遵循科学化、学科化、专业化和数字化等原则。

科学是对各种事实和现象进行观察、分类、归纳、演绎、分析、推理、计算和实验,从而发现规律,并对各种定量规律予以验证和公式化的知识体系。[①]科学化,则是人们的认识越来越接近规律,并使自身行为越来越符合规律的过程。新型智库,虽然强调对策性研究,有针对性和实用性,但科学性仍然是一切研究的前提,新型智库可以借鉴纯粹科研机构的成果,但自身也应有一定的科学研究能力,也应运用一定的科学研究方法。同样,信访机构应学习这种科学化的方法,分析社会矛盾,总结社会矛盾发展规律,在此基础上才能更好地解决信访中的宏观问题。

学科化是指信访机构要有学科的意识,构建自身的理论体系。学科化更为重要的含义其实是要打破当下的学科界限,强调多学科研究。打破学科界限,多学科协同研究问题是新型智库广泛运用的研究思路。这一思路对于解决复杂的问题具有重要的作用,而近年来新型智库也越来越强调具有多学科背景的复合型人才。信访机构面对的实践对象是信访活动和信访现象,按照传统的学科分类,这是一个涉及多个学科的问题,例如涉及法学、社会学、行政管理、政治学,甚至心理学和经济学等。强调学科化的研究方法,就是要求信访机构借鉴新型智库的多学科研究,逐渐形成适应自身特点的基本理论和研究方法。

专业化是强调信访机构业务的标准化。所谓标准化就是某一领域内的基本概念、数据指标都是统一界定的,不同部门之间可以相互进行数据沟通与协作。这一方法,是科研团队可以合作研究的重要前提,因为如果相关概念

---

① 参见《中国大百科全书(简明版)》(修订本)(第5册),中国大百科全书出版社1998年版,第2664页。

和数据指标不能标准化，每个人各自为政，团队将无从合作研究。这一点对于信访制度也尤为重要。信访部门既涉及来信办理、网络电话、来访接待等面对信访人的部门，又有复查复核、排查督查、协调职能部门等实质解决信访问题的部门，还有人事教育、党委工会、秘书宣传等职能保障部门，而且现在更日益突出的信息中心、综合调研等宏观研究部门。这些部门之间的数据信息和业务工作如果不能够标准化，则势必影响信访工作的有效开展。

数字化是当下创新性的研究方法。数字化，特别是指社会科学问题的研究从定量转向定性。新型智库中广泛运用这样一种研究方法，如行政机关透明度指数等，即将行政机关信息公开的情况进行数字化，以更加精确的方式研究行政法治问题。信访的研究也要借鉴这样一种研究方法，这样能够对社会矛盾和信访问题进行更为精确的也更有区分度的研究。近年来，信访领域出现了社会矛盾指数，就是信访领域数字化研究方法的体现，这一指数在分析民生问题、研究信访形势中发挥重要作用，取得良好效果。

（三）引导推进新型智库关注信访与社会矛盾领域的研究

在深入国家治理现代化建设的背景下，信访机构不仅要从自身做起，探索发挥智库性作用，借鉴新型智库的理念、成果和方法，还应积极引导推进新型智库关注信访和社会矛盾领域的问题研究。新的历史时期，信访和社会矛盾的治理已成为我国国家治理的瓶颈，是推进国家治理体系和治理能力现代化建设亟待破解的重要议题。目前我国仍处于转型时期，我国的转型期具有特殊复杂性，在几十年的时间内完成了发达国家一二百年走完的路，转型的过程中不仅要将工业化、城市化、市场化三类转型浓缩于同一历史时期，同时，还要应对贸易、反恐和生态等全球化的各类纷争和挑战，快速、集中、多重的转型不可避免地引发经济、社会领域的深刻变化，现代化和现代性问题并存，"社会矛盾和问题交织叠加"[①]，各类社会矛盾问题集中凸显、

---

① 习近平：《决胜全面建成小康社会 夺取新时代中国特色社会主义伟大胜利——在中国共产党第十九次全国代表大会上的报告》，人民出版社 2017 年版，第 9 页。

趋于复杂化。面对高发的社会矛盾，作为中国特色的社会矛盾治理机制，信访制度备受关注。信访制度的改革完善，有利于推动我国社会矛盾的有效预防化解，推动我国社会治理体系的健全发展。因此，新型智库应高度关注信访与社会矛盾治理领域的研究。

新型智库关注信访和社会矛盾领域的研究，一是应关注社会矛盾的发生、发展和变化深层规律的探索。互联网、信息化时代背景下，我国的社会矛盾出现了很多新情况、新特点，应关注深入把握社会矛盾发展变化的新规律，才能探索形成预防和化解社会矛盾的治本之策。二是应关注信访制度的改革完善。转型时期，信访制度成为各类社会矛盾的聚集地，这使信访制度承受了前所未有的压力，其在功能定位、法律依据、体制结构和运行机制等方面面临一系列的挑战。① 新型智库关注信访和社会矛盾领域的研究，需要重新审视信访制度的功能定位，积极推动信访制度法律依据、体制机构和运行机制的健全和完善。三是要总结信访与社会矛盾治理的新视角、新思维、新理念。大数据时代已经来临，信访与社会矛盾的治理，需要积极运用机器学习、人工智能等分析技术，对信访与社会矛盾数据资料进行深度分析，建立量化评估社会风险的科学指标体系，实现对社会风险的量化评估和监控，准确评估社会矛盾发展变化趋势，形成积极应对、精准分配资源的社会矛盾治理新模式，助力社会矛盾治理体系的创新发展。

综上所述，新的历史时期，作为推进国家治理现代化建设的两个重要"抓手"，信访制度的改革完善和新型智库的建设二者相辅相成：一方面，推动信访制度的改革完善，信访机构应注重积极借鉴新型智库的理念、成果和方法，积极探索发挥信访机构"智库"性作用；另一方面，新型智库建设应特别关注信访与社会矛盾领域的研究，以此作为推动我国社会矛盾治理体系创新发展，推进国家治理现代化进程的重要突破口。

---

① 参见王凯主编:《信访制度与国外相关制度分析研究》，中国民主法制出版社 2013 年版，第 43 页。

第二章　信访制度智库性功能的
内涵分析与历史渊源

　　党的十八届三中全会明确提出"全面深化改革的总目标是完善和发展中国特色社会主义制度，推进国家治理体系和治理能力现代化"，十九大报告再次强调这一总目标。"国家治理"概念的提出是执政党思想观念的一种深层次变化，亦是一种全新的政治理念，意味着中国改革从党政推进型开始转向政府、社会、市场各个主体的共治，这也就对中国各项制度的建设提出了更高层次的要求。

　　信访制度自产生至今，其功能伴随着社会治理的需要不断地发生演变甚至异化。信访制度实际承担着信息搜集传达功能、纠纷解决与权利救济功能、行政监督功能、政治参与功能、社会负面情绪排解功能、公共决策参谋功能等多项功能。新形势下，信访成为各类社会矛盾的主要聚集地，信访制度在功能定位、法律依据、体制结构和运行机制等方面面临一系列的挑战，亟待改革完善。"国家治理现代化"的提出为信访制度的改革提供了契机、指明了方向，也提出了更高、更新的要求。信访制度的功能如何根据国家治理现代化的要求重新定位决定着该制度的发展方向及其在整个国家现代化治理体系中的地位。结合已有的历史经验、实际需求，发挥信访制度的智库性功能将成为该制度的重要改革方向。

　　本章拟从国家治理视野下智库功能的内涵入手，诠释信访制度智库性功能的概念、具体内涵及其特征，进而分别描述信访制度智库性功能的历史渊源与现实关注，以阐明在走向国家治理现代化的过程中，需要发挥并重视信访制度的智库性功能。

一、国家治理视野下中国特色新型智库功能

从逻辑上来看，对国家治理视野下信访制度智库性功能内涵的理解当建立在对国家治理视野下智库功能内涵的理解之上，因此厘清国家治理视野下新型智库功能的内涵当是本章的逻辑起点。

"智力资源是一个国家、一个民族最宝贵的资源。"[①]"智库"，又称智囊、思想库，往往是一个国家智力资源的集合体，其发展与成熟程度对一个国家的现代化发展具有举足轻重的意义。2015年1月，中共中央办公厅、国务院办公厅印发了《关于加强中国特色新型智库建设的意见》(以下简称《意见》)，这是新中国成立以来第一个关于推动发展智库的纲领性文件[②]。文件指出："中国特色新型智库是国家治理体系和治理能力现代化的重要内容。纵观当今世界各国现代化发展历程，智库在国家治理中发挥着越来越重要的作用，日益成为国家治理体系中不可或缺的组成部分，是国家治理能力的重要体现。全面深化改革……必须切实加强中国特色新型智库建设，充分发挥智库在治国理政中的重要作用。"由此可知，建设中国"特色"、"新型"智库是国家治理现代化对我国智库建设发展提出的新要求、新期待，同时，也是国家治理现代化进程中不可或缺的助推之一。

国家治理视野下的中国特色智库建设是新提出的概念，当前尚无关于中国特色智库的统一界定，更遑论其功能。根据笔者所参阅的有限的资料来看，关于智库功能、中国特色智库功能的代表性观点有：一是"《中国智库发展报告》指出智库的主要功能有分析解构问题，作出科学预测；提供稳妥议案，辅助政府决策；提供政策舆论思想，引导社会思潮；储备人才资

---

① 中共中央办公厅、国务院办公厅：《关于加强中国特色新型智库建设的意见》，http://news. xinhuanet.com/zgjx/2015-01/21/c_133934292.htm.

② 参见祝惠春：《发出"中国声音"提供"中国方案"——国务院发展研究中心党组成员、办公厅主任隆国强谈〈关于加强中国特色新型智库建设的意见〉》，经济日报网多媒体数字报刊，http://paper.ce.cn/jjrb/html/2015-01/21/content_229197.htm.

源"。① 二是《2014 年中国智库报告》认为中国特色智库的作用与功能是：资政、启智、制衡、聚才、强国。② 三是《意见》在描述中国特色智库建设目标时提到要"充分发挥中国特色新型智库咨政建言、理论创新、舆论引导、社会服务、公共外交等重要功能"。四是国务院发展研究中心原主任李伟认为推进国家治理现代化，智库要在四个方面发挥作用，即资政辅政、启迪民智、平衡分歧、聚贤荐才。③ 五是上海大学智库产业研究中心主任于今认为智库功能主要体现在四个方面，即生产思想、设计政策、引导社会思潮、储备和周转人才。④ 六是中国与全球化智库主任王辉耀总结了国外智库功能的定位：为政府提供战略思维服务，同时保持独立性；启迪民智，引导大众舆论；人才的蓄水池和引力场。⑤

分析以上代表性观点，专家学者对于智库的资政辅政功能，启迪民智、舆论引导功能，聚贤荐才功能等功能已形成基本共识。换句话说，在一定程度上可以认为国家治理视野下中国智库功能至少需具备上述三种功能。至于其他尚未形成共识的几种"少数派"功能，不能因其乃"一家之言"就想当然地被认为是"无用武之地"而弃之不用。一是中国特色智库包括不同类型的智库，具体智库的功能不可避免、或多或少地存在一些差异。二是上述几种功能的"少数派"虽尚不足以直接被划定为智库功能，但至少应当被保留以作进一步的分析。智库作为智力资源的集合体，应汇聚不同的思想观点，为多元化的思想和价值观提供一个交流的平台，从中求同存异、平衡各种观点的分歧，最后有利于形成更具认可度的决策方案。因此，从这个角度来看，将平衡分歧纳入智库功能并无不当。智库作为国家软实力的重要组成部分在对外交往中应当与经济、军事等硬实力相呼应，使中国在国际舞台上发

---

① 参见于今：《智库的性质、功能与本土发展》，《团结》2015 年第 5 期。

② 转引自上海社会科学院智库研究中心：《2014 年中国智库报告——影响力排名与政策建议》，第一智库网，http://www.1think.com.cn。

③ 参见李伟：《新型智库助力国家治理现代化》，《新经济导刊》2014 年第 10 期。

④ 参见于今：《智库的性质、功能与本土发展》，《团结》2015 年第 5 期。

⑤ 参见王辉耀：《中国新型智库功能定位的思考与建议》，《中国市场》2014 年第 19 期。

出属于自己的声音。因此，笔者以为可将其纳入智库功能。至于科学预测、理论创新功能，由于与前述几种功能不在一个逻辑层面上，可将其作为对资政辅政功能的新要求而涵盖其中；社会服务功能，由于不同类型的智库就此功能来说可覆盖程度不同，因此将其作为对整体智库功能的界定略显不充分，可暂不纳入。

综上所述，目前学界普遍认同，国家治理视野下中国特色智库的功能包括以下五个组成部分：一是资政辅政功能，二是启迪民智、引导舆论功能，三是聚贤荐才功能，四是平衡分歧功能，五是强国外交功能。具体内涵如下：

（1）资政辅政功能。"智库参与政府决策的多少，提供政策建议被政府采纳的情况等，往往成为判断一个智库是否成功参与国家治理体系的重要标志。"[1] 作为思想库、政府的外脑与智囊，中国智库应当贯穿于政府公共政策制定的整个过程，包括发现问题指引决策方向、提供多元决策方案、跟踪决策实施、评估决策施行效果、反馈决策修正意见等，多角度、全方位地为政府决策提供高质量的咨询与服务，做好政府决策的得力"参谋"。"决策影响力是智库的核心影响力，也是智库直接发挥作用与功能的有效途径"。[2] 国家治理现代化要求智库在发挥其资政辅政功能、提供咨询建议或决策方案时必须具备战略性、前瞻性（科学预测）、创新性、针对性等特点，拒绝进行信息的低水平、重复性的简单统计汇报，确保智库成为政府公共决策科学化、专业化、民主化的重要保障之一。

（2）启迪民智、引导舆论功能。"思想"是智库的主要产品，而社会各界、不同群体的各种声音则是其产品形成的主要"原材料"。因此，中国智库的发展首当其冲应当积极搜集、广泛而深入地调研，力争汇聚社会中的不同声音，为智库进一步的研究积累丰富有效的素材。同时，"影响力

[1] 上海社会科学院智库研究中心：《2014年中国智库报告——影响力排名与政策建议》，第一智库网，http://www.1think.com.cn。
[2] 上海社会科学院智库研究中心：《2014年中国智库报告——影响力排名与政策建议》，第一智库网，http://www.1think.com.cn。

是智库的生命线和价值所在，分为决策影响力、学术影响力和大众影响力三大类，分别对应于政策制定者、社会精英和普通大众"①。资政辅政功能对应的是决策影响力，那么，启迪民智、引导舆论功能则主要对应后两者。但无论哪种功能，影响力的扩大均需要积极推广研究成果。因此，在通过相应专家学者的分析研究基础上，形成著作、论文、研究报告、发行期刊及研究简报、召开学术会议、讲座、新闻发布会等形式并积极运用新的媒体和社交平台宣传相应的研究成果，从而引导公众关注相应问题、积极参与讨论、发出各自的声音、贡献各自的智慧。此外，智库还可以其相对独立的身份对政府的公共政策及其实施效果进行相对客观、专业的解读，为社会公众提供一个第三方视角，从而对社会公众舆论起到适当引导的功效。

（3）聚贤荐才功能。智库作为一个生产优质"思想"的机构必然离不开优秀的"生产者"。也就是说，智库若想产出具有思想深度、高品质的研究报告和政策建议并顺利地得到政府的青睐和社会公众的信赖，有效发挥其影响决策、引导思潮等功能，则其必须能够聚集一批有思想、有才华的优秀贤能之士。世界著名智库美国兰德公司认为"人才是现代竞争力的核心，是最根本的决定性因素"②。当前兰德公司"吸引了来自46个国家的顶尖人才，现有1800多名员工，其中一半以上的员工持有一个或多个博士学位，另有34%的员工持有一个或多个硕士学位，形成了专业、教育经历以及文化背景多元化的项目团队"③。不仅如此，素有"兰德学派"之称的兰德公司还注重人才的培养，早在1970年就建立了兰德帕蒂研究院，该研究院"作为美国高等教育和该公司的重要组成部分，是培养高级决策者的摇篮，不仅为兰德

---

① 李后强：《中国特色智库建设需要处理好四大关系》，转引自赵蓉英、郭凤娇、邱均平：《美国兰德公司发展及对中国智库建设的启示》，《重庆大学学报（社会科学版）》2016年第2期。

② 孙晓仁、赵建虹：《兰德公司人才管理的特点》，《经营与管理》2010年第8期。

③ 赵蓉英、郭凤娇、邱均平：《美国兰德公司发展及对中国智库建设的启示》，《重庆大学学报（社会科学版）》2016年第2期。

公司，也为美国社会培养和输送了大批优秀决策咨询人才"①。兰德公司这种"基础研究、应用开发、人才培养一体化的理念"②和其人才培养的成功经验对我国智库的人才培养具有很好的启发意义。中国智库在未来的发展过程中应当积极发挥聚贤荐才的功能，成为优秀人才的培养基地和交流平台。

（4）平衡分歧功能。社会分工越来越细，不同的社会群体之间的利益日益分化、价值观世界观日益多元化，使得社会矛盾与冲突的日益加剧已经成为不可避免的发展趋势。加之，互联网高速发展下的新媒体和社交网络对社会矛盾与冲突发展的发酵作用，平衡分歧、减少社会不和谐因素成为国家治理现代化过程中的一项重要任务。智库平衡分歧功能的重要性在这个背景下也日益凸显。智库通过倾听、汇聚来自不同社会群体乃至个体的声音和利益诉求，由专业的研究人员进行识别、分析、研判，通过专家智囊团理智、客观、专业的研究分析，整合多元的价值需求，转变利益诉求的表达方式，"将分散的非理性见解和判断梳理成有序的、合理化的意见形式输入决策过程，使不同主体的利益诉求从隐性状态凸显出来，以推动政府的权威性决策制定尽可能体现各种利益诉求，保障政府决策效果的相对公正"③，从源头上降低利益分歧、减少社会矛盾与冲突。同时，不同类型的智库还可以代表不同的社会群体理性、客观地表达利益诉求，有效减少分歧、缓和社会冲突。因此，智库在充当不同社会群体多元利益诉求交流平台的同时，自然地成为了社会矛盾与冲突的安全阀，预测隐性矛盾、疏解显性矛盾，平衡分歧、减少不和谐因素。

（5）强国外交功能。伴随着中国经济的快速发展，中国的政治、经济、军事实力等硬实力大大提升，国际地位也日益得到加强。然而，真正的大国兴起，不仅仅依赖于经济等硬实力，思想文化等软实力也是不可或缺的支撑。智库便是国家软实力的重要载体之一。从公共外交的视角来看，智库

① 罗尧：《世界顶级智库美国兰德公司的人才培养之道》，《中国高校科技》2016年第4期。

② 罗尧：《世界顶级智库美国兰德公司的人才培养之道》，《中国高校科技》2016年第4期。

③ 王栋：《社会智库参与政府决策：功能、环境及机制》，《理论月刊》2015年第10期。

具有开展"第二轨道外交"① 的功能,"是国内与国际交流的一个平台,在双边和多边外交事务中发挥着重要的作用:一是支持政府的外交政策。……二是提供并试验新思想。……三是冲突问题的事前协商以及为一轨会谈做准备。""美国智库就是凭借其余官方决策的特殊关系以及自身的非官方身份,在国际政治和美国公共外交中发挥着独特而又重要的'二轨'外交作用"。②同时,以智库为平台开展国际文化互鉴与学术思想交流,如相关的国际学术研讨会、国际交流访问等活动,有助于推动中国思想文化走出国门、走向世界,在国际舞台上发出中国的声音,让世界了解中国,不断增强中国的国际影响力和国际话语权。

综上可知,中国特色智库的功能是一个多元复合的整体,但各个功能之间的地位并非"势均力敌"对等而立。根据世界智库的发展经验来看,智库往往"泛指一切以政策研究、并以影响公共政策和舆论为目的的研究机构"③;那么,在中国特色社会主义发展的语境下,"智库主要是指以公共政策为研究对象,以影响政府决策为研究目标,以公共利益为研究导向,以社会责任为研究准则的专业研究机构"。④《意见》对中国特色智库发展的定位是"以战略问题和公共政策为主要研究对象、以服务党和政府科学民主依法决策为宗旨的非营利性研究咨询机构"。⑤ 由上述可知,中国特色智库的核心研究对象是公共政策并旨在影响公共政策的制定,因此,在多个功能中资政辅政当是中国智库最核心的功能,但各项功能之间的联系并不是割裂

---

① "二轨"外交是与通常所说的第一轨道(政府)外交相对应的概念,它 1982 年由美国外交官约瑟夫·蒙特威尔首次提出,指在存在冲突或争端的组织或者国家之间进行的一种非官方的、非正式的接触和互动,其目的是通过寻找战略方法,影响舆论并组织人力、物力资源以解决冲突。参见王莉丽:《美国公共外交中智库的功能与角色》,《现代国际关系》2012 年第 1 期。

② 王莉丽:《美国公共外交中智库的功能与角色》,《现代国际关系》2012 年第 1 期。

③ 王莉丽:《美国公共外交中智库的功能与角色》,《现代国际关系》2012 年第 1 期。

④ 上海社会科学院智库研究中心:《2013 年中国智库报告——影响力排名与政策建议》,第一智库网,http://www.1think.com.cn.

⑤ 中共中央办公厅、国务院办公厅:《关于加强中国特色新型智库建设的意见》,新华网,http://news.xinhuanet.com/zgjx/2015-01/21/c_133934292.htm.

的。由前述可推知，其他几项功能多或是通过资政辅政功能而发生作用，或是为了更好地发挥资政辅政功能而发生作用，可以说是资政辅政功能的伴生功能。

二、信访制度智库性功能内涵及特征分析

（一）信访制度功能与信访制度智库性功能的关系

一项制度的功能对于该制度的设计、运行有着举足轻重的意义，甚至可以说功能在一定程度上决定着该制度存在的价值与走向。有学者对 2004 年至 2014 年信访相关的研究成果进行总结，发现"对信访功能的讨论始终是信访研究的重心之一"[①]，由学界的研究热度亦可反观信访制度功能的重要性。不同的学者从不同视角出发，对信访制度的功能进行了多层次、全方位的研究与探讨：有学者从信访的性质出发研究信访功能，认为信访制度具有政治上的政治动员、政治参与、信息搜集与反馈、发泄民怨的安全阀功能和法律上的替代性纠纷解决、自下而上的权力监督功能；有学者从信访制度的实际运作出发研究信访功能，主要集中于对信访的权利救济功能和社会稳定功能的讨论；有学者从多元的角度研究信访制度的功能，认为从《信访条例》的法定角度看，信访制度具有政治参与、权利救济、怨情排泄的功能，但现实运作中社会稳定成为其首要功能，而依据宪法和我国行政体制特点，政治参与是其应然的首要功能，权利救济是其次要功能，监督行政和解决纠纷则是其次要功能；亦有不同专业领域的学者分别结合各自的专业从不同的学科视角研究信访制度的功能，如政治学、历史学、管理学、法学等。根据学者已有的研究表明，目前学界关于信访制度功能定位既有共识又存分歧。共识在于信访制度具有政治功能，认同信访制度具有政治参与、权力监督和民意汇集等功能；分歧则在于信访制度是否应当保留权利救济功能，若保留，应

[①] 张宗林、章志远等：《中国信访理论的新发展（2005—2014）》，人民出版社 2016 年版，第 35 页。

以何种方式保留。①

由上述可知，虽然当前学界尚未就信访制度应然层面的功能达成一致，但从实然层面来看信访制度的功能并不是唯一的，而是多元、复合的功能体系。如学者薛刚凌、罗智敏认为信访功能重构应从三个方面入手：一是完善联系沟通、健全信访回应机制；二是明确解决纠纷功能、弥补权利救济制度的不足；三是加强信息汇集与分析功能，发挥法律监督作用。② 薄钢认为，信访部门已成为党和政府进行决策的参谋助手，新时期信访工作既要处理、解决信访事项，又要向党委和政府提供专业的信访信息和决策支持。③ 由此可知，信访制度的信息汇集与分析、对党和政府决策信息提供与支持等类智库功能已成为信访制度功能体系的一部分，信访制度的智库性功能是且应当是信访制度功能的其中一项，并与信访制度的其他功能相辅相成。

（二）信访制度智库性功能内涵界定

功能"是指一定组织或体系所发挥的作用，以及为发挥作用而应完成的一整套任务、活动与职责"④。一般来说，一项制度的功能往往包含应然和实然两个层面。其中，应然层面的功能即预设功能，是制度设计之初为了实现制度的目的而为该制度预设的功能或者说是发挥作用的潜在功能；实然层面的功能即实际功能，是制度在实践中客观上所发挥的功能或作用。如果说某一制度的预设功能对该制度结构、内容的设计具有强大的导向性作用，甚至可以说是有什么样的预设功能，就会有什么样的制度设计；那么，该制度的实际功能发挥水平如何则在很大程度上决定了该制度目的实现的程度以及该

---

① 参见张宗林、章志远等：《中国信访理论的新发展（2005—2014）》，人民出版社 2016 年版，第 35—51 页。

② 参见薛刚凌、罗智敏：《论信访制度的功能》，《信访与社会矛盾问题研究》2014 年第 6 辑。

③ 参见薄钢主编：《信访学概论》，中国民主法制出版社 2012 年版，第 255 页。

④ ［法］莫里斯·迪韦尔热：《政治社会学——政治学要素》，杨祖功、王大东译，华夏出版社 1987 年版，第 180 页。转引自王青斌：《行政复议制度的变革与重构——兼论〈行政复议法〉的修改》，中国政法大学出版社 2013 年版，第 21 页。

制度的优势在多大程度上得到发挥、是否能够和需要继续存在。因此，讨论一项制度的功能内涵必须从应然、实然两个层面着手，信访制度的智库性功能亦不例外。

1.信访制度的应然智库性功能

第一，资政辅政功能。信访制度的应然智库性功能是围绕该制度的目的所作的预设功能。当前我国关于信访的具有最高法律效力的法律文件是2005年国务院《信访条例》（以下简称《信访条例》），该条例中对"信访"概念在法律层面的界定和对该制度功能的设计是当下信访制度应然功能的权威依据。因此，从概念和法律依据的角度来看，根据《信访条例》第一条可知，信访制度的目的是"为了保持各级人民政府同人民群众的密切联系，保护信访人的合法权益，维护信访秩序"。《信访条例》第二条规定了信访的概念即信访"指公民、法人或者其他组织采用书信、电子邮件、传真、电话、走访等形式，向各级人民政府、县级以上人民政府工作部门反映情况，提出建议、意见或者投诉请求，依法由有关行政机关处理的活动"。由"为保持各级人民政府同人民群众的密切联系"，"提出建议、意见或者投诉请求"可推知，政府借助信访平台通过公民的建议、意见、投诉请求全面了解民意、搜集决策信息，从而制定出尽可能符合最多数民意的公共政策，提升决策的可行性和认可度，保持同人民群众的密切联系。

不仅如此，《信访条例》第六条规定"县级以上人民政府信访工作机构是本级人民政府负责信访工作的行政机构，履行下列职责：……（五）研究、分析信访情况，开展调查研究，及时向本级人民政府提出完善政策和改进工作的建议"；第三十七条规定"县级以上人民政府信访工作机构对于信访人反映的有关政策性问题，应当及时向本级人民政府报告，并提出完善政策、解决问题的建议"；第三十九条规定"县级以上人民政府信访工作机构应当就以下事项向本级人民政府定期提交信访情况分析报告：（一）受理信访事项的数据统计、信访事项涉及领域以及被投诉较多的机关；（二）转送、督办情况以及各部门采纳改进建议的情况；（三）提出的政策性建议及其被采纳情况"。由此可知，信访机构分析信访信息，向政府提供决策信息和建议是《信访条例》赋予其必须履行的职责和义务，而通过分析信息向政府提供决策信息和建议是实现智库资政辅政功能的主要途径之一。因此，透过《信访条例》规定来看，资政辅政的智库功能是在设计当下信访制度赋予其的主要功能。此外，中共中央、国务院2007年发布的《关于进一步加强新时期信访工作的意见》中也指出"要建立健全信访信息汇集分析机制，健全和完善多层次、全方位的信息报送网络，综合开发利用信访信息资源，增强工作的预见性和针对性，牢牢把握工作主动权"。[①] 综上所述，信访制度的资政辅政功能是其应然层面的智库性功能之一。

第二，平衡分歧功能。对这一功能的内涵从应然角度来理解有两个方面，以通常所说的行政信访为例，一方面是指信访制度解决、平衡信访人与行政机关之间的分歧，另一方面则是指协调、平衡不同公权力机关之间的分歧。由前述《信访条例》第二条可知信访人提出的建议、意见或者投诉请求须"依法由有关行政机关处理"，而《信访条例》第六条规定"县级以上人民政府信访工作机构是本级人民政府负责信访工作的行政机构，履行下列职责：（一）受理、交办、转送信访人提出的信访事项；（二）承办上级和本级人民政府交由处理的信访事项；（三）协调处理重要信访事项；（四）督促检查信访事项的处理"。因此，信访机构依法处理信访事项包括受理、交办、转送、承办、协调、督促检查等多项法定职责。当信访机关受理或承办信访事项、解决信访人的请求、化解其中的矛盾或纠纷时，信访制度则承担了平衡信访人与行政机关之间分歧的功能；当信访机构交办、转送、协调、督促检查相应行政机关处理信访事项、解决信访问题时，信访制度一则直接平衡了行政权力机关之间的分歧，二则间接解决了信访人与行政机关之间的分歧。综上所述，从法规条文所反映的制度设计理念来看信访制度在应然层面具有平衡分歧的智库功能。

再次，聚贤荐才的功能。由《信访条例》第二条所规定的信访概念可以

---

① 国家信访局网站，http://www.gjxfj.gov.cn/2007-06/25/c_133644404.htm。

看出信访人可以就各种事项进行信访，其信访意见、诉求往往涉及社会生活中各式各样纷繁复杂的事件，领域广泛，这在客观上对信访机构工作人员的职业能力和素质提出了较高的要求。例如，面对人数众多的集体访通常要求信访工作人员具有一定的危机管理知识和经验以提升突发群体性事件的处置能力，同时，也应当具有一定的心理学知识以便对信访人员进行适当的心理疏导、控制信访人员的情绪，从而妥善处置信访事项。而当对信访信息进行综合分析时则对整个信访工作团队成员的学科背景提出了多样化、复合型的高要求。如在招纳具有政治学、行政学、法学、社会学、经济学、公共政策学等社会学科背景人才的同时，也应当有具备统计分析学、数据信息管理分析学、心理学等专业技术型人才，以满足信访工作的需要。就当前我国的信访体制结构来看，既有县级以上各级政府的专职信访机构，又有政府各职能部门的内设信访机构，由这一体制结构的安排可以看出信访案件往往涉及具体行政部门，具有专业性，尤其是环境、医疗、城市规划等高度专业性案件，需要由相关专业人员依法处理。综上所述，信访制度对高素质、专业化人才的需求使其在客观上需要具备聚贤荐才的智库功能。

第三，宣传大政方针功能。信访人的信访诉求往往涉及政府及其组成部门的政策法规，信访工作人员在倾听民意、解决信访诉求的过程中，不可避免地要向信访人解读相关公共政策、法律法规等，以帮助其理解政策法规的内涵，厘清信访事项中的矛盾，找出信访人能够接受的信访事项解决方案。同时，《信访条例》第四条规定"信访工作应当在各级人民政府领导下，坚持……依法、及时、就地解决问题与疏导教育相结合的原则"；第二十八条规定"行政机关及其工作人员办理信访事项，应当……宣传法制、教育疏导，及时妥善处理"。中共中央、国务院 2007 年发布的《关于进一步加强新时期信访工作的意见》中也指出"切实把处理群众信访问题的过程作为思想教育和政策法制宣传的过程……要依法规范信访行为，进一步加强法制宣传教育，把握正确的舆论导向，引导群众正确履行公民权利和义务，以理性合法的形式表达利益诉求、解决利益矛盾，自觉维护社会安定团结"。① 由其中信访工作的处理信访事项与教育疏导、宣传党和国家的大政方针相结合的原则来看，信访制度设计理念中也包含有要求信访制度在平衡分歧的同时具有宣传大政方针的功能。

在法律依据的基础上，从逻辑视角来看，信访制度所承担的智库性功能与中国新型特色智库功能之间应当是特殊与一般的关系，也就是说，在应然层面上信访智库功能应当与中国新型特色智库的功能具有一定的一致性。综上，信访制度的应然智库性功能有：资政辅政、引导舆论、聚贤荐才、平衡分歧、宣传大政方针等。

2. 信访制度的实然智库性功能

一项制度的实际功能有时会与预设功能完全重合，但两者往往并不一定一致：或者实际功能是发挥不完整的预设功能，或者由于客观实际的需要又赋予了该制度超出预设之外的实际功能，又或者两种情况同时存在。信访制度的智库功能目前在理论界尚未有明确的概念，但其实然智库性功能就上述五个方面来说已经实实在在存在，并有所崭露头角。

第一，资政辅政功能。信访制度发挥该功能主要表现为提供决策咨询服务和决策建议、方案以辅助政府决策。根据学者总结，信访实践该功能的具体表现方式有："一是定期总结分析信访信息，向党委、政府及时汇报信访和社会矛盾发展形势；二是成立专门的信访问题分析研究中心，从信访窗口研究社会矛盾的变化规律，预测社会矛盾发展趋势，支持领导决策；三是对政府决策进行信访风险评估，分析预测政策执行过程中可能引发的信访风险，提出预防信访问题的方法和政府政策的完善方案；四是围绕重大信访问题，协调有关职能部门和专家学者召开研讨会、工作协调会；五是委托专门研究机构分析迫切需要解决的信访问题等。"②

其中，第一种方式是《信访条例》第六条的明文规定，各级信访机构需

① 国家信访局网站，http://www.gjxfj.gov.cn/2007-06/25/c_133644404.htm。
② 江利红、王凯主编：《亚洲类信访制度比较研究》，人民出版社 2016 年版，第 41—42 页。

定期向本级政府、党委汇总报告信访工作过程中获得的信息。这既能反馈已制定实施的公共政策所存在的问题或者公共决策制定的盲点与缺失，同时也能提示未来公共决策的方向和注意事项。第二种方式的实践先锋是北京市信访矛盾分析研究中心，该研究中心成立于 2009 年 11 月 25 日，隶属于中共北京市委市政府信访办公室，是我国第一个官方信访理论研究机构，旨在"以数字反映矛盾规律，以规律促进科学决策"。2012 年，该中心研发创建了全国首个"信访数据深度挖掘与决策支持系统（简称 MDSS 系统）"，充分利用现代化的科技信息手段，对信访信息进行专业化、数据化处理，深入挖掘信访信息的价值。2016 年 11 月，北京市信访办、中国政法大学联合成立了国内首个以信访和社会矛盾数据为支撑，集科研、教学、信息资源于一体的"信访数据实验室"，自主研发"智慧信访"系统，利用大数据科学评估信访和社会矛盾的整体态势，为政府科学决策提供有力的支撑。①第三种决策前信访风险评估的方式近年来各地不断地推进，如 2010 年，江苏省常熟市纪委、监察局出台《社会稳定风险评估实施意见》，在建立信访风险评估机制方面开展有益探索。②2016 年 11 月 9 日，江西省安远县检察院出台《安远县检察院执法办案信访风险评估办法（试行）》，要求对所有办理的案件实行全程执法办案风险评估，并将其与涉检信访相结合，做到及时预警、依法处置、化解矛盾。③ 第四、五种方式在信访实践中的开展目前多以协调多部门、聘请相关领域专家学者参与研讨、委托高校或相关科研机构以及民间智库开展课题研究的形式开展，整体而言尚处于初级阶段。

第二，平衡分歧功能。"信访制度严格地说并不是一种特定的纠纷解决程序，然而，从实践中的作用和效果来看，信访制度却在我国的纠纷解决系

---

① 参见法制网，http://www.legaldaily.com.cn/fxjy/content/2016-11/10/content_6872708.htm?node=70676。

② 参见徐峰：《常熟：探索建立信访风险评估机制》，《中国监察》2010 年第 22 期。

③ 参见陈志明：《江西安远县检察院正式出台执法办案信访风险评估办法》，正义网，http://www.jcrb.com/procuratorate/jcpd/201611/t20161111_1673583.html。

统中具有不可替代的重要地位。"① 信访制度解决纠纷、平衡分歧的功能虽不是其"原生功能",但自 20 世纪 70 年代末该制度在平反冤假错案、解决知青返城、落实政策、农村土地承包等社会问题中发挥有效作用后,即实际上承担了解决各种社会矛盾纠纷、充当公民权利救济渠道的功能,且与行政复议、诉讼相比,受理范围广泛、处理机制灵活,信访愈发成为公众寻求纠纷解决的主要途径之一。虽然近年来理论界就信访制度解决纠纷功能的存废之争不断,但当下以《信访条例》为依据,各级信访机构在引导"诉访分流"的情况下依然直接或间接地承担着解决纠纷、平衡分歧的功能。信访机构通过解决纠纷,可以为政府未来治理及决策过程提供有效的风险评估信息,以尽可能降低不同利益主体间的分歧、减少类似纠纷的发生。

第三,聚贤荐才、对外交流功能。实践中,信访制度的这一智库功能通过在高校设立信访相关学科、研究中心,联合高校或其他科研机构开展信访理论研究、解决信访工作难题,编撰信访专业教材、开展国际交流访问等方式在部分地区得以发挥。例如,自 2012 年北京市信访办与北京城市学院联合培养社会工作(信访与社会矛盾冲突管理)硕士专业学位研究生,培养具有专业素养的信访研究型人才。2014 年 3 月、11 月,广州外语外贸大学、西南政法大学相继成立中国信访法治与国家治理研究中心,充分聚集高校的理论学术和人才资源,搭建信访人才培养、学科建设、科学研究"三位一体"的研究平台,促进信访法治建设,为社会治理领域国家亟须解决的重大问题献智献策。② 南京紫金智库信访与社会矛盾研究中心则依托南京大学、河海大学、省委党校、省社科院的,社会学、心理学、法学、公共管理学等多个学科领域的高级专家学者,积极开展信访课题研究,目前已完成研究课题六项,研究报告获得相关政府部门好评。在信访对外交流方面,目前主要体现为信访研究机构与国外相关机构、高校的双向交流与访问,以及召开国际研讨会推动信访制度在世界范围内的了解与研究,成为中国信访领域与世界交

---

① 范愉:《非诉讼纠纷解决机制研究》,中国人民大学出版社 2000 年版,第 561 页。

② 参见张旭:《中国信访与法治中国研究中心落户西政》,西政新闻网,http://news.swupl.edu.cn/xzyw/12190.htm.

流的窗口和平台。例如，北京市信访矛盾分析研究中心积极开展与韩国、新加坡、澳大利亚、丹麦等国家的双向交流与访问，在考察了解世界其他国家制度的同时也向各国介绍我国的信访制度。

第四，启迪民智、引导舆论功能。2016 年 6 月 28 日至 29 日，国家信访局在京召开了全国信访宣传舆论引导暨理论研究工作会议。会议上"国家信访局副局长张恩玺对近年来全国信访系统宣传舆论引导和理论研究工作取得的成绩给予了充分肯定。他强调，要深刻认识新形势下改进和加强信访宣传舆论引导和理论研究工作的重要意义，准确把握工作重点，提高信访宣传的影响力，增强信访舆论的引导力，彰显信访典型宣传的感召力，强化信访调查研究的洞察力，不断提升信访理论研究的支撑力，唱响信访工作制度改革主旋律"①。信访制度智库功能的发挥最终需要依赖一定的媒介与载体，如公开发行刊物、与专家学者合作出台专业化的研究报告等。以北京市信访矛盾研究中心为例，2010 年中心创办并公开发行刊物《信访与社会矛盾问题研究》，以此为平台使相关研究成果得以传播；利用首都高校智库资源集中的优势积极与多所院校合作开展信访相关的课题研究，融合各自实践和理论的专业优势，形成专业化、科学化的研究报告；与零点研究咨询集团等民间智库合作研究完成《北京市社会矛盾指数年度报告》等成果。与第三方的合作，在深化信访研究专业性、科学性的同时也可以增强研究成果的相对独立性和客观性，提升研究成果的公众认可度，有利于信访制度发挥启迪民智、引导舆论的功能。

上述几个方面通常被理解为信访的智库预设功能在实践中萌芽或初级阶段的表现形式，均存在不同程度的欠缺，尚不能在严格意义上称之为完整的信访智库功能。例如，在资政辅政方面虽然已有决策信访风险评估机制，但决策前的信访评估、决策后的跟踪反馈等机制仍时常缺位；信访学科建设亦是刚刚起步，信访内设研究机构及相关专业人员极度匮乏，信访研究成果的宣传机制极不完善等，都制约着信访智库功能在实践中发挥其应有的效用。

---

① 上海信访局官网，http://xfb.sh.gov.cn/xfb/xwzx/n14/u1ai546.html.

此外，上述实然层面功能并不是个别地存在于部分地区的信访机构，尚不普及。因此，这些只能是信访制度实然层面智库功能的雏形，若要使信访制度的智库功能在实践中得到充分发挥，内设专业的信访研究团队、形成规范的信访研究机制和制度是不可或缺的条件。

3. 国家治理视野下的信访制度智库性功能

综合前述国家治理视野下中国特色智库功能、信访应然和实然层面的智库功能来看，国家治理视野下的信访智库功能主要是通过以下的方式来展现的：信访部门通过接收来信来访，协调处理人民群众的投诉、举报、意见、建议等诉求，从而形成基础的信访信息；在此基础之上，由专门的信访信息分析研究机构及专业的研究人员借助现代化的信息技术制作成信访信息数据库，进而由专业研究人员根据信访数据进行深入的、全方位的挖掘与剖析，并将研究结果形成报告递送至相应的政府部门以供决策参考。同时，信访研究机构在研究过程中并不是孤立的，可以根据自身的劣势借助外力如高校、相关科研院所、民间智库等其他智库的优势，而使研究成果更加科学化、专业化，而这种集中优势资源的研究方式也利于聚集优秀人才、平衡不同利益群体间的分歧，进而有利于信访制度更好地资政辅政、启迪民智、引导舆论。

因此，国家治理视野下的信访智库功能主要包括资政辅政功能、启迪民智功能、引导舆论功能、聚贤荐才功能、平衡分歧功能、对外交流功能。其中，资政辅政功能是核心功能，聚贤荐才功能是推动核心功能发挥作用的重要支撑，启迪民智功能、引导舆论功能、平衡分歧功能、对外交流功能则是核心功能的结果性功能。

（三）具体领域的信访制度智库性功能

本章选择从政府治理领域、法治建设领域、政治建设领域、社会治理领域来阐释具体领域的信访智库功能。实践中，信访的智库功能多发生在这几大领域：信访问题越来越与公共政策密切相关，政府的公共政策直接影响公共管理、社会治理；在依法治国、法治政府建设的背景下，信访与法治的关系亦是密不可分的。从理论研究上看，信访制度的运行与公共管理学、政治学、法学、社会学、心理学等学科的知识有密切联系，是这些学科的重要研究对象之一，运用这些学科的专业知识观察信访制度，有助于更加清晰地认识信访制度的智库性功能。

1.政府治理领域

正如美国著名管理学家西蒙所说，管理即决策。可见，公共决策是整个公共管理的核心与灵魂。信访的核心智库功能资政辅政功能主要就体现在公共决策咨询之中，贯穿于决策的制定、执行、协调等全过程，从而助力政府实现科学决策、民主决策、依法决策。

（1）发现问题，弥补空白

由于政策制定的本源性的时间上的滞后和空间上的局限，常常导致政府公共政策的覆盖范围存在空白地带：或者因问题刚刚发生尚未形成规模效应而未引起相应部门的注意，或者因信息搜集范围的有限而漏掉了部分问题，或者是部分问题是在决策从书面文字转换成实践活动时才会出现。总之，诸如此类的纷杂的社会问题往往是政府公共决策的盲点所在，这就需要一个有效的弥补机制。信访"横向到边，纵向到底"的工作结构和信息网络，使得其成为从中央到地方各个层级、各个行业信息的汇聚之地，这种全方位信息的迅速"集大成"优势是其他政府部门和一般智库所不具备的。信访信息获得的全面性和及时性，首先，可以宏观研判大量第一手数据信息，第一时间从中窥见社会中方方面面的主要问题，尽可能地降低因政府决策信息不全面所导致的决策空白或欠缺；其次，以信访数据信息化建设为依托，通过信访研究机构专业研究人员就已有信息展开深入剖析，或者与其他研究机构、智库联合开展专题研究，集中优势资源，从而有助于及时发现无法从表层信息察觉的隐性决策问题，使政府各部门及时地了解社会动态，弥补决策空白，纠正决策偏差，修正决策失误。

（2）分析问题，专业科学

信访系统除汇集了大量一手信访数据信息外，更是借助各大高校、研究机构、民间智库等平台汇聚了包括社会学、公共管理学、政治学、信息管理学等多学科的专家和专业型人才，这是信访智库功能发挥的前提，也是信访智库功能对政府公共决策专业化、科学化的保障所在。信访系统运用其具有综合性、灵活性的专业化资源优势，以存在的社会矛盾或实践问题为导向，开展具有针对性的专题研究。既利用信访工作人员的信访工作实践经验，又利用各学科专业人才的理论知识储备，对所掌握的数据信息进行深层次、高水平、立体化、全方位的综合研究，总结归纳矛盾问题发生的规律和发展的趋势，剖析矛盾问题背后的本质。理论联系实践，从多学科的角度为相应部门提供客观、科学的决策信息及针对实际问题的可供选择的具体决策方案。这是其他智库或政府部门决策时难以具备的优势，有利于促进并提升党和政府决策的科学性、客观性、可行性和权威性。

（3）追踪反馈，修改完善

在信访系统接收到的信访信息中存在大量有关公共决策施行之后的反馈型信息，这些信息中既有反映决策自身或决策施行过程中问题的信息，也有反映决策实施良好效果的信息，即形成了完整的对政府公共决策施行的跟踪反馈循环。政府公共决策的跟踪反馈评估是整个决策过程中的关键一环，甚至决定着决策的最终成败。然而，决策的跟踪反馈评估是政府公共决策过程中最薄弱的环节。通过信访系统收集的信访信息形成对相应公共决策的跟踪反馈循环，弥补了我国公共决策过程的缺失。同时，信访系统通过发挥其智库功能对反馈信息进行深入分析、综合研判，形成对政府公共决策的评价系统，进而为相应决策提出科学、客观的评估意见：决策制定执行良好的，归纳经验以推广；决策自身或执行存在问题的，提出对策修改完善；决策不适宜国情和时代背景的，及时废止或以新的公共决策替代。

信访制度智库性功能这一对政府公共决策跟踪反馈评估的特色，是其他一般智库和政府机构在短时间内所无法达到的。这不仅使得政府公共决策成本降低，形成良性完整的循环；而且也有利于提升党和政府公共决策的前瞻性、战略性、可操作性；更有利于推动政府公共政策从根源上预防和化解社会矛盾。

综上所述，信访的智库性功能贯穿于政府公共决策的制定、执行、协调的全过程，是政府优化公共管理所不可或缺的必要组成部分。

2.法治建设领域

党的十八届四中全会提出了全面推进依法治国、建设社会主义法治国家的总目标，积极推进我国立法、执法、司法的发展与完善便是这总目标的题中之义。透过信访的智库性功能可以折射我国立法、执法和司法过程中存在的问题或不足，从而服务于我国社会主义法治建设的整体推进。

（1）立法问题与完善

法律是调整社会资源、社会利益、社会关系的手段，立法过程实质就是对各种社会资源、社会利益进行再分配，对社会关系进行再调整的过程。如果推进依法治国、建设社会主义法治国家是一条河流，那么立法就是这条法治河流的上游，立法质量的好坏关系到整个法治建设的成败。因此，建设推进社会主义的法治进程，应当坚持立法先行，发挥立法的引领"向导"作用，以免"污染"法治河流的中下游。信访智库性功能的发挥则有助于立法进程的优化与完善，有效地实现民主立法、科学立法。

第一，民主立法要求立法者必须要了解最大范围内的民意、倾听来自不同社会群体的声音。信访制度的主要功能之一就是充当人民群众的"传声筒"，因此，大量信访信息集中而全面地反映了社会各界、不同社会群体利益诉求，这其中便不乏有关立法的声音。通过信访机构的研究人员对立法相关的数据信息进行分析整理，可以从以下几个方面助力民主立法：立法的滞后性需要通过信访渠道捕捉最新、最全面的关于法治的信息，发挥信访智库功能可以有效地及时反映立法过程中已经存在的问题，便于立法主体从实体和程序两个方面反思立法、完善立法；通过信访这个窗口可以反映出社会中急需调整的社会关系和社会矛盾的焦点所在，通过挖掘信访传达的民意有助于进一步发现最迫切的立法需求，以便立法主体增删或调整立法规划，及时满足民众的法治需求；通过信访智库性功能可以使立法主体就某一立法议题最大限度地了解不同社会群体最真实的声音和需求，从而更好地平衡多种利益之间的分歧，使立法体现出最大限度的公平。

第二，科学立法的要求主要体现在立法程序的科学化。实质上，立法的过程与政府公共决策的过程有着很大的相似之处，我国立法程序欠科学化最主要的体现就是立法前评估和立法后反馈程序的缺位。正如信访智库性功能对公共决策反馈程序的弥补，对立法程序亦有相同的功效。信访智库性功能可以根据已有的某一立法议题的信息进行立法前风险评估，提出立法建议案；待立法出台、实施后，根据对相关信访信息的综合分析研判，可以为立法主体提供相应的反馈信息，以供立法者再立法时参考，以便更优化立、改、废的配套运行。如此，通过发挥信访的智库性功能，有助于降低立法风险、减少立法成本、提高立法的效率和科学性。

（2）执法问题与纠正

徒法不足以自行，法律的执行是法律获得生命的唯一路径。依法治国、建设社会主义法治国家离不开法律的良好执行。法治建设过程中的问题一般出现于执法环节，多数法律本身并无问题，而是执法环节的种种措施阻碍了法治的进程，引发群众对法治的怀疑与不满，丧失了应有的权威与尊严。信访智库性功能的发挥，有助于发现和纠正执法环节的问题，提升执法效能，推动严格依法执法，从而使群众更好地遵守法律法规。

信访是政府与公众沟通的纽带和桥梁，因而也常常成为群众表达不满情绪的地方。现实生活中，群众对于法律执行行为的不满在不知诉诸何处时，信访机构往往成为其主要选择。因此，信访部门能够真实、准确、及时地反映出各政府部门在执法环节存在的问题。在这大量涉及法律执行的信访案件中，既能反映出政府部门及其工作人员的法治思维、法律素养，也能体现出其依法执法的能力和法律执行的效率。信访部门的研究人员通过对涉及法律执行案件的信息进行深层次的分析研究，既可以总结归纳出执法部门在执法环节普遍存在的问题并为其提供相应的纠错和优化方案，以供执法部门参照执行，有则改之无则加勉；又可以针对具体部门具体执法环节的问题开展针对性研究，探索问题产生的本质原因，助其厘清责任的归属，为其从根源上解决该执法问题提供具有针对性的有效解决方案。

在实践中不难发现，通过信访窗口观察政府各执法部门的执法情况，有助于各执法部门精准完善执法程序、培养执法人员的法律素养、训练其法律思维，从而促进执法部门提升执法效能、改善法律执行效果。同时，透过信访进行执法反思也可以向立法部门反馈相关立法信息，以及时从立法层面对执法进行纠正，避免不必要的执法风险。

（3）司法问题与纠偏

司法是维护公平正义和保障公民权利的"最后一道防线"，其对于依法治国、建设社会主义法治国家的意义不言而喻。我国的司法体制机制尚待进一步完善，在面对许多诸如历史遗留问题等状况时，因受制于受理范围的制约和束缚，其救济功能得不到完全发挥。我国信访制度自 20 世纪 70 年代末平反冤假错案以来，便在客观上被赋予了权利救济的功能。有时当公民进行完司法救济之后，仍会选择信访作为其权利救济的渠道。因此，在客观上透过信访平台可以搜集第一手的关于司法的案件信息。通过信访研究人员的剖析研究，既可以发现司法救济过程中存在的程序或实体不合理、不公正等问题，以供司法改革参考；又可以洞察各权利救济制度之间的配套衔接问题，从而有助于完善我国的纠纷解决和权利救济机制体系。

在整体的法治建设进程中，立法、执法、司法各环节是相互联系彼此影响的。通过发挥信访智库能够站在系统化的视角发现政府公共政策与法律法规的不协调甚至冲突矛盾之处，以及立法、执法、司法各环节之间的配合与摩擦，并向不同的部门提供具有针对性的修改完善建议，从而理顺法治建设的各个环节，在整体上推动依法治国目标的全面实现。

3.政治建设领域

信访制度是具有中国特色的社会主义民主政治制度，正如学者薄钢所言，"信访是具有中国特色的民主实现和权益救济制度，信访制度所依托的政治文化、意识形态以及信访制度的设计、运作、功能都具有中国特色"①。从信访制度的民主政治制度属性来看，信访的智库性功能在政治建设领域发挥着重要的作用，具体来讲主要体现在以下几个方面：洞察我国公民权益保障现状，反映少数人的利益诉求，成为代议制民主不可替代的重要补充，启动公权力、私权利对公共权力的双重监督等。

（1）洞察公民权益保障现状

一般而言，当公民主动向信访部门提出利益诉求时，或者是公民自己或其利害关系人的权利受到公权力机关的侵害需要救济，或者是公民对于社会现状的某方面存在不满并因此影响到自己的权益实现，因此，公民所反映的信访信息往往直接或间接地涉及其在国家政治、社会生活中的权益保障状况。信访的智库性功能使得信访部门不仅仅局限于传统地解决公民权益保障问题、简单地汇集公民权益保障信息，而是在此基础之上对权益保障信息进行深入的分析，一方面，透过相关权益保障的真实信访案例直接观察到人权保障状况，归纳反思人权保障领域存在的问题和急需完善之处，预测人员保障趋势；另一方面，通过信访工作人员与相关领域专家学者的合作，实践与理论相结合，为国家更好地保障人权提供有益的战略性决策建议，在提升我国人权保障水平的同时也可以有效地用行动回击国际社会对我国人权保障政策的诬言，树立我国人权保障在国际舞台上的新形象。

（2）维护公民正当利益，从制度层面保障民主

信访人通过书信、电子邮件、传真、电话、走访等形式，向各级政府信访部门反映情况，提出建议、意见或者投诉请求，这是公民将自己的利益诉求向政府直接表达的方式。从这个角度看信访制度是公民直接参与国家治理的途径，具有直接民主的性质。而代议制民主在效率原则之下经过利益权衡往往选择听取"多数的声音"，即托克维尔在《论美国的民主》中所描述的"多数的暴政"，这是代议制民主与生俱来的缺陷。由于受理范围、受理条件、

---

① 薄钢：《新形势下首都信访工作的理论探索与实践思考》，《信访与社会矛盾研究》（创刊号）2010年。

受理程序、受理方式等方方面面的低门槛，使得信访制度可以比其他公民民主政治参与方式获取更为全面的信息。加之，公民是主动向信访部门表达社情民意，正如有学者所言"信访是由人民自己提起的程序，这一点是实实在在的人民民主机制。"[①] 因此，信访成为捕捉"漏网"民意的重要工具。通过信访研究人员对信访信息的归类和对比分析，使少数人的声音也能纳入政府决策考量范围，从而使得决策更加周全，能更好地保障人权。从制度层面上来说，这也弥补了代议制民主的一些缺陷。

（3）启动公权力、私权利对公共权力的双重监督

"监督产生于权力的授予过程中，是权力的拥有者与权力受托者之间的权利义务关系。凡权力授予之后，都应相继地有监督体系存在，否则容易失去制衡。"[②] 因此，有权力必有监督，监督是公共权力顺畅运行和实现公民政治民主权利必不可少的保障。信访是公民通过采用书信、电子邮件、传真、电话、走访等形式，向各级人民政府及其信访部门反映情况，提出建议、意见或者投诉请求的方式实现公民私权利对公共权力进行外部监督的重要途径。这是《宪法》第四十一条[③] 赋予公民的一项重要的政治权利，更是人民作为权力本身的受让者理应拥有的权利。信访机构的工作人员在接待公民的来信来访之后，应当就公民所反映的信息依法进行相应的处理，这就是公权力自身的内部监督：首先，信访部门将明确的违法违纪等信息递送至相应部门，由该部门进行纠错自查并对责任人员依法依规予以惩戒；其次，信访制度通过发挥其智库性功能，对信访信息进行综合归纳和分析，并将研究成果

---

① 田文利：《信访制度的性质、功能、结构及原则的承接性研究》，《行政法学研究》2011 年第 1 期。

② 蔡林慧：《我国行政权力监督体系的完善和发展研究》，上海三联书店 2014 年版，第 15 页。

③ 《宪法》第四十一条规定："中华人民共和国公民对于任何国家机关和国家工作人员，有提出批评和建议的权利；对于任何国家机关和国家工作人员的违法失职行为，有向有关国家机关提出申诉、控告或者检举的权利，但是不得捏造或者歪曲事实进行诬告陷害。对于公民的申诉、控告或者检举，有关国家机关必须查清事实，负责处理。任何人不得压制和打击报复。由于国家机关和国家工作人员侵犯公民权利而受到损失的人，有依照法律规定取得赔偿的权利。"

反馈给相应的政府部门，由其各自从根本上进行自我监督。这个过程是信访制度监督公共政策实施、法律法规的执行，监督政府工作人员的行政行为的过程，也是行政内部监督实现战略性、系统性的重要方式。

因此，信访制度既是公民监督国家公权力行使的重要途径，也是公权力进行内部监督的主要方式。信访智库性功能的发挥使得二者之间可以相互融合和转化。

4.社会治理领域

信访制度作为社会治理领域的重要机制日益受到重视，其智库性功能在社会治理领域的体现主要有以下几个方面：社会心态预期的素材库，直接反映公民的显性不满、洞察社会群体的隐性不满，预警社会危机、预防化解社会矛盾。

（1）社会心态预期的素材库

"社会心态，是一段时间内弥散在整个社会或社会群体或类别中的宏观社会心境状态，是整个社会的情绪基调、社会共识和社会价值观的总和。在一个剧烈变动的社会中，社会心态既是社会变迁的表达和展示，也是社会建构的一个无法忽视的社会心理资源与条件。"[①] 信访是公民向政府部门反映问题、寻求政治或行政救济的一个重要窗口。从社会学的角度来看，信访也是缓解社会矛盾冲突、释放社会不满情绪的"安全阀"。透过信访所反映的问题往往有不少来自困难群体在权利受到侵害，或者是历史遗留的以及政策性的疑难问题，这些信访案件的利害关系人往往在多次寻求救济受挫后，在经济和心理上饱受双重摧残，积压了大量的不满情绪，对社会秩序的稳定存在着潜在的威胁。发挥信访的智库性功能，信访研究人员通过综合运用社会学、心理学、政治学等多个学科知识与信息技术，透过信访案件的表层信息，挖掘和归纳出其背后所反映出的社会矛盾的焦点之处，并在此基础之上描述社会心理的特征、预测社会大众的心理走向，形成社会心态预期的素材库。

---

① 王俊秀：《中国社会心态：问题与建议》，《中国党政干部论坛》2011 年第 5 期。

（2）反映显性不满、洞察隐性不满

"当下我国正处于社会结构、社会秩序以及社会环境的急剧变化时期，这种剧烈的社会变化必然会导致公众社会心理失衡和心理震荡，从而引发社会心态的嬗变"。[①] 因此，体察好全体公民和社会的心态，预防和化解社会负面情绪是转型期社会所面临的重大课题。信访作为一个听取民意、反映民众利益诉求的平台，这些利益诉求往往隐藏着公民在权益受到侵犯或不公正对待时所产生的负面社会情绪。通过信访这个窗口可以体察到来自民众的两种不满情绪，即显性的不满和隐性的不满。[②]

显性不满情绪的表达方式往往是直接的、显而易见的，通常信访人在向信访机构及其工作人员表达其利益诉求时就会主动流露出较为强烈的不满情绪。在诸多书信、电话、来访等信访方式中，来访是信访人表达显性不满情绪的最重要途径。由于显性不满情绪的表达方式直接，其所引发社会问题也往往不会太复杂，通过发挥信访智库性功能往往能够快速找到引发的原因和较为妥善的解决方案。同时，伴随着信访问题的解决或者信访工作人员在对信访人做好相关政策解读和情绪抚慰之后，显性不满情绪也会随之消失或缓解。

"作为一种社会心态，隐性不满的萌生、形成和发展与多元、多样、多变的个人或者群体差异有关，但更主要的是对社会现实的反映与折射。"[③] 造成隐性不满情绪的原因很多，比如某一公共政策及其实施过程中存在一些偏差，最终导致政策实施结果给相关公民带来部分的不公正感，使得公民对政府政策乃至国家和社会产生微量不满情绪。这些不满情绪由于尚未达到爆发的程度，隐蔽性强，不易察觉，常常被忽视。在大量琐碎的社会事件中不断地酝酿、发酵，隐性的不满情绪就像不定时炸弹一样，一旦爆发，将给社会

---

① 曹颖、陈满琪、徐珊珊：《转型期的社会心态研究——基于公众与信访人的实证分析》，《民主与科学》2013 年第 2 期。

② 关于显性不满和隐性不满两种情绪，参见陈小君、张红、李栋等：《涉农信访与社会稳定研究》，中国政法大学出版社 2011 年版，第 37—38 页。

③ 张宗林、张建明、刘雯：《信访工作的新思维与新理念》，《中国行政管理》2013 年第 6 期。

秩序的稳定带来巨大的危害。洞察隐性不满情绪离不开信访的智库性功能。信访研究人员和相关专家学者，透过对大量信访矛盾信息的分析、排查、筛选，尽可能去挖掘出其背后隐藏的不满情绪，并针对该不满情绪，查找原因，制定解决方案，一方面为政府部门从根源上消解不满情绪寻求解决之道，另一方面，也通过舆论宣传等方式及时疏解社会中的隐性不满，尽可能地使其消灭在萌芽状态，降低社会风险。

（3）预警社会危机、预防化解社会矛盾

根据危机管理学的理论，"舆情危机与公众的心态和公众的集体行为有关，因此需要掌握社会心态的波动规律，预测社会心态与突发事件之间的关系，以预控公众行为"[1]。由前述可知，发挥信访的智库性功能可以形成社会心态的素材库，反映社会显性不满情绪，洞察社会隐性不满情绪，这些都为预警社会危机、从源头上预防和化解社会矛盾提供必要的前提和基础。"了解、收集、整理和分析信访信息，可以准确把握现实社会中存在的问题、这些问题的发展趋势以及预测可能出现的新问题，从而实现对社会危机的预警作用。"[2] 可以说，后者就是前两者在信访智库性功能作用下的延伸。譬如美国密执安大学社会研究所自 1947 年以来开始监测民众心态，在大量收集数据的基础上，该机构能够预测社会动荡和风险事件的发生，成为危机事件的"预警员"。[3] 因此，通过对信访信息的分析与研究、管理与监测，信访智库性功能的发挥可以使信访制度成为社会危机的"预警员"，从源头上预防和化解社会矛盾，引导公民塑造积极社会心态、形成理性思维，更好地推动政治、经济、社会的良性发展。

（四）信访制度智库性功能特征之分析

根据前述关于信访智库性功能内涵的描述与阐释可知，信访制度身上有

---

[1]　梅文慧：《信息发布与危机公关》，清华大学出版社 2013 年版，第 63 页。

[2]　俞心慧、李传轩：《信访信息进入公共决策领域问题研究》，《法治论丛（上海政法学院学报）》2007 年第 4 期。

[3]　梅文慧：《信息发布与危机公关》，清华大学出版社 2013 年版，第 63 页。

智库一般性功能的掠影但却不是一一对应的表现方式。信访制度自身所具有的优势决定了信访智库性功能具有自身的特色。综合来说，在国家治理现代化和大数据时代背景下，信访制度智库性功能具有以下几点特色。

1. 信访制度智库性功能具有战略性

我国的信访制度具有全方位覆盖的信访信息员队伍，且形成了以其为基层前哨的"纵向到底、横向到边"的信访工作网络系统。① 加之信访人身份不受限制，往往是来自各行各业的公民，信访工作的触角延伸到了社会生活的各个领域，具有获取广泛社会信息的独特优势。这为信访智库性功能具备战略性特色提供了可能。首先，获取信息的广泛性和全面性，使得信访制度发挥智库功能时具备全局掌控的可能，并易于发现战略性、全局性问题；其次，信访智库功能须对已有信息进行深入研究，总结归纳社会问题背后的规律，从而提供具有前瞻性、战略性的咨询服务和决策方案；再次，信访制度之载体信访机构在横向上与政府职能部门平行并存，加之信访制度不具有实际解决问题的职能和权限，因此，在发挥智库功能时可跳出部门立场的局限，从国家、社会的战略性立场出发，必要时协调多部门乃至社会第三方主体共同联席决策。

2. 信访制度智库性功能具有专业性

在大数据的时代背景下，借助高端专业人才和信息化科技，信访智库性功能具有专业性的特色。"目前，全国省级信访部门相继建立现代信访信息管理系统，通过充分挖掘信访信息管理系统中蕴藏的丰富数据，掌握研究社会矛盾和社会问题的第一手资料，不仅可以通过信访总量、联名信、集体访数据进行宏观研究，也可以针对社会转型期的农村问题、住房拆迁、城市管理等突出社会问题进行专题研究，探索预防和破解突出问题的可

---

① 参见王浦劬、龚宏龄：《行政信访影响公共政策的作用机制分析》，《中国行政管理》2012
年第 7 期。

行性方法。"① 同时，已有部分高校开设"信访与社会矛盾解决"相关课程或专业，培养信访高端专业人才，加之信访部门通常也借助高校或科研院所的研究平台，实现其智库研究的高水平、专业化，从而为党和政府决策提供专业、科学的对策建议。

3. 信访制度智库性功能具有针对性

信访智库性功能具有针对性的特色。首先，通过信访渠道发现的问题来源于中国最广泛、最真实的实际，往往是亟待党和政府解决的问题，在决策需求方面具有针对性；其次，信访智库性功能要求信访机构和工作人员，根据需要对已发现中国问题开展专门、针对性的研究，以为相关党和政府部门提供具有针对性的数据信息、咨询服务和对策建议；再次，党和政府通常是智库最主要的服务对象，信访是存在于政府体制内部的机构，能与政府之间保持良好的沟通，这有助于信访的研究成果更好地向政府输送，从而使信访智库性功能具有针对性。

4. 信访制度智库性功能具有相对独立性

信访机构虽然是政府部门的组成部分，但是其智库功能的发挥具有相对独立性。首先，信访机构虽然存在于政府体制内，但其与其他政府职能部门平行共存、相互独立；其次，信访机构作为行政部门与立法、司法部门亦是相互分离。因此，信访相对独立的地位在一定程度上使得其在发挥智库性功能时，可以"跳出信访看信访"，降低"部门利益"的局限和影响，使研究成果具有相对独立性，以提升信访制度的社会影响力。

5. 信访制度智库性功能具有灵活性

信访智库性功能灵活性的特色体现在其智库研究对象、内容、方式等方

---

① 张宗林、叶明珠主编：《使命与愿景——北京市信访矛盾分析研究中心发展报告（2009—2014）》，人民出版社 2015 年版，第 195 页。

面。首先，信访的研究对象和内容是灵活的，既可以是宏观趋势规律的研究，也可以是微观针对性的专题研究；其次，信访自身既发挥着智库功能，也可以利用其具有大量第一手数据信息的优势联合其他智库共同研究，充当各类智库的联络平台；再次，信访可以根据需要灵活地处理信访数据信息，并以灵活的方式发挥其价值。

三、信访制度智库性功能的历史渊源

对一项制度的演变历程进行梳理就是在记录该制度的生命轨迹。历史就像一本书，静态地阐释着制度的生命价值和延续的意义。以史为鉴可以知往来，启示今天制度的灵魂和改革走向。本部分即以历史为视角，梳理不同历史时期信访制度在国家治理各领域，特别是公共决策领域所发挥的功能，从中探寻信访制度智库性功能在历史上的身影，总结归纳其历史渊源，为国家治理新时期信访制度智库性功能的发展壮大提供有力的历史支撑。

信访制度是中国特有的一项制度，并拥有深厚的历史土壤和历史根基。早在中国古代就有类似于信访的制度，只是在不同的朝代有不同的存在形式，如唐代设立了"邀车架""登闻鼓"等制度，并由相应官署或官员受理臣民的申冤上访；宋代，中央政府设立了鼓院和检院作为独立的信访机构；明代则是通政使司设登闻鼓院作为受理信访的机构；清朝时期，中国古代类信访制度发展到顶峰，统称为"京控"，包括击登闻鼓、上书皇帝等。[1] 在古代中国，这些类信访制度主要发挥了三大重要功能：一是了解民情，获取信息；二是监督官员，整肃吏治；三是弥补律令，实现公平。[2] 这三项功能虽都是服务于古代封建帝制，但其中通过了解民情获取信息、监督官员、弥补律令，均有智库功能的影子。

虽然中国古代及民国时期均有类似信访的制度存在，但严格意义上作为

---

[1] 参见王旭军、马鑫泉：《古代信访的法文化渊源及其启示》，人民法院报网，http://rmfyb. chinacourt.org/paper/html/2011-07/15/content_30250.htm。

[2] 参见薄钢主编：《信访学概论》，中国民主法制出版社 2012 年版，第 45 页。

中国特色社会主义政治制度的信访制度的历史应当从新中国成立之后起算。关于信访制度在新中国成立后的历史阶段分期，不同学者根据各自的理论标准，有不同的分期方法。本书主要在前人研究的基础上，以国家信访工作理念和实践转变为依据，将 1949 年至 2005 年的信访制度的发展划分为三个阶段：一是 1951 年以前的萌芽与酝酿阶段；二是 1951 年至 1978 年的创立与探索式发展阶段；三是 1978 年至 2005 年的恢复与再发展阶段，从中探寻信访智库性功能的历史渊源。

（一）萌芽与酝酿阶段（1951 年以前）

1951 年 6 月 7 日，政务院发布《关于处理人民来信和接见人民工作的决定》（以下简称"1951 年《决定》"），这是新中国成立后信访制度正式设立的标志。在此之前，新中国信访制度尚处于萌芽时期，但由于专门负责处理人民来信、来访工作的机构与人员的存在，这一阶段的信访制度已初具雏形。

1949 年 4 月，中央书记处设立政治秘书室，主要处理人民来信来访。[1]1950 年初，撤销中央书记处政治秘书室，成立中共中央办公厅秘书室，专门负责处理群众写给毛泽东等中央领导同志的信件。[2] 与此同时，中央人民政府办公厅和政务院秘书厅也开始处理人民来信来访。1951 年 3 月，政务院秘书厅成立了人民信件组，专门负责办理人民来信。[3] 从人民来信来访的办理机构的设置上来看，信访作为人民群众向党和国家领导人反映各种问题、党和国家领导人由此了解社情民意的一种方式，已经受到了重视。

"中共中央办公厅秘书室成立后，经常就群众来信给毛泽东写报告，毛泽东也经常在报告上作批示。1950 年 11 月 29 日，中共中央办公厅秘书室就处理群众来信情况给毛泽东写了一份报告。报告建议加强对群众来信处理工作的组织领导，并建立规范的制度。毛泽东次日即以中央名义将报告批转

---

[1]　参见张宗林主编：《中国信访史研究》，中国民主法制出版社 2012 年版，第 117 页。

[2]　参见吴超：《新中国六十年信访制度的历史考察》，《中共党史研究》2009 年第 11 期。

[3]　参见刁杰成编著：《人民信访史略》，北京经济学院出版社 1996 年版，第 24—25 页。

各中央局、分局，并转所属大市委、省委、区党委。"①"1951 年 5 月 16 日，毛泽东根据当时中共中央办公厅秘书室的一份信访情况报告，作出了《必须重视人民的通信的批示》。"② 如上述报告汇报＋批示的信访处理方式不仅有力地推动了信访组织化、制度化发展，是信访制度发展的一个重要起点；而且可以发现信访机构在处理人民来信来访时，不仅仅对来信来访予以答复，而且对来信来访案件进行统筹研究，形成专门的研究报告，为国家领导人的国家治理工作提供建议。这种从碎片化的来信来访案件中进行系统化研究并为党和国家领导人"出谋划策"提供决策信息的方式，正是信访制度发挥智库性功能的萌芽。

（二）创立与探索式发展阶段（1951—1976 年）

由前述可知，1951 年《决定》是新中国信访制度创立的起点，由于国家新政权刚刚成立不久，经历过长年战争之后，社会各业百废待兴，而走社会主义建设之路世界各国尚无成熟可鉴的先例，是中国人民具有创造历史意义的新选择。于是，中国的社会建设与发展自此走上了开创与探索之路。在这样社会大背景下建立起来的信访制度，虽然具有一定的历史渊源，但在新的历史阶段和社会中如何与之相适应地发展和完善自身的制度建设，亦是一个未知数。因此，自 1951 年信访制度也开启了自身的创立与探索式发展之路，而探索也不可避免地可能遭遇曲折。"文化大革命"期间，信访制度也遭到了严重破坏，直到以 1978 年第二次全国信访工作会议和十一届三中全会的召开为标志，信访制度开始重建。因此，本书将 1951 年至 1978 年划分称作信访制度创立与探索式发展的阶段。而以"文革"为分界，"文革"之前为信访制度的初创发展阶段，"文化大革命"爆发后则为信访制度的曲折探索发展阶段。本书将通过这两个小阶段信访制度的发展来探寻信访制度智库性功能的历史轨迹。

---

① 张宗林主编：《中国信访史研究》，中国民主法制出版社 2012 年版，第 118 页。
② 薄钢主编：《信访学概论》，中国民主法制出版社 2012 年版，第 50—51 页。

1. 1951—1966 年的初创发展阶段

1951 年《决定》标志着信访制度在新中国的初步设立，自此，信访制度的建设拉开了序幕。以 1951 年《决定》为例，第五条规定"对于处理人民来信和接见人民的工作，应建立登记、研究、转办、检查、催办、存档等各项制度，并定期总结"。为保障该条款的落实，第六条规定"各级人民政府及政府各部门对处理人民来信和接见人民的工作，应经常检查总结，定期向上级报告。各大行政区人民政府（军政委员会）和中央直属省市人民政府，应每半年向政务院作一次关于处理此项工作的总结报告"。[1] 其中规定在处理人民来信来访工作时要建立研究、检查、定期总结、定期向上级汇报等制度，在推动信访制度化建设的同时也培育了信访的智库功能，尤其是信访研究制度、定期总结汇报制度可以为党和国家机关领导的决策提供一定的决策信息，发挥资政辅政功能。

在这一阶段，信访工作部门根据各自的实践经验归纳总结出一些处置信访问题的工作方式：一是归口办理、分级负责，二是综合反映与单件处理相结合，三是分类统计和分类分析。其中，综合反映是指将一个时间段的问题经过归纳总结之后呈交给上级领导，分类统计和分类分析是指通过对来信来访的案例进行分类统计和分类分析，使处理问题能够进一步深化，及时准确获取当前最尖锐矛盾的第一手资料。[2] 分类统计分析、综合归纳反映等既是信访工作的基本方式，也是发挥信访智库性功能的主要途径。通过对信访信息进行分类统计分析的深层次研究，抓住社会主要矛盾，并将其综合反馈给上级领导，辅助其进行决策，以化解社会矛盾、稳定社会秩序。1951 年《决定》颁布后，全国各地积极制定了一系列关于信访工作的规范性文件，推动并完善信访工作的制度化、规范化。伴随这些工作方式的制度化，信访的智库性功能也得到了巩固和发展。

1957 年 5 月 28—31 日，全国第一次信访工作会议召开，会议通过了《中

---

① 张宗林主编：《中国信访史研究》，中国民主法制出版社 2012 年版，第 120 页。

② 参见中共中央办公厅、国务院办公厅信访局：《全国信访工作会议资料汇编》，1989 年印，第 50—67 页。转引自薄钢主编：《信访学概论》，中国民主法制出版社 2012 年版，第 53 页。

国共产党各级党委机关处理人民来信、接待群众来访工作暂行办法》以及国务院《关于加强处理人民来信和接待人民来访工作的指示（草案）》两个文件。① 这次会议认为，信访工作除了"可以向人民群众解释、宣传党和政府政策"之外，还"可以使党和政府及时了解和调解人民内部矛盾"，并承认当时人民来信反映的大多数都是人民内部矛盾。② 其中，通过信访工作向民众解释、宣传党和政府政策即是信访启迪民智功能的雏形，同时，通过信访认清矛盾的性质也有利于引导党和政府的决策方向。

"这一时期相当多来京访民的生活问题无法解决，在调查研究基础上，国务院秘书厅依据报告，多次讨论修改维护来访人权利的问题，并在第一次全国信访工作会议讨论后，印发一系列文件：劳动部、全国总工会《关于来访群众就业问题的归口、处理暂行办法》，内务部、北京市民政局《关于解决来访群众食、宿、路费的解决办法》，国务院秘书厅、最高人民检察院、北京市公安局《关于中央机关、北京市机关接待群众来访中处理无理取闹分子的暂行办法》，铁道部《关于防止来访人骗卖车票的暂行办法》等。"③ 通过对信访问题、信访人在来访过程中所产生的诸如衣食住行、无理取闹、骗卖车票等问题进行调查研究，并通过制定相应的规范性文件予以解决。1960年，上海市人委办公厅制定深入基层调查研究的制度，对群众来信来访中反映强烈、矛盾突出、涉及面广、政策性强的问题，由上海市信访办进行深入调查研究，综合分析，会同有关部门提出解决意见或方案，以简报和专题报告形式报送领导参阅，供市委、市政府领导和有关部门作为改进决策和改进工作的参考。这些均是信访制度发现问题、弥补决策或立法空白、改善决策智库功能的初级体现。

---

① 参见中共中央办公厅、国务院办公厅信访局编：《全国信访工作会议资料汇编》，1989 年印，第 3 页。转引自薄钢主编：《信访学概论》，中国民主法制出版社 2012 年版，第 56 页。

② 参见《作好人民来信来访工作有重大意义 克服官僚主义 调节内部矛盾 中共中央办公厅和国务院秘书厅开会讨论》，《人民日报》1957 年 6 月 3 日。转引自张宗林主编：《中国信访史研究》，中国民主法制出版社 2012 年版，第 129 页。

③ 薄钢主编：《信访学概论》，中国民主法制出版社 2012 年版，第 56 页。

　　1949 年以来，信访工作已从初创发展到成熟；从对案件的单件研究、处理，发展到对同类问题的综合研究；从一般总结经验，发展到对全国信访工作经验进行理论探讨。第一次全国信访工作会议后，各地信访机构积极学习贯彻会议精神，信访工作全面深入地开展，尤其是创造了许多信访信息汇集方面的经验。如国务院秘书厅自 1961 年始即召开一系列座谈会、汇报会、经验交流会，汇集各地信访工作经验。1962 年 12 月 10 日，南阳地委办公室在《关于 1962 年处理人民来信来访工作情况报告》中要求，地、县委办公室每年至少召开两次信访工作经验交流会。① 20 世纪 60 年代初，浙江省诸暨市枫桥镇的干部群众在社会主义教育运动中创造了"枫桥经验"。②1963 年 11 月，毛泽东批示"要各地仿效，经过试点，推广去做"。自此，"枫桥经验"闻名全国。③1963 年 9 月 20 日，中共中央、国务院联名下达《关于加强人民来信来访工作的通知》指出：任何地方都有好的经验，领导机关和领导同志的任务就是发现和总结这些好的经验，进行交流、推广。1963 年对中央机关和地方各级政府信访工作中的成功做法，进行汇总和系统分析，对其中共性的、好的做法，进行探讨，并写出《人民来信来访工作的基本经验（草稿）》，进而对新中国成立十多年来信访工作中行之有效的做法加以总结。

　　同时，档案管理也是信访研究工作的基础，这一阶段信访智库活动主要集中在汇集信息和档案管理上。新中国成立初期，中央十分重视信访档案管理工作，1951 年第一次全国秘书长会议考虑到信访档案的特殊性专门对信访档案问题进行研究。国务院秘书厅在 50 年代末曾多次制定计划，准备整理新中国成立以来的全部信访档案，从中摸索经验，制定信访档案管理办法，但终因客观条件不成熟未能实现。到 60 年代初，信访工作走上正轨，需建立正式的档案管理办法，各地亦纷纷要求国务院制定统一的信访档案管

---

① 参见南阳地区信访办公室编：《南阳地区信访志》，1988 年，第 25 页。

② 参见赵洪祝：《坚持与发展"枫桥经验"，维护社会和谐稳定》，《长安》2009 年第 2 期。枫桥经验即"发动和依靠群众，坚持矛盾不上交，就地解决，实现捕人少，治安好"。

③ 参见章鹤群：《"枫桥经验"的启示》，《人民信访》2004 年第 2 期。

理办法。国务院秘书厅根据已有实践经验，掌握基本的立卷方法，吸取其他部门建立档案的做法，着手制定了立卷归档的办法。1961 年 11 月 10 日，国务院秘书厅颁布了《来信档案管理办法》，1963 年 8 月 7 日制定了《人民来信来访档案的立卷工作方法》，1964 年 12 月制定了《信访档案分类办法》，将信访问题划分为反映类、要求类和其他类①，这种分类方法对后来的信访数据统计和信访档案整理产生了很大影响，目前的信访档案的分类法就是在这个分类法的基础上完善起来的。

综上所述，信访制度资政辅政、启迪民智、化解社会矛盾的智库性功能在这一阶段已有初步发展。尤其是伴随综合反映、分类统计分析等较为成熟的信访工作方式的推广和一系列信访制度文件的制定，信访智库性功能也得以巩固和发展。

2. 1966—1976 年的曲折探索阶段

1966 年"文化大革命"爆发，在这十年之中，全国"大多数信访机构处于瘫痪、半瘫痪状态，有的被撤销、解散，有的被降格为信访组，全国的信访工作基本处于停滞和半停滞状态，信访秩序遭到严重破坏，信访量随着'文化大革命'期间的几起政治事件的变化而变化，但整体上处于低谷状态"。具体而言，"文化大革命"初期，信访数量相对比较稳定，1967 年国务院秘书厅每月平均收到人民群众来信两万多份。1968 年 6 月 6 日，国务院秘书厅信访室成立了"总理亲启信办理小组"，一直工作运转到 1972 年初。周恩来总理尽全力通过信访渠道在艰难的政治环境中为一些无辜受害的群众提供力所能及的保护，也在客观上保护了信访制度最初设立的目的，避免被政治运动所彻底异化。由于"文化大革命"期间许多信访机构或撤销解散或合并，许多问题找不到对应的主管部门，或者这次的主管部门是这个机构，下一次就变成了另一个机构甚至找不到主管机构，总之，信访机构的工作处于困难之中。"1972 年后，情况虽有好转，但原有的规章制度已不适用，新的工作秩

---

① 参见国务院秘书厅整理：《人民来信来访档案的立卷工作方法》，1963 年 8 月 7 日。

序又没建立起来，始终处于维持、应付状况。在当时十分混乱的情况下，许多信息渠道失灵，信访部门成为中央了解运动、民情的重要信息来源之一，信访工作以特色的方式开展得很有限"。① 由此可知，在信访制度遭受严重破坏的"文化大革命"期间，尽管信访制度大部分功能发挥遇到重重阻碍，其获取信息、资政辅政的智库性功能依然在一定程度上得到了发挥。

（三）恢复与再发展阶段（1976—2005 年）

伴随着"四人帮"的粉碎，"文化大革命"宣告结束，信访制度在经历十年的动荡之后，开始进入恢复与再发展阶段。具体而言，可以分为以下两个阶段。

1.1976—1982 年短暂恢复阶段

"文化大革命"结束之后，国家开始对"文化大革命"期间极左路线进行纠正，在这个背景下，于"文化大革命"期间遭受种种迫害的冤案、错案的受害者或其利害关系人，纷纷通过来信来访的方式要求平反冤假错案、落实相关政策。自 1977 年下半年开始，全国的信访量就开始大幅上升，其中上访量提升明显。②"1979 年至 1981 年出现了 1949 年以来 30 年从未有过的来信数量最多、上访人数最多的现象。"③ 为了应对信访量的上涨和信访工作应对能力不足的问题，1978 年 9 月 18 日至 10 月 5 日，国家召开了第二次全国信访工作会议。同年召开的十一届三中全会标志着全国范围内各个领域拨乱反正的开启。信访制度的组织机构设置和工作方针路线开始逐步得以恢复，而拨乱反正、迅速恢复政治社会秩序的需要也在客观上强化了信访制度平衡分歧、化解纠纷矛盾的功能。

"1980 年 9 月，撤销中共中央办公厅和国务院办公厅人民来访联合接待室，中共中央办公厅、全国人大常委会办公厅和国务院办公厅分别成立人民

---

① 参见薄钢主编：《信访学概论》，中国民主法制出版社 2012 年版，第 62—63 页。

② 参见张宗林主编：《中国信访史研究》，中国民主法制出版社 2012 年版，第 139 页。

③ 薄钢主编：《信访学概论》，中国民主法制出版社 2012 年版，第 64 页。

来访接待机构。……领导负责制度、办案责任制、报告制度；信访登记、转办、交办、检查、催办、记录、立档、统计、总结、汇报以及保密制度等等一系列信访制度得以迅速恢复发展，并逐步建立健全。"① 随着统计、总结、汇报等信访制度的恢复，信访的智库性功能也逐步回归到原有的轨道上来。

1982年2月22—27日，第三次全国信访工作会议在北京召开。会议讨论通过了《党政机关信访工作暂行条例（草案）》（以下简称《暂行条例（草案）》），并于4月8日由中共中央办公厅和国务院办公厅转发各地执行。《暂行条例（草案）》的通过宣告了信访领域的拨乱反正已经全面完成，信访工作从此告别曾经多舛的命运，进入一个全新发展的历史时期。② 信访的智库性功能也由此回归正途，进入新的发展阶段。

2. 1982—2005年积累拓展、逐步法治化阶段

1982年，《暂行条例（草案）》的通过与执行，既是信访工作全面恢复的标志，同时也是信访工作开始法治化的起点。"由于当时信访工作几乎尚无法可依，《暂行条例》实际上担当了行政法规的角色，具有相当的约束力和强制力。"③ 这就使得信访工作的主观性、随意性得到了有力的约束与控制，开始进入相对理性化的发展阶段。由于信访智库性功能之载体——信访工作机构和制度的规范化运作，也在客观上推动了信访智库性功能的规范化发展。这体现在曾经以不成文形式出现的信访工作方式，如统计、总结、汇报等逐步纳入了法治化的轨道。

《暂行条例》颁布后，随着改革开放的日益深入和信访工作的发展，迫切需要对信访工作中取得的经验进行系统、科学的总结，以适应新形势、新任务的要求。许多信访工作者自觉开展信访工作理论研究的探索，各级领导逐步认识到信访工作对决策民主化、科学化的重要性，对信访理论研究非常重视，并给予支持。各式各样的信访理论研究工作在全国各地铺展开来，信

---

① 吴超：《新中国六十年信访制度的历史考察》，《中共党史研究》2009年第11期。

② 参见张宗林主编：《中国信访史研究》，中国民主法制出版社2012年版，第139页。

③ 吴超：《新中国六十年信访制度的历史考察》，《中共党史研究》2009年第11期。

访智库功能的发展进入积累拓展阶段。同时，随着《信访条例》的制定和修改，逐步迈入法治化阶段。

（1）信访工作理论研究小组

1985 年春，中共静海县委、县政府信访办公室率先组织成立天津市第一个"信访工作理论研究小组"，由 21 名研究员组成。嗣后，制定《静海县信访工作理论研究组暂行条例》，以制度化、法制化的方式推进信访理论研究工作。1986 年 4 月，静海县信访办公室向县属各单位发出《关于开展信访理论研究的通知》，将开展信访理论研究工作列入年度评选信访工作先进单位的条件，并列出 11 个研究课题，要求各乡、镇、局自选一题，落实到研究人员，并适时评出优秀论文，予以奖励。① 1987 年 3 月始，和平区信访办把信访研究作为"信访协调组"每季度一次的活动内容。1989 年 5 月，电子仪表工业管理局、纺织工业管理局、第一轻工业局、第二轻工业局、服装联合总公司、长芦盐务管理局、计量标准局联合组建"信访工作研究小组"，结合企业信访工作特点，研究探索适合新时期信访工作的方法和途径。

（2）信访培训班

随着信访理论研究的兴起，提升信访工作人员素质成为当时的重要工作之一。1986 年 3 月 12 日，中共中央办公厅、国务院办公厅下发《关于加强信访工作的通知》要求"采取一些切实可行的措施帮助信访工作人员提高业务水平和工作能力"。② 许多地方为提高信访干部的业务水平，先后开办信访干部培训班。与此同时，中央机关也开办类似培训班。如 1985 年 8 月 25 日至 9 月 24 日，卫生部在北戴河举办首届全国 24 个省、自治区、直辖市的卫生局（厅）信访干部培训班。1986 年 5 月 26 日至 6 月 16 日，国务院办公厅信访局在北京举办首届全国信访干部培训班。此后，跨地区和全国信访培训班陆续举办。中共中央办公厅国务院办公厅信访局成立后，设置专门机构有计划地举办全国性培训班。总之，这一时期培训班首先由基层开办，后发展

---

① 参见《天津通志》《信访志》。

② 中办发［1986］8 号文件，商业部办公厅编：《信访工作政策选编》，1987 年，第 39 页。

为全国性的，参加培训的学员由每期几十人发展到几百人；由偶然、间断性培训，发展到经常性、有计划的培训，部分培训班还进行结业考试，颁发结业证书。① 各地、各部门因地制宜采用办大专班、短期培训、以会代培或系列讲座等方式普遍开展培训，据不完全统计，约有十万多人接受培训。②

（3）信访理论研究会、研讨会

这一时期，信访理论研究工作普遍、深入地开展起来，许多地方成立了信访学会、协会和理论研究会，早期的信访智库活动有了固定的载体。以无锡市机械工业局为例，第三次全国信访工作会议后，无锡市机械工业局为加强信访理论研究，于1984年1月建立信访工作研究会。一年后，吸收会员一万多人，28个基层单位成立20个研究小组，并建立信访网点，自成体系。研究会组织会员学习上级信访文件，进行信访业务培训，举办讲座，介绍信访基本知识及经常遇到的问题，以提高理论、政策和业务水平；创办会刊《信访工作研究》，发表研究成果、交流工作经验、探索信访工作方法，以推动研究、学习的经常化。1986年6月5日，江苏省机械局系统成立信访协作组，成立大会通过了信访协作组的方针和章程，③ 以法制化的方式推动信访研究会的建设与活动开展。

天津市信访理论研究工作主要包括经常性理论研究、研讨会及交流推广研究成果。1986年7月，天津市信访办向各区、县、局等单位下发《关于开展信访理论研究工作的意见》指出"各级信访部门必须结合信访活动的实践，运用马克思主义、毛泽东思想，对工作中的经验，认真地加以总结，对新形势下的信访工作规律，认真地进行研究和探索，以使信访工作逐步走上科学化、理论化、规范化"；"研究成果要有利于推动指导信访工作，有利于信访部门的自身建设，有利于提高信访干部素质，有利于辅助领导决策"；市信访办草拟60个研究选题供各区、县、局信访部门选择，并计划通过召

---

① 参见刁杰成：《人民信访史略》，北京经济学院出版社1996年版，第277—279页。

② 参见文井：《平凡之中铸辉煌——13年来全国信访工作回顾》，《人民信访》2002年第11—12期。

③ 参见刁杰成：《人民信访史略》，北京经济学院出版社1996年版，第284—285页。

开信访理论研究座谈会评选优秀论文进行奖励，《天津信访》也将陆续择优发表。紧接着，信访理论研究活动在全市各级信访部门和信访工作者中间较广泛地开展起来。如1987年至1990年和平区先后召开4次全区性信访工作理论研讨会。1987年10月，天津市信访办组织部分区县和乡镇召开"信访工作与民事调解工作研讨会"。1991—1995年，天津市先后召开三届信访工作理论研讨会。

首届全国信访工作理论研讨会于1991年5月16—20日在北京召开，出席这次会议的有30个省、自治区、直辖市，14个计划单列市，18个中央国家机关部、委和中国人民解放军等信访部门的负责同志，先后收到论文120篇。会后，中共中央办公厅、国务院办公厅信访局编印了《首届全国信访工作理论研讨会论文集》，对信访工作的认识已从感性阶段向理性阶段迈进了一大步。然而，这次研讨会仅仅是信访工作理论研究的起步和开始，尚未脱离"经验总结"的模式，理论水平有待提升。

（4）信访刊物及出版物

在各地纷纷开展信访理论研究的同时，许多机关开始策划出版理论刊物，既刊登理论文章，也刊登信访案例，以及信访战线上的新人新事、政策解答等。如中共中央办公厅信访局、国务院办公厅信访局分别出版信访刊物；两局合并后，改为《人民信访》，向全国发行。各省、自治区、直辖市也都先后创办了类似刊物。伴随着信访知识的宣传普及，信访制度创新，广大学者也认识到信访的重要性，纷纷进入这一研究领域，代表性著作有《信访学概论》（华夏出版社1991年版，辽宁大学出版社1987年版）、《信访心理学》（陕西人民出版社1988年版，中国卓越出版公司1989年版）、《应用信访学》（华龄出版社1991年版）等，史学方面有刁杰成《人民信访史略》（北京经济学院出版社1996年版）、胡中才《古代"信访"史话》（湖北人民出版社2000年版）。此外，这一时期的部分研究成果以出版物的形式呈现，如《信访工作基本知识》《信访常识》《应用信访学》《信访心理学》《信访行为管理学概论》《信访学总论》《信访工作概论》《求索集——获奖信访论文选编》等。

综上所述，这一时期的信访智库活动主要体现为信访理论研究工作的开展，其中既有值得肯定的地方，亦有局限性。首先，这个时期的信访理论研究比 1982 年之前的阶段有大幅提升，研究工作的开展形式丰富多样，为信访智库功能的发展奠定了良好的基础。其次，这个时期的信访理论研究大多是信访工作者在总结经验的基础上开展的理论研究，缺少基础理论和制度设计的探讨与思考。最后，这个时期的信访理论研究尽管引起了相关专家学者的注意，并试图构建学科体系，产生了一些成果，但整体来看仍是缺少专家学者、民间组织的深入讨论和有效参与。

（5）逐步法治化阶段

1995 年 10 月 28 日，《信访条例》作为新中国成立后第一部规范信访工作和行为的行政法规正式颁布。这既是社会主义市场经济的必然要求，也是信访工作制度化、规范化发展和维护信访秩序的客观需要。以《信访条例》为标志，信访工作正式进入法治化的轨道。在该条例运行十年之后，由于社会转型、矛盾多发，信访量高居不下，信访工作面临严峻的考验，《信访条例》已无法负荷现实信访问题，亟待修改完善。

2005 年国家对《信访条例》进行了修订。修订后的《信访条例》明确了受理范围、信访管理结构、信访事项的办理流程和期限，强化了政府职责、推进各级行政机关依法行政，强化信访工作责任，维护了信访秩序，[1] 推动了信访工作在法治化的进程中更进一步。修订后的《信访条例》第六条第（五）款规定政府信访机构的职责有"研究、分析信访情况，开展调查研究，及时向本级人民政府提出完善政策和改进工作的建议"，第三十九条规定"县级以上人民政府信访工作机构应当就以下事项向本级人民政府定期提交信访情况分析报告：（一）受理信访事项的数据统计、信访事项涉及领域以及被投诉较多的机关；（二）转送、督办情况以及各部门采纳改进建议的情况；（三）提出的政策性建议及其被采纳情况"。这表明国家已经意识到信访机构对信访问题的分析研究和咨询的智库功能，为信访机构开展智库活动

---

① 参见薄钢主编：《信访学概论》，中国民主法制出版社 2012 年版，第 73—75 页。

提供了一定法律保障。

从《暂行条例》（1982）到《信访条例》（1995）再到《信访条例》（2005）的修订，信访工作在法治轨道上逐步完善的过程事实上离不开信访智库功能的发挥。通过信访工作一方面可以不断地发现新的社会需求和新型社会矛盾对信访工作的要求；另一方面，也可以发现信访制度和现有信访法规所存在的问题，从而对其进行修订和完善。这是通过信访发挥其提供立法、决策信息功能的方式来推动信访制度的法治化进程。与此同时，信访智库功能也在历练中得以发展。特别是国务院《信访条例》（2005）通过条款明确了信访制度的智库功能，这为信访制度智库性功能的发挥提供了重要的制度保障，也开启了新时期信访制度智库性功能建设的崭新一页。

（四）小结

由于信访制度信息资源自身的优势和特色资源，信访智库性功能在国家和社会治理的各个领域中均具有其自身的特色，在当前阶段这是其他智库或政府部门所不具备的。在国家治理现代化的背景下，曾经饱受诟病的信访制度转型发展是必然趋势，而智库性功能因其特色应成为信访制度转型的突破口之一。因为通过信访制度智库性功能的发挥，可以充分发挥信访参与公共治理、提供决策咨询、监督决策执行、化解纠纷、保障权益、预防社会矛盾、引导公众舆论等多重功能。既符合国家社会治理的迫切需求，也是信访制度可持续发展的重要保障。同时，信访制度智库性功能的战略性、本土性、专业性、灵活性、相对独立性等特色亦是中国特色新型智库建设的发展方向，信访制度智库性功能的充分发展也将是中国特色新型智库建设的一个重要的突破口。

因此，信访制度智库性功能的发展与完善，既有国家治理现代化和中国特色新型智库建设的需要这一大社会和时代条件，又有历史根基和先期实践探索的积淀。也就是说，信访制度的智库化改革既有必要性，又有一定的可行性。

四、信访制度智库性功能的现实关注

进入 21 世纪以来，伴随着社会经济的加速发展，转型期的中国社会矛盾治理也面临着倍增的压力与挑战。当下，作为国家治理制度的组成部分，信访制度也走到了优化改革的重要关口。信访智库的智库性功能因其在国家治理过程中所取得的成效，也在该制度改革完善的过程中获得了更多的认可。由信访制度智库功能历史渊源可以看出，尽管理论界尚未明确提出信访制度的"智库性功能"这一概念，但其类似智库的功能在信访实践中客观存在并逐渐孕育和发展，且 2005 年修订后的《信访条例》（第六条、第三十九条）使其在一定程度上获得了制度化的保障。党的十八大之后，在国家治理现代化、发展中国特色智库和充分运用大数据的时代背景下，信访制度的类智库功能也渐渐从"幕后"走到了"台前"，得到了更多的关注与创新实践。如下，将以十八大为分界点来阐述对信访智库性功能的现实关注。

（一）信访制度改革探索对信访制度智库性功能的现实关注

2003 年的信访"洪峰"在引发理论与实务界对社会矛盾治理制度反思的同时也更加引起了对信访制度的关注。2005 年国务院修订《信访条例》既是对信访制度的修改完善，更是从国家层面对信访制度存在的意义与价值的认可，标志着信访制度的改革与完善进入到一个具有制度保障的新阶段。在这个阶段对信访制度的改革完善，就制度功能而言既要注意与行政复议、诉讼、调解等其他社会矛盾治理制度之间的衔接，又要为满足社会治理提出的新要求而探索、挖掘其潜在的"新"功能。信访制度的类智库功能虽早已有之不能称作全新的功能，但其作为一种独立的制度功能逐渐获得更多的现实关注是从这个阶段开始的，同时，也为信访制度的改革创新提供了一个可能的路径。

2007 年，中共中央、国务院发布《关于进一步加强新时期信访工作的意见》[以下简称《意见》(2007)] ① 指出"信访工作是党和政府的一项重要工作,是构建社会主义和谐社会的基础性工作",继《信访条例》(2005)之后从党和国家层面为完善信访制度的必要性提供了认可,并指出"各级党委、政府要正确把握我国发展的阶段性特征,科学分析产生信访问题的原因和背景,深刻认识做好新时期信访工作的长期性、艰巨性,进一步加强新时期信访工作,使信访工作更好地适应新形势新任务的要求",这标志着我国信访工作进入到一个改革完善探索的新阶段,打造一个"统一领导、部门协调,统筹兼顾、标本兼治,各负其责、齐抓共管的信访工作新格局"。在这个信访新格局中信访的智库功能进一步获得了一席之地,《意见》(2007)明确提出要"建立健全信访信息汇集分析机制。要健全和完善多层次、全方位的信息报送网络,确保信息传递渠道畅通。要及时、准确、全面、有效地报送信访信息,特别是对涉及可能引发大规模集体上访和群体性事件的苗头性、倾向性问题的信息。要综合开发利用信息资源,进一步提高分析研判水平,增强工作的预见性和针对性,牢牢把握工作主动权"。这是对信访智库功能如预测决策风险、增强决策针对性、从源头上解决决策问题等资政辅政功能的肯定,并对进一步确立、深化该功能提出了新的要求。

在这样的背景下,部分省级信访部门结合自身特点通过明确专门信访研究人员、组建信访专家智库、建立信访矛盾专门研究机构、依托信访学会等方式逐步发展信访智库功能,扎实推进信访理论研究,系统性、前瞻性地服务于公共决策咨询。如 2009 年 11 月 25 日,北京市信访办成立北京市信访矛盾分析研究中心,该中心是全国第一家信访领域的专业智库,中心的成立结束了全国信访系统没有专业智库研究机构的历史。该研究中心以"以数字反映矛盾规律,以规律促进科学决策"为宗旨,围绕信访基础理论研究、信访认识论研究、信访矛盾的理论研究等方面,以大量翔实的信访数据和资料为基础开展多方位、深层次的分析和研究,致力于建设信访理论、信访实

---

① 参见国家信访局官网,http://www.gjxfj.gov.cn/2007-06/25/c_133644404.htm.

践、社会矛盾与问题研究融为一体的前沿研究平台。2011 年以来,"南京市率先在全国信访系统成立了信访工作专家智囊团、专家智囊协会,充分发挥第三方介入、决策咨询、建言献策、桥梁纽带和社会监督的特殊作用,有效促进了信访工作民主化、科学化、法治化建设。目前第三方介入化解社会矛盾已经成为南京信访工作的特色品牌和亮点"①。

如上所述,各地信访部门结合自身特点所采取的多种开创性措施,有效拓展和提升了信访制度的智库性功能,这对于完善信访制度具有探索式的意义,对于全面开发信访智库性功能来说更是具有突破性意义的有益尝试,同时这也标志着信访智库性功能的发展从简单的汇总分析进入到一个向着深层次理论分析、模块集约化发展的全新阶段。

(二)国家治理视野下信访制度智库性功能的现实关注

党的十八大报告要求"完善信访制度",十八届四中全会强调把信访纳入法治化轨道,十九届四中、五中全会再次强调"完善信访制度"。党的十八大以来,以习近平同志为核心的党中央就信访制度及其改革作出一系列重要的决策部署,凸显信访制度在推进国家治理现代化过程中的重要性。经过上一阶段各地各具特色的探索与实践,信访智库性功能的发展取得了一定的成效,并为改善优化信访制度的整体功能提供了新的方向。十八大之后,在已有信访实践的基础上,信访智库性功能受到了更多的现实关注,具体从国家和地方两个层面来阐释。

1. 国家层面

2014 年,为深化信访制度的理论研究工作,推动信访制度的完善,国家信访局正式建立了信访理论研究项目,并于次年出台了《国家信访局信访理论研究项目管理办法》,形成了从课题发布到资格审查、评审、立项,再到中期管理、结项论证、成果转化等一系列较为完备的工作制度,以法治化

---

① 国家信访局官网,http://www.gjxfj.gov.cn/2016-01/29/c_135057677.htm.

的思维规范并推动该项目的运作，面向全国设立信访理论研究项目。2015年4月10日，国家信访局设立全国第一家信访理论研究基地（北京），即北京市信访矛盾分析研究中心。在揭牌仪式上，国家信访局明确指出："国家信访局信访理论研究（北京）基地的成立，是信访理论研究史上的一件大事，标志着信访理论研究进入了一个新阶段，这对于整合信访理论研究力量，实现资源共享，促进成果转化，推动信访事业发展，将产生积极而深远的作用。"①

信访统计是实现信访智库功能的必要性基础工作，为了进一步规范信访统计工作，国家信访局于2015年5月颁布《关于进一步加强和规范信访统计工作的意见》（国信发［2015］9号），从信访统计制度体系、信访统计业务、信访统计质量管理水平、信访统计数据分析应用、信访统计工作的组织领导等方面提出新的意见和要求，从而最大限度地发挥信访统计数据的效用，促使其更好地为党和政府的科学决策和信访制度的改革服务。其中，提出将数据质量考核、统计业务评价情况作为重要指标纳入信访工作考核评价体系；强化信访数据的综合、要素、结构分析，多层次、多角度、多方位研究预判；强化信访评估，围绕党委政府重大决策、重点工作，针对群众反映突出的重点、热点问题，深入分析社会稳定风险、评估政策得失，为领导决策提供有价值的参考依据等，② 种种新的要求和理念体现出国家层面上对发展深化信访智库功能的关注和重视。

此外，国家信访局积极有序开展中外信访理论交流，信访制度的外交智库功能亦有所推进。近年来，国家信访局积极推进并逐步增多与国外政府机构、科研机构的研讨交流；系统梳理公民申诉制度相关法律法规，并组织翻译多个国家和国际组织的相关法律文件，与丹麦、俄罗斯等国进行交流研讨。上述多种措施有力推动了信访智库功能尤其是在外交方面的建设与发展。

---

① 国家信访局官网，http://www.gjxfj.gov.cn/2015-04/10/c_134140768.htm.

② 参见国家信访局官网，http://www.gjxfj.gov.cn/2015-05/22/c_134261944.htm.

2. 地方层面

全国各地信访部门以上一阶段探索实践为基础，在积极学习贯彻十八大会议精神的同时更加重视并积极推进信访智库功能的建设。2012 年，北京市在全市信访系统学习贯彻十八大精神的会议上指出："要以十八大精神为指引……重视发挥信访部门作为党委、政府第二研究室的作用，不断研究完善党和政府主导的维护群众权益的信访制度"。[①] 其中，将信访部门比作"党委、政府的第二研究室"，体现了对信访智库性功能的重视和认可，并将其作为完善信访制度的重要路径之一。2012 年以来，北京市信访矛盾分析研究中心积极开展信访理论研究，完成课题研究 100 多项、专题研究 100 多项，先后得到省部级以上领导批示肯定 160 余次。研究中心有一些成果具有较强的开创意义：一是积极开展信访法治化领域的研究，推动成立"中国法学会行政法学研究会信访法治化专业委员会"，开展"全国法治信访进步奖"的评选活动，研发形成"法治信访评价指数"，出版系列信访法治化专著，先后起草 3 部《信访法草案》专家建议稿，总结和推广信访法治化建设领域的成功经验；二是公开出版全国首套信访理论期刊《信访与社会矛盾问题研究》；三是自主研发"智慧信访"大数据分析系统，创建全国首个"信访大数据实验室"，荣获 2 项国家发明专利；四是推动我国信访高等教育学科建设，与中国政法大学合作推动国务院学位办设置"信访学"专业，建立"全国信访高等教育联盟"，推动设置全国首个信访硕士、博士、博士后培养方向，出版全国首套"信访与社会矛盾冲突管理"研究生教材，先后培养信访方向硕士、博士 100 余人；五是创设"社会矛盾预防与应对国际论坛""社会公共治理亚洲论坛"、"中法西班牙人民权益保护制度论坛"等 3 个国际性论坛，积极向国际社会推介我国的信访制度。

2013 年 10 月 15 日，湖北省信访局正式组建信访问题专家库，聘任 49 名相关专家，借助他们的专业知识协助开展信访工作。专家"将针对群众信访反映的突出问题，搜集、梳理社情民意，科学研判，提出有针对性意见和

---

① 中国政府网，http://www.gov.cn/gzdt/2012-12/04/content_2282220.htm.

建议并形成报告，由信访局定期向省委、省政府汇报"。[1]2016 年 1 月 28 日，南京大学紫金传媒智库信访与社会矛盾研究中心成立。"中心集聚驻宁高校和科研机构的高端人才，聚焦信访与社会矛盾进行专业研究，为政府提供决策咨询，进一步深化信访理论与信访实践的研究与互动。"[2] 目前，该中心已完成系列研究课题，研究报告提交至相关政府部门并得到好评。[3]2016 年 4 月 6 日，四川省信访局与该省社科院签署课题研究合作框架协议，共建信访治理专家智库，并以此为基础组建第三方评估中心，为全省信访工作及改革提供政策评估咨询、理论指导、课题研究等智力服务。这种信访机构与科研院校合作的方式是一种通过高层次借智借力、引才引智以探索社会多元主体参与的信访工作机制的尝试。2016 年 7 月，广西壮族自治区信访局推动广西法学会成立信访法治研究会，进一步提升自治区信访法学研究的学术水平，为推动信访法治建设提供理论指引和智力服务。[4]

综上所述，各色各样智库性功能的推进模式在全国各地如火如荼地开展着，为信访制度智库性功能制度化建设积累实践经验的同时也丰富和拓展了智库性功能的内涵。国家信访局及各地实践所取得的成绩也从客观上证明了信访制度智库性功能存在的必要性和可行性。信访制度智库性功能的建设与发展既是新的时代背景下信访制度优化完善的需要，也为推进国家治理现代化打开了一扇新的窗口。

---

[1]　中国新闻网，http://www.chinanews.com/sh/2013/10-18/5397261.shtml.

[2]　国家信访局官网，http://www.gjxfj.gov.cn/2016-01/29/c_135057677.htm.

[3]　参见紫金传媒智库官网，http://www.zijinmtt.cn/cn/fangxiang/xinfangyushehuimaodun.

[4]　参见广西信访局官网，http://www.gxxf.gov.cn/website/www/gx/articles/2016-07-25/D380CEB637B851B5C6BD5346EC3CA3E2.html.

第三章　政府治理领域的信访制度智库性功能

当前，治理理论得到深入发展和普及。在中国，经过近几十年的发展，"治理"理念已经摆脱了西方化的思维模式，日益凸显了"中国化"的可期愿景。尤其是在党的十八届三中全会上，习近平总书记提出"全面深化改革的总目标是完善和发展中国特色社会主义制度，推进国家治理体系和治理能力现代化"的战略构想，并且从"国家治理、社会治理、地方治理、全球治理、治理技术及治理能力"等六个方面为中国视域下的治理理论进行了定位，开启中国特色"治理"理论与实践新篇章。党的十九大，十九届四中、五中全会进一步明确推进国家治理体系和治理能力现代化建设的系列重大举措。新的历史时期，从治理的视角重新审视信访制度的价值和作用，意义重大。

一、政府治理视野下的公共政策与信访

（一）政府治理的内涵阐释

1. 治理的内涵

"治理"领域的研究源于整个西方"社会科学传统范式"的危机。20世纪70年代后，新公共管理理论、公共选择理论、协同理论、组织变革理论等学说相继产生并迅速融入到社会科学研究当中。而随着理论的积累，詹姆斯·罗西瑙（James Rosenau）、格里·斯托克（Gerry Stoker）、罗伯特·罗茨（R.Rhodes）、简·库依曼（Jan Kooiman）、鲍勃·杰索普（Bob Jessop）等西方学者在汲取固有的社会理论精华的基础上，对国家管理的模式进行了更进一步的概括与总结，治理理论开始初步成型。20世纪80年代以来，伴

随经济全球化和后现代社会哲学的发展，"治理"（Governance）一词的内涵也随之发生了巨大的变化。在经过学者不断探讨、修正与补充之后，"治理"最终形成了其基本定义：它是一种区别于传统政府管理的新型社会管理模式。与统治不同，"治理"指的是一种由共同的目标支持的管理活动，这些管理活动的主体未必是政府，也无须依靠国家的强制力量来实现。换句话说，与政府统治相比，"治理"的内涵更加丰富，既包括政府机制，也包括非正式的、非政府的机制。正如詹姆斯·罗西瑙从统治与"治理"的区别所谈到的，治理与政府统治不是同义语，它们之间有重大区别，"治理"是一系列活动领域里的管理机制，它们虽未得到正式授权，却能有效发挥作用。

　　国内对"治理"领域的研究起步相对较晚。1999 年，俞可平研究员发表以《治理和善治引论》为题的论文，文章梳理和论述了治理、善治和全球治理等相关的概念，系统介绍了西方诸多学者的治理理论和代表性观点。在综合评述各种治理理论和观点的基础上，他提出了自己的观点，引发了学界的关注。在其主编的《治理与善治》论文集出版后，国内学术界掀起了研究"治理"的热潮。作为国内最早研究治理理论的学者，俞可平认为，"治理"是"官方的或民间的公共管理组织在一个既定的范围内运用公共权威维持秩序，满足公众的需要。'治理'的目的是在各种不同的制度关系中运用权力去引导、控制和规范公民的各种活动，以最大限度地增进公共利益。所以，'治理'是一种公共管理活动和公共管理过程，它包括必要的公共权威、管理规则、治理机制和治理方式"。[①] 而孙柏瑛则认为，"治理意味着政府组织已经不是唯一的治理主体，治理承担者扩展到政府以外的公共机构和私人机构；治理的权力运行方向发生变化，从单一向度的自上而下的统治，转向上下互动、彼此协商、相互合作的多元关系；形成了多样化的社会网络组织，从事公共事务的共同治理；政府治理策略和工具向适应治理模式要求的方向改变"。[②] 尽管学界对治理理论究竟是什么还存有部分争议，但"治理"理

---

① 俞可平：《全球治理引论》，《马克思主义与现实》2002 年第 1 期。

② 孙柏瑛：《当代地方治理：面向 21 世纪的挑战》，中国人民大学出版社 2004 年版，第 4 页。

念内涵的以下几点核心要义已经逐步被学界所接受：关注主体的多元化和权力平等关系；提供更高水平的公共服务和产品；倡导公共精神和"人类尊严的实现"；崇尚正义、民主、担当、科学和自由的精神与理念。①

对近年来学界以"治理"理念为对象展开的相关研究成果进行分析，按照十八届三中全会对"治理"的六个定位来进行主题的划分，可以将"治理"理论集中在国家治理层面、社会治理层面、地方治理层面、全球治理层面、治理技术及治理能力等六个范畴。在有关"治理"的文献成果中，有从国家治理的层面探讨具体治理问题的，如刘家义的《国家治理现代化进程中的国家审计：制度保障与实践逻辑》（2015）；有探讨社会治理的现状、问题与建设路径的，如张国磊、张新文的《基层社会治理的实践路径与制度困境研究——基于桂南 Q 市"联镇包村"的调研分析》（2018）；有从理论高度探讨地方治理的现状、问题与对策的，如吴晓燕、关庆华的《从管理到治理：基层社会网格化管理的挑战与变革》（2016）；有从国家治理与国际形象讨论非国家行为体如何参与全球治理的，如董柞壮的《排名与评级：观照中国的国家治理与国际形象——非国家行为体如何参与全球治理》（2017）；也有从治理技术与能力的角度对"治理"本身进行探讨的，如杨敏的《"国家—社会"互构关系视角下的国家治理与基层治理——兼论治理技术手段的历史变迁及当代趋向》（2016）；等等。

我国的治理理论研究虽然起步较晚，但依托于新时代国家建设与发展的需求导向，治理理论的发展非常迅速：首先，我国的治理理论紧贴国家建设与发展的客观需求，对国家治理、社会治理、地方治理、政府治理等分领域的研究较为集中，尤其是与政府主体相关的领域研究的热度较大，多致力于在"治理"的视域下寻求具体问题的解决途径。其次，我国的"治理"理论研究层次多样，内容丰富，既包含宏观层面的探讨，也包括微观层面的探索，在新时代的背景下呈现出"治理"理念的"百花齐放，百家争鸣"的现象。

---

① 参见段忠贤、刘强强：《从管理到治理：十八大以来我国政府治理的理论与实践》，《秘书》2018 年第 1 期。

2. 中国语境下政府治理的内涵诠释

在国外的研究中，一个值得注意的现象是，国外学者提出"治理"时并没有主语，甚至提出"没有政府的治理"的说法，主张摒弃政府依赖强制性权力参与治理，强调通过协商与其他行动者沟通。因此，政府治理（Governmental Governance）的概念很少出现，仅是指很狭义的政府内部治理，即政府内部管理的方式。①

而与国外不同的是，治理理论从进入中国伊始，就伴随着中国学者的反思。学界对治理理论的争议与探讨，其焦点不在于治理的多元理念，而在于如何根据不同国家的不同发展阶段因地制宜，适时适度地应用治理理论。经过反复讨论，一个基本的共识是，治理研究的理论价值是毋庸置疑的，如何结合中国政治发展实践进行应用是学界下一步进行探讨的方向。考虑到中国的现实国情与党和国家机构改革的迫切需求，政府治理的相关议题正是真正促进治理理论在我国本土生根发芽，发挥其内含理论价值的重要契机。

王浦劬认为："从一般意义上讲，政府治理是指政府行政系统作为治理主体，对社会公共事务的治理。就其治理对象和基本内容而言，其包含着政府对于自身、对于市场及对于社会实施的公共管理活动。"② 从现有文献来看，国内对政府治理的研究已经比较深入，取得了一大批理论成果。包国宪对国内的政府治理研究涵盖的内容作了划分，包括政府内部的治理与外部治理两个层次的概念。内部治理包括政府体制改革、政府管理创新、政府管理价值理念的创新等诸多内容，也就是我们通常所说的行政管理或者行政体制。从外部治理的角度来说，政府治理意味着政府对人们行使属于社会的权力，即我们通常说的公共管理，此处政府代表社会施政，从社会获取权力以促使全体社会成员履行自己的社会义务并使他们服从法律。③

① 参见彭莹莹、燕继荣：《从治理到国家治理：治理研究的中国化》，《治理研究》2018 年第2 期。
② 王浦劬：《国家治理、政府治理和社会治理的基本含义及其相互关系辨析》，《社会学评论》2014 年第 3 期。
③ 参见包国宪、霍春龙：《中国政府治理研究的回顾与展望》，《南京社会科学》2011 年第 9 期。

俞可平指出,"政府治理的目标取向是'善治',概括地讲,就是使公共利益最大化的社会管理过程,其本质特征在于它是政府与公民对公共生活的合作管理,是政治国家与公民社会的一种新颖关系,是两者的最佳状态"[①];王浦劬认为,"政府对于自身、对于市场以及对于社会实施的公共管理活动,政府治理实践的内容与类型总是呈现出鲜明的时代特征,时代的发展是推动政府治理转型的根本动力"[②]。仔细研究发现,国内学者在逐渐引进国外"治理"理念的过程中,已经能够以结合国内现实情况为核心要义,对"治理"进行本土化的深入阐释,学者们讨论的概念已经逐渐从抽象的"治理"理念转换为"政府治理"、"公共治理",以及时至今日备受瞩目的"国家治理"、"社会治理"等带有强烈现实意义的议题。

探讨中国背景下政府治理的内涵,关键在于在"治理"理念的原则指导下,重新定位政府角色。要使治理在中国得以实现,首先要使政府以平等的姿态和其他社会主体协商合作,重新定位政府在其中所扮演的角色。而政府角色的重新定位,即是强调政府的角色是"掌舵"而非"划桨",是要求政府把社会能管理好的事务归还社会,在公共物品提供上引入市场机制,通过合同、税收、补贴等公共政策工具将部分公共产品的生产让渡给社会组织和民间组织。在政府真正扮演好其"掌舵"而非"划桨"的角色过程中,公共政策的制定与执行是政府治理内涵演绎的关键。

(二)我国政府治理的现状特点及挑战

1.我国政府治理的现状特点

党的十九大报告指出:"中国特色社会主义进入新时代,我国社会主要矛盾已经转化为人民日益增长的美好生活需要和不平衡不充分的发展之间的矛盾。"客观上,我们必须认识到,我国社会主要矛盾的变化,并没有改变我国社会主义所处历史阶段的事实,我国仍处于并将长期处于社会主义初级

---

① 俞可平:《治理与善治》,社会科学文献出版社 2000 年版,第 32 页。

② 王浦劬:《国家治理、政府治理和社会治理的基本含义及其相互关系辨析》,《社会学评论》2014 年第 3 期。

阶段。政府治理的过程是实现政府、市场与社会三方良性互动的过程，其所要达到的目标与预期与我国当前主要矛盾状况密不可分。当前，我国社会主要矛盾的变化深刻影响了我国政府治理的现状，呈现出以下几个特点：

第一，中国共产党是当之无愧的治理领导核心。新时代中国特色社会主义的建设离不开中国共产党的领导，中国共产党的纲举目张、总揽全局的领导力量是当前适应新时代我国社会主要矛盾的变化，为人民带来更多获得感与幸福感的关键因素。在新时代，政府治理的各方要素需要中国共产党的统筹推进，政府治理的各方关系需要中国共产党的协调优化，政府治理的各种机构需要中国共产党的一体建设，中国共产党是当之无愧的治理领导核心。

第二，维护人民的根本利益是毫无疑义的治理目标。新时代中国特色社会主义的主要矛盾是"人民日益增长的美好生活需要和不平衡不充分的发展之间的矛盾"，这就意味着，中国共产党团结带领全国人民想要解决的问题是如何切实践行以人民为中心、服务人民、依靠人民，坚定地维护人民的根本利益的问题，一切政治活动都要遵循这一根本价值。政府治理作为与人民根本利益联系最密切、最直接的活动，毫无疑义具有这样的价值目标。

第三，依法治国是坚定不移的治理手段。新时代社会主要矛盾的转化意味着以往应对传统矛盾的手段与方式也要随之发生改变。当前，依法治国是有效处理社会矛盾与社会问题的重要手段，是防止矛盾激化，进而引发大规模失序情况的关键环节。只有坚持依法治国，政府治理，才能做到公正、公平，才能尽最大的可能消减不必要的矛盾，消除社会中的隐性问题。

2. 我国政府治理面临的挑战和问题

1949 年新中国成立后特别是改革开放以来，政府治理建设领域取得了长足的进步。以人民为中心、公平为导向的政府治理理念逐渐取代了以往过于重视效率的政府管理理念；从高度集权的政府治理结构走向主动放权、集分结合的政府治理结构；更加重视运用法律手段实现政府治理目标，强调依法行政、依法治理、程序正当。

尽管在政府治理现代化方面取得了长足的进步，但在政府治理现代化的基础性制度设施建设等方面仍然相对滞后，还没有完成政府治理现代化任务。尤其是公共政策的科学化、民主化的水平还有待提高，具体表现为以下几个方面：

（1）公共政策的制定方面

从典型的社会事件入手进行分析可以发现，一些矛盾的产生、酝酿乃至爆发发生在基层群众当中，往往是由于政府在某一领域的公共政策制定上发生偏差，从而引发了社会矛盾与社会问题。实质上，政府治理能力最重要的一项内容就是公共政策的制定，但由于政府治理能力的局限，在实际工作中，由于公共政策制定的不科学，客观产生了一些矛盾与问题，导致公共政策本身具备的解决问题的功能不能有效发挥，矛盾的化解能力不能及时准确到位，对于可能出现的矛盾在其出现之前未能及时予以处理，从而引发更大的社会矛盾，影响了社会秩序的稳定。

另一方面，随着法律知识的普及以及法律意识的增强，群众逐渐懂得运用法律手段来维护自身利益、解决矛盾纠纷。然而，由于现行法律诉讼的成本较高，一些法律法规的条文规定不完善、不具体，导致一些群众依靠法律法规并不能彻底有效地解决矛盾问题，造成了化解社会矛盾的成本愈来愈高，代价越来越大，一些群众往往选择避开法律途径，采取"信访不信法"的态度，寻求与矛盾与问题的源头——公共政策制定的主体进行直接对话，这就致使政府需要不断地为累积的矛盾与问题背书，制约了政府治理能力的提升。

（2）公共政策的执行方面

"目前，各种组织、规则、信息和科技逐渐将整个人类社会连接成一个规模空前庞大、联系日益紧密的复杂整体，这就是复杂社会系统。"① 在复杂社会系统的背景下，社会活动的主客体众多，参与者之间关系复杂并且联动性极强，社会系统的稳定性在日益复杂的联动关系的影响下日趋薄弱，现代

---

① 翟校义：《安全生产监督管理体系研究》，中国社会出版社 2009 年版，第 17 页。

社会逐渐演变为精致而又脆弱的生态系统，牵一发而动全身。作为整个复杂社会系统中最大的行为主体，政府行为的是与否，好与坏，正确或错误，直接关系到复杂社会系统的整体秩序，关系到复杂社会系统生命力的维持问题。

在这样的背景下，公共政策的执行作为政府最主要的行为活动内容，其合理性与合法性就显得尤其关键，只有公共政策执行的有理有据、有条有理，才能保证复杂社会系统秩序的稳妥与安定。但是显然，政府公共政策的执行活动还有待优化，导致公共政策执行的效果大打折扣，无法切实发挥其解决社会问题与社会矛盾的功能。公共政策的执行是事关社会矛盾与社会问题能否得到切实解决的关键环节，公共政策执行的盲目，不仅会导致相关问题与矛盾解决程序的搁置，更可能诱发新的问题与矛盾，带来更为复杂的社会形势。

（3）公共政策的调整方面

公共政策的功能定位在于，当公共政策的制定与执行使群众的利益诉求得到满足时，群众的不满情绪会得到消解，从而规避大规模社会冲突发生的可能性；而当公共政策的制定与执行无法实现群众的利益诉求时，则可能引起民众的显性或隐性不满，酝酿社会冲突，激发社会矛盾，产生负面的行为反馈。由于政府治理能力仍有待提升，公共政策的制定与执行过程中尚存在疏漏与不足之处，由于公共政策的制定与执行工作中的瑕疵，导致群众情绪的不满与愤懑，引发事件的升级，产生难以化解的社会问题与社会矛盾。而公共政策的调整，正是起到了在公共政策制定与执行程序结束后，充分发挥其政策工作的"回头看"功能，梳理、调整以及解决公共政策的制定与执行过程中遗留的问题与不足之处，对政策工作进行弥补与完善的作用。公共政策的调整对于公共部门的政策议程设置或者政策过程来说，是增强公共政策的针对性和群众的认可度，促进政府公共政策的贯彻落实的有效程序。

但是显然，就现实情况来看，公共政策的调整仍需要进一步完善以提升其科学性与有效性。一方面，公共政策调整的标准与依据需进一步科学化。

由于公共政策在政府治理领域的重要作用，公共政策的调整往往牵一发而动全身，直接关系到社会秩序与社会稳定的关键议题。而公共政策的调整仍缺乏科学、客观的信息来源与智力支持，使得政策调整的针对性较为薄弱，有效性欠缺；另一方面，公共政策调整的稳定性不足。政策的研究工作仍有待提升，部分政策工作没有经过有效的论证，政策执行、调整的科学性、权威性有待提高。

综上所述，我国的政府治理体现为三个功能面向：一是政府自身治理。包括政府通过优化组织结构、简政放权、程序控权以此来强化自身治理能力，提升政府行政管理的科学性、民主性和有效性，实现法治政府、责任政府、服务政府的建设目标。二是政府对市场的治理。政府作为"有形的手"，在市场调节中发挥着重要作用。通过转变政府职能、健全各项调控机制，更好的发挥政府在市场治理中的作用。三是政府对社会公共管理活动的治理。政府作为社会管理的主体，在"党委领导、政府负责、民主协商、社会协同、公众参与、法治保障、科技支撑"的社会管理创新体制格局下，对社会公共事务进行的管理与治理。除政府自身的治理外，政府治理的功能显现更多的是通过公共政策的制定、执行与协调来实现的。公共政策制定、执行与协调的有效与否，直接关系到公共政策的实施效果，直指社会问题与社会矛盾产生的源头。

公共政策科学化是优化政府治理的重要途径。公共政策制定内容的科学化，就是要树立科学的决策系统观，采用科学合理的决策体制、决策程序和决策技术方法。现代决策理论认为，一个科学的决策过程不是单纯的政策选择过程，而是由政策目标的确定、政策方案的规划和政策方案的选择等多个相互关联的环节构成的一个动态过程。现代社会政府管理事务的复杂性决定了在政府的治理过程中，无论是政策目标的确定，还是政策方案的规划或选择，都必须有科学的理论和科学的方法作为指导。只有把政策看作是一个互相联系、互相依赖、互相制约的有机整体，把政策制定过程看作一项系统工程，才能在政府治理的过程中事倍功半，才能真正实现政治治理的优化。

二、信访是反馈和评估公共政策的重要窗口

（一）信访是公共政策反馈与评估的重要依据

一个国家的公共政策制定、执行与协调的效果，离不开科学的评估。在我国，各级人民政府信访办的基本职能之一便是代表党和政府接受人民群众的监督，并对公共政策执行的效果进行反馈，为公共政策的评估提供依据和渠道。所以，通过信访渠道反映出来的民意诉求能够在很大程度上反映公共政策的效能，信访是公共政策评估的重要依据，具体体现在以下几个方面：

第一，信访对于评价与反思公共政策中的问题具有十分重要的意义。公共政策的制定、执行与协调与信访是有密切关系的，一些信访的事件与公共政策制定、执行与协调过程中的不周全有关。制定公共政策往往具有一定的导向性，例如，在以往曾盲目地追求 GDP 的增长，在这种大的背景之下，许多公共政策的制定和执行都是以 GDP 为核心的。在当时的背景下无可非议，但也应当看到，这会付出很多代价，这些代价是能够通过信访这个窗口来观察到的。因此，用信访来反思公共政策的制定、执行与协调很有必要，也非常有意义。

第二，信访能预防和化解社会的隐性不满，减少执政风险。公共政策的制定、执行与协调除了要有针对的解决信访矛盾外，更重要的职能是预防和化解社会的隐性不满。不满分为两类：显性不满与隐性不满。对于社会的稳定造成影响的，除了在信访领域反映出来的不满，即显性的不满以外，还存在隐性的不满，隐性不满就是那些没有表达出来的不满情绪。例如，限行政策，不会立即招致相关人上访，但是会引起广大开车族的不满，这种不满属于隐性不满。隐性不满与社会特定事件结合起来会导致社会动荡，引发执政风险，北非和中东的社会动荡与隐性不满密切相关。所以，公共政策的制定、执行与协调除了要有针对的解决信访矛盾外，更重要的职能是预防和化解社会的隐性不满。

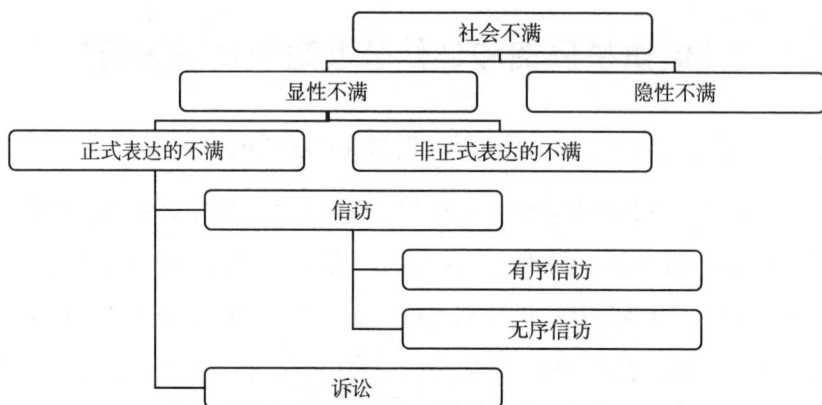

```
                    ┌─────────────────┐
                    │   社会不满        │
                    └────────┬────────┘
          ┌──────────────────┴──────────────────┐
    ┌─────┴──────────┐              ┌────────────┴────┐
    │   显性不满       │              │   隐性不满        │
    └─────┬──────────┘              └─────────────────┘
  ┌───────┴──────────┐      ┌──────────────────┐
  │  正式表达的不满     │      │  非正式表达的不满    │
  └───┬──────────────┘      └──────────────────┘
      │        ┌──────────────────┐
      ├────────┤   信访            │
      │        └────┬─────────────┘
      │             │    ┌──────────────────┐
      │             ├────┤   有序信访         │
      │             │    └──────────────────┘
      │             │    ┌──────────────────┐
      │             └────┤   无序信访         │
      │                  └──────────────────┘
      │        ┌──────────────────┐
      └────────┤   诉讼            │
               └──────────────────┘
```

(图一)

　　第三，通过信访反馈与公共政策的完善，能最大限度降低社会不满情绪和减少信访矛盾。由于公共事务自身的多样性和管理活动的复杂性，导致公共政策难以调整到现实生活中的所有现象，公共政策制定、执行与协调的效能如何，往往需要事后的反馈与评估。在通常情况下，公共政策制定、执行与协调中的不完善往往需要出现类似的个案后才能发现，而在信访个案中隐藏着丰富的信息，在公共政策的制定、修改中要善于利用这种宝贵的信访资源。① 通过信访，政府能在以下几个方面更好地履行职能，制定好、执行好公共政策：环境，包括自然环境和公共环境卫生；公共安全，稳定的社会治安；交通；教育和医疗。在这些方面政府的公共政策如果能够发挥好作用，一个政府就是比较合格的。因此，必须在这几个方面着重考虑公共政策的制定与执行，在这几个方面最大限度地降低社会不满情绪和信访矛盾。这几个方面做好了，社会不满包括隐性不满就会降低。

　　第四，公共政策必须要通过信访来进行评估。公共政策评估之一的依据和反馈就是通过信访渠道反映出了民意诉求。信访机构的一个职能就是代表党和国家政府接受人民群众的监督，并对公共政策执行的效果进行反馈，为

---

① 通过信访对公共政策效能的反馈与评估，公共政策在制定中要有标准和体系，信访反馈与评估的具体内容要形成对政府制定政策时的参照，关键是政府制定公共政策不能成为社会矛盾的策源点。

评估提供依据和渠道。国务院《信访条例》第六条对信访工作机构的职责作了以下规定："研究、分析信访情况，开展调查研究，及时向本级人民政府提出完善政策和改进工作的建议。"

（二）公共政策制定中的问题在信访工作中的体现

公共政策的制定是政策得以正确实施的前提，我国某些公共政策的制定中尚存在以下一些问题，集中表现为：

1.政策制定主体制定政策的调研是否充分

调研发现，一些信访案件的诱发因素来自于公共政策的制定环节。在公共政策的制定环节中，政策的制定者忽略了一些问题，导致在政策的实施过程中引发信访甚至群体性事件。例如，X 市 Y 县信访机构多次收到 D 镇 M 村村民写给县、市领导的信件，反映扩建后的国道过往车辆多，产生的震动噪音大，严重影响了村民的正常生活和身心健康，强烈要求有关部门迅速采取有效措施，减少过往车辆产生的震动和噪音污染。D 镇信访办接到上级转来的来信后，感到此事关乎群众的切身利益问题，及时向镇党委、政府进行了专题汇报。镇党委、政府非常重视，当即召开有关部门参加专题会议，研究解决方案。并成立化解国道扰民问题专项工作小组，由镇信访办牵头，政府办、规划科等科室协助处理此事。工作组人员立即下村入户了解情况，稳定群众思想情绪，积极协调有关部门给予支持。据了解，D 镇 M 村被国道穿村而过。国家对国道进行了扩建改造，改建后的国道道路加宽 20 多米，设计车速、车流量和车辆吨位加大，所产生的震动和噪音日趋明显，村民的正常生活受到严重影响，村民对此非常不满。为缓解村民情绪，做好稳定工作，工作人员一边认真疏导群众思想，一边向县政府汇报群众要求安装"隔音屏"的建议。在县政府和县建委的积极协调下，安装了隔音屏，使得噪音扰民问题得以缓解。此问题虽然得以解决，但也留给我们深深的反思，国道穿村而过，扩建改造后的国道道路加宽 20 多米，设计车速、车流量和车辆吨位明显加大，自然会带来震动和噪音，影响到村民的正常生活，这些问题在制定政策之初就应该考虑到，可是政策的制定者却忽略了这些问题，引起群众不满，引发信访问题。

2.政策本身是否适应复杂的社会事务

在公共管理领域，影响政策实施的效果之首要因素在于政策本身。一项政策能否得到有效的执行，主要取决于以下三方面：

第一，政策的合理性。合理性与正确性是政策有效执行的重要前提。制定的政策倘若不符合人民群众的利益，不具有合理性，不能促进社会发展，那么就不能被政策的调整对象所接受。比如，公务员录用和事业单位招考工作人员往往涉及许多敏感问题，尤其在录用岗位的报考条件上，近年来受到媒体的关注，其中一些招聘条件也遭到了媒体或者公众的诟病。

第二，政策的明确性。一项政策要能顺利执行，必须具体明确、规范、严谨、可行。可是，现实中，政策往往模棱两可，含糊不清，引起政策界限不清，导致执行者随意变通。例如，经营性公墓税收政策不够明确，使基层税务人员在税收管理过程中要么无所适从，要么随意变通，使政策执行走样。

第三，政策的协调一致性。政府部门众多、机构繁杂、多头领导等情况依然存在，各部门制定政策缺乏协调性，一些政策是政出多门，莫衷一是，政策抵触时有发生，政策执行困难，群众意见较大。这些情况的存在增加了政策协调的难度。

（三）公共政策执行中的问题在信访工作中的体现

正确的政策方案要变成现实，有赖于有效的政策执行。如果没有政策执行，再好的政策方案也只能是一纸空文，政策目标也实现不了，如同美国政策学者艾利森所说："在实现政策目标的过程中，方案确定的功能只占10%，而其余的90%取决于有效的执行。"[1]按照公共政策理论，政策执行是政策制

---

① 王福生：《政策学研究》，四川人民出版社1991年版，第167页。

定的延伸，在执行过程中，理想化的政策目标在执行机构与目标群体的互动中，同环境因素发生交互作用，产生一定的执行结果，通过中间环节（信访、诉讼）对执行效果进行评估，并将这种评估结果反馈到政策制定者那里，完成一个阶段的循环。在这一过程中，由于受到主客观因素的制约，其执行效果便会偏离政策目标并产生与执行目标相背离的效果。公共政策在执行中存在以下几个问题：

1. 利益博弈带来的执行问题

政策制定后，需要通过有效的执行来确保公共政策目标和公共政策过程顺利实现，而公共政策的执行依然是通过政府及其工作人员完成的，在政策执行过程中，依然存在"寻租"的情况。政府或干部对于自身利益的失常追求往往会制约公共政策的有效执行。正如法国行政学家夏尔·德巴什认为："如果决策与他们期望的东西不相符或在他看来是无法实施时，他将反对这种毫无活力的东西或者试图改变既定措施的内容。"[①] 因此，如果一项公共政策威胁到自身利益，那么执行者由于利益驱动有可能抵制这一政策，从而引发政策执行问题。

2. 执行者自身素质引发的执行问题

公共政策需要执行者来执行，执行者自身素质也在一定程度上影响到政策执行的效果，如果执行者素质较高则有利于执行的效果，反之，不利于执行目标的实现甚至根本背离执行的目标，使得执行失败。从公共政策执行情况来看，一些部门、一些区域执行人员的素质参差不齐，个别执行人员甚至缺乏必备的科学文化知识和必备的职业道德修养，必然会对政策执行产生不利影响。这些执行者或者业务技能较弱，或者文化水平较低，或者职业道德水平较差，直接影响到政策执行的效果。

---

① ［法］夏尔·德巴什：《行政科学》，葛智强、施雪华译，上海译文出版社 2000 年版，第 113 页。

3.捆绑机械式执行带来的执行问题

捆绑式执行，是指在公共政策的执行中，执行主体为了自身利益而盲目扩大原政策外延，将一些相近或者相似却不可行的政策与原政策捆绑执行，从而扩大了原政策的内容，使政策的调控对象、范围、目标等都有所扩大。捆绑式执行改变了原政策的功能，超越了原政策的目标，影响了政策目标的实现。在实践中表现为地方政府或职能部门搞"土政策"附加性执行，为了本地利益而附加"土政策"，或增加一些原目标所没有的内容，致使政策不能准确执行到位而出现政策失真。特别是一些地方，打着贯彻上级政策要结合本地实际的旗号，另立一套规定，自行其是，严重阻碍了政策执行的力度和效果。

机械式执行带来的执行问题。一些公共政策的执行者在执行政策时不能具体情况具体分析，对政策条文生搬硬套，不能将公共政策的原则性和灵活性有机的结合，只是习惯于文件的转发，成了政策"传声筒"，陷入了教条主义的泥坑，造成政策机械地执行。比较典型的情形是，在群众提出合理诉求而相关政策法规却没有规定或者不予支持时，机械执行的执行者会一味地按照政策法规办事，否定当事人的诉求，形式上是坚持了依法办事，实质上却并不公平。机械式执行会导致不良的结果，当新问题出现时没有适用的政策，不但致使许多问题错过解决良机，降低了执行效力，消耗了公共资源，而且有悖公共政策制定的初衷。

4.选择替换性执行带来的执行问题

一些地方政府、单位对上级政策指令或命令进行过滤，"断章取义，为我所用"，选择对自身有利的规定执行，如果上级政府制定的政策不符合下级政府的利益需求，下级政府往往会挑选对自己有利的部分执行，而对于自己不利的政策，则会通过各种手段来扭曲政策的本意，最终造成政策走样。导致在执行中见了"黄灯"赶快走，见了"红灯"绕道走，在执行政策时对政策的精神实质或部分内容有意曲解，根据自身的利益对原政策"为我所用"，导致政策无法真正得到贯彻落实，甚至遭遇相左的结果。选择性执行将公共政策的内容与形式割裂开来，导致政策变形失真，影响政策目标的实现。更有一些单位置国家的利益于不顾，站在小团体利益的立场上钻政策的空子，对政策断章取义，极大程度妨碍了公共政策目标的实施。其次是替换性执行带来的执行问题。实践中存在"上有政策，下有对策"的替换性执行，即当需要执行的政策与负责执行的机关、部门存在利益冲突时，执行机关就有可能制定与上级机关公共政策表面相一致，实际上相违背的执行措施，"有利的就执行，不利的就变形"妨碍了公共政策的正确实施。此外，公共政策的执行者在执行政策的过程中停留在表面宣传上，保留原政策中对自身有利的部分内容，或者仅仅保留了原政策的表面现象，使原政策难以得到有效的贯彻落实。其实质是只做表面文章，敷衍了事，是一种严重的欺骗性做法，欺骗了上级政府，影响了政策目标的实现，同时也滋生官僚作风，损害了政府的形象。

（四）公共政策协调中的问题在信访工作中的体现

政策的协调性，是指任何一项可执行的政策在其适用的时空范围内，不得与其他政策相抵触、相矛盾。政策应具有一定的系统性、科学性。体系内部的各个要素之间应相互协调。可是，从现实情况来看，相关机构出台的政策大都是单项政策，群体政策出台少，且单项政策之间联系少，没有形成科学的体系，政策与政策之间容易出现相互抵触。另外，政出多门、部门林立、机构繁多、职责不明、多头领导等情况依然存在，"新政策与老政策打架"、"此政策与彼政策撞车"、"小政策与大政策抵触"等问题依旧存在，都导致政策执行失去了应有的效果。

1.公共政策制定中的协调存在的问题

（1）公共政策制定中主体与客体之间的冲突

利益起源于人的需要，反映着在一定阶段上人们的生产能力和生产水平，并反映着在特定历史阶段上人与人之间的社会关系。人的一切行为皆根源于利益。人与人的关系说到底是利益关系。马克思曾说过："人们奋斗所争取的一切，都同他们的利益有关。"① 恩格斯也指出："每一个社会的经济关系首先是作为利益表现出来。"② 不同利益主体之间的利益促成了利益关系的形成，公共利益和私人利益有时无法兼得。一方面，政策制定利益主体政府和政策作用客体公民之间有各自不同的利益，使得政策本身就存在着政策制定主客体之间的矛盾与冲突；另一方面，利益主体之间由于利益差别和利益矛盾，在实现各自利益的过程中发生利益争夺，是主体之间的利益矛盾激发的一种状态。政策制定者如果忽视了利益主客体之间的矛盾，便会形成政策制定时的协调问题。在政策制定过程中，政策制定主体这一地位占据了比较有利的地位，政府的意愿和行为对公共政策制定的影响是极为突出的。

（2）公共政策制定中不同利益主体之间的冲突

公共政策制定的过程就是利益重新分配的过程，从政治合法性的角度来看，政府要做的是反映大多数人的利益要求，又要兼顾保护少数人的合法权益。可是，在一些公共政策的制定中存在不协调的问题，公共利益与私人利益往往出现不和谐的情况，在保证公共政策的有效贯彻与执行，实现公共政策制定目的的同时，难以在不同利益主体之间寻找平衡点。按照公共政策的理论，要求政策制定者在制定公共政策时首先不仅要考虑自身利益，更重要的是重视政策对象的利益。公共政策的制定必须维护好最广大人民群众的根本利益，这也是我国社会主义社会的性质决定的。但是，在政策制定主体之间利益发生冲突时，执行的制定者往往以牺牲少数人的利益为代价，去维护多数人的利益。在政策主体的利益发生冲突时，相关利益主体会采用各种手段以表达个人意愿，来使自己关心的问题升级为公共方面的问题，并尽力争取政策的制定部门，取得他们的支持，利益各方都可能会试图通过各种努力来积极影响政府，采取各种方式来维护自己的需要。公共政策在制定时不能以绝大数人的利益为理由，忽视少数人的利益。在制定社会政策的时候，可以不考虑个体的差异，但是必须要考虑到

---

① 《马克思恩格斯全集》第 1 卷，人民出版社 1956 年版，第 82 页。
② 《马克思恩格斯全集》第 18 卷，人民出版社 1964 年版，第 307 页。

群体之间的差异。不能因为以大多数人的利益为由，而损害少数人（群体）的利益。

2.公共政策执行中的协调存在的问题

在公共政策的执行当中，由于部门之间职责划分不清晰，有时会发生部门之间的利益之争，还由于政出多门，部门间的红头文件或执行文书相互"打架"，而使政策在执行过程中出现自相矛盾的现象，"婆说婆有理，公说公有理"。一项公共政策由几个部门共同执行时，有时还会出现两种结果，使政策执行的相对人难以适从，不知听从哪一个部门的执行意见或决定。其背后主要有以下三条原因：

（1）政策执行的利益协调机制不完备

随着市场经济的发展、多元化利益格局的形成，原来的许多制度已经很难调节新的利益矛盾，新的利益协调机制尚未健全，在面临一些新的利益矛盾冲突的时候出现了制度缺失。利益协调机制的不完备，导致部分人对政策不支持，导致政策执行不力，效率低下，甚至政策的失败。应当完善好政策执行的利益协调机制，具体表现在以下方面：一是完善统筹兼顾各方利益的政策制度体系。要调动各方面积极性，维护好最广大人民群众的根本利益问题。只有各社会群体各得其所，和谐相处，才能达到社会安定，只有公平的政策措施才能够使人心悦诚服、激发群众的活力和创造力。必须认真考虑和兼顾社会各群体各方面的利益，从法律、制度、政策上努力营造公平的社会环境，逐步建立起使社会大多数人得到实惠、困难群众有基本生活保障的利益机制和利益格局。二是完善兼顾利益主体合法利益的利益分配格局。应当从促进公平入手解决贫富差距问题。建立促进就业再就业长效机制，确定第三产业发展重点扶持领域，研究制定扶持政策，努力创造更多就业岗位。进一步完善和落实促进就业再就业的各项政策，通过发放再就业优惠证和小额贷款，推行政府出资开发公益性岗位，对企业招聘下岗失业人员实行税费减免等扶持措施，切实解决就业困难群体的就业问题。一些就业指导和服务尚不到位，应当鼓励和引导各类就业培训机构发展，完善劳动力市场信息网络。探索建立独立于企事业单位之外、覆盖全社会的社保体系。通过加大公共财政投入、置换国有资本等途径，建立可靠稳定的社会保障基金筹措机制。进一步扩大养老保险、失业保险、医疗保险和生育保险的覆盖面。加快构建以最低生活保障、被征地农民基本生活保障、农村合作医疗、贫困家庭子女入学资助、孤寡老人集中供养等为主要内容的覆盖城乡的新型社会求助体系。加强企业用工的监督检查，完善建筑工程保证金制度，实施建筑工人工资卡制度，强化劳动工资保障。开展多种形式的扶贫帮困活动，切实保护和关心低收入群众和困难群众的利益。支持下岗失业人员再就业、减轻农民负担等方面的税收优惠政策，促进经济发展，增加社会就业。三是完善运用法律手段对社会进行管理和调控体系。依靠法律来协调利益、排除纠纷、维护秩序是政府对社会实施管理的主要内容。要健全科学民主决策机制，健全涉及经济社会发展全局的重大事项决策的协商和协调机制，专业性、技术性较强的重大事项决策的专家论证、技术咨询、决策评估制度尚未完全建立，与群众利益密切相关的重大事项决策的公示、听证制度，健全涉及法律问题的重大事项决策的合法性审查制度尚待全面推广。

（2）公共政策的执行涉及多个部门、行业，协调难度大

例如，Z市信访机构收到来信，反映某森林公园周边的几个村庄生活用水用电非常困难，没装电话，没有像样的马路，公交车很不方便，最近的公交车也在千米以外，老人乘车非常不便，迫切需要政府帮助解决。该信访件反映的问题涉及多个部门、多个行业，解决起来难度大，反映了公共政策执行中的典型问题。根据Z市信访机构的调查，该问题的解决涉及公交、道路、饮水、电力、通讯等多个行业和部门，该问题长期没有得到解决的根本原因不在于没有政策可依，不在于相关执行部门的缺位，而在于执行中的协调难度极大，导致该问题长期没有得到有效解决。针对这一根本原因，在Z市信访机构进行调查之后，根据来信反映情况，在××区政府的领导和安排下，推动镇政府、区交通局、公路局、水务局、电力公司等部门通力协作，该问题得到了解决。

3.不同公共政策之间协调存在的问题

不同公共政策之间如果不能相互协调，便会影响政策群的系统性与科学性，最终导致政策执行失去应有的效果。这些协调上的问题表现如下：

（1）有些政策缺乏科学性

在政策制定过程中，新老政策之间，宏观和微观政策之间，政治、经济和社会各领域和各部门的政策之间，以及一个大政策和它具体实施细则之间，若没有很好地衔接和配套，没有形成科学合理的政策体系，这一方面给政策执行带来难度，另一方面也给执行者寻找对策、钻空子造成可乘之机，从而引发了一些矛盾和问题。

（2）政策往往政出多门，缺乏系统性

政府机构繁多，部门林立，职责不明，部门之间往往缺乏有效的沟通协调，政出多门，多头决策，甚至是相互矛盾。这样一来，其政策执行的效果必然大打折扣，也容易产生一些问题。

（3）政策有时缺乏稳定性和连续性

若是今天制定了一个政策，时隔不久，情况发生了变化，又匆忙出台一个新政策，头痛医头，脚痛医脚。政策缺乏稳定性和连续性，这样就无法树立政策的权威性和可信度，也很难使人遵从。政策缺乏稳定性，朝令夕改，作为理性的经济人会投机取巧，导致机会主义盛行。对政府和部门来说会造成行政权威的流失，失信于民，行政执行力将大打折扣。因此，政策只有具备稳定性，执行者才会有信心、忠诚地执行，目标群体才会真正拥护从而接受。

（4）地方（部门）保护主义导致的协调困难

地方政府之间为自身利益而滋生地方保护主义，在一些地方，公共政策执行体制比较混乱，难以统筹协调。加之在机构设置上，中央和地方没有对应机构时便出现协调上的困难，此外，一些政府内部各部门之间缺乏协调，地方政府之间为自身利益而滋生地方（部门）保护主义。如环境保护领域的很多问题便与地方（部门）保护主义密切相关。

三、关注信访制度在公共政策运行中的智库性功能

信访作为一种内含政治反馈内容的制度安排，在政府公共决策有效性的鞭长莫及之处发挥了其对无效公共决策的反馈功能，填补了公共政策运行过程中"反馈"内容的缺失，避免了公共政策的制定、执行与协调过程中的随意性缺陷，确保了公共政策的公正性与权威性，使得公共政策的制定、执行与协调更加合理化，是反馈和评估公共政策的重要窗口。具体而言，信访制度作为政府政治活动范畴中政治反馈的承载系统，通过其本身对公共政策实施效果高度敏感的特征，发挥了公共政策的制定、执行与协调过程中的智库性功能，为公共政策提供理论支撑与智力支持，在公共政策失当的情况下及时触发政治系统的纠偏机制，敦促公共政策的决策机关对实施的政策进行修正与协调，从而达到畅通政策运行，实现政策目标的目的。

信访制度之所以能够为公共政策的制定、执行与协调发挥其智库性作用，是由信访制度的工作实践决定的，信访机构所掌握的特色资源为其发挥智库性作用提供了内生优势。[①] 一方面，信访机构长期服务于全面深化改革的前线，积累了翔实的一手资料和大量的社会矛盾与社会问题的实证素材。这些信访中的特色资源，为信访机构以客观事实为依据、以问题为导向、以服务公共决策为目的，进行具有战略性、思想性、对策性特征的智库性研究提供了夯实的基础条件，为公共政策的制定、执行与协调提供了坚实的信息保证与稳固资源的保障。

（一）公共政策的制定与信访制度的智库性功能

在信访形势处于相对严峻的境况之下，国内群体性事件的发生究其根本要归咎于改革事业的不断向前发展，改革的步子逐渐迈入深水区的前提

---

① 参见张宗林：《信访改革的三大方向》，国家信访局网址：http://www.gjxfj.gov.cn/2015-10/14/c_134712382.htm.

背景。同时，随着物质水平的不断上升，人民群众利益诉求的愿望持续高涨，而网络等新媒体的出现，又加大了人民群众表达愿望的影响力，一旦政府治理能力薄弱，尤其是政府制定公共政策的能力无法顺应时代，无法切实满足人民群众的愿望与诉求，就会出现信访事件，将社会整体拉入不稳定的状态。

公共政策的制定在很大程度上决定了政府对政治、经济、社会等事务进行的管理的有效性，而政府的治理能力在很大程度上需要通过制定相关领域的一系列公共政策予以施展与体现。通过公共政策的制定，政府能够对涉及公共管理相关事务的各个领域开展预警、预防、抑制、弱化、协调和解决的工作，也因此，社会矛盾与社会问题往往与政府公共政策的制定之间形成高度的关联性。换言之，国家生活中的大小活动，诸如制度设计、利益结构、阶层流动、经济建设、政治动员等绝大部分都需要通过政府的公共政策加以规定以便实现运行的合理化与合法化。因此，高效、准确的公共政策制定无疑是保障政治、经济、社会等事务正常运转、运行高效的关键枢纽。

信访机构长期服务于全面深化改革的一线工作，积累了翔实的一手资料和大量的信访研究素材。这些信访所具备的独特信息优势，为信访机构以客观事实为依据、以问题为导向、以服务政府决策为目的，进行具有战略性、思想性、对策性特征的智库性研究提供了坚实的基础条件。在这样的前提下，信访制度就具备了成为公共政策制定之智库的先天条件，就能够在公共政策制定的过程中充分演绎智库的角色定位，充分发挥其决策咨询、政策反馈的作用，更好地利用不同阶段、不同领域、不同人群的信访形势，分析各个层面的社会矛盾和社会问题，为社会矛盾和社会问题领域开展前瞻性、针对性和现实性的政策研究提供信息来源与实践基础，为化解社会矛盾、服务人民群众提出更加专业化、建设性和实用的公共政策制定建议。

（二）公共政策的执行与信访制度的智库性功能

信访工作具有大量的民意基础，具有民意反映的广泛性。信访三级网络覆盖下的"信访信息员队伍"和以信访信息员为基层前哨的信访工作系统在信息摸排和信息收集方面，构成了深入透彻的信访信息获取机制，为及时有效获取社情民意及相关信息提供了其特有的、便捷的、准确的路径。信访工作具有表达民意诉求的普遍性，从信访机构收到的无论是个人信或重复信，无论是个体访或集体访的大量数据来看，信访所反映的社会矛盾与社会问题几乎涵盖了社会生活的各个方面与各个领域。在信访机构的日常运行中，有大量关于社会矛盾与社会问题的信访数据汇集到信访部门，使得信访部门成为社会矛盾和社会问题相关信息的集散地，大量初始的、真实的信访信息资源也使得信访制度成为反映社会问题和社会矛盾，进而反映社会秩序与社会稳定状况的"晴雨表"。

信访活动反映的这些社会问题意味着大量的、真实的、宝贵的第一手信息资料，而这些信息资源有助于政府及时地了解社会最真实的发展动态，了解群众最直接的利益诉求，以便于政府进行公共政策的准确、有效制定。而更为重要的是，这些信息资源在公共政策的制定程序结束后，在公共政策的实际运行过程中，同样扮演了对公共政策执行情况进行最真实反馈的角色。因此，掌握着大量原始的、真实的信息资源的信访机构就在公共政策的执行过程中表现出了得天独厚的优势，其对公共政策执行过程中问题的察觉、对公共政策规划内容和具体方案设计的建议，往往更加符合实际情况和公众的需求。

因此，信访制度就扮演了为公共政策的执行提供问题反馈机制的角色，使得决策者能够及时发现公共政策在执行中遇到的问题与矛盾，迅速开展应急处理，或终止公共政策，或随时调整正在执行过程中的公共政策，使公共政策能够更切合实际，也避免了由于公共政策执行不利所引发的各种社会矛盾与问题。

同样，信访能够实现对公共政策执行过程的优化。举例而言，在公共政策执行过程中，往往由于政策执行人员的专业性欠缺与行为的失当，致使相关问题的处理产生争议，引起当事人情绪的不稳定，进而引发当事人的过激行为，诱发社会矛盾与社会问题。在这种情况下，由于信访机构的存在，相关政策执行机构及其工作人员常常会受到来自公众和相关领导的双重压力，从而不得不调整原来的公共政策执行方案，纠正不合理的公共政策执行行为，并且从此坚决杜绝此类行为的再发生，侧面促进公共政策执行的优化。

综上所述，信访制度因其丰富、翔实的信息资源而对公共政策的执行有了相当程度上的指导意义，它不仅能够提供公共政策执行过程中的意见反馈，而且能够实现公共政策执行的自我优化，具备了充当公共政策执行的智库的先天条件。事实上，信访能够以充足、真实、基数庞大的信访信息资料作为调查分析的基础，充分发挥信访制度决策纠偏、政策弥补的功能效应，更好地辅助公共政策执行程序的推进，为从源头处化解社会矛盾，促进矛盾与问题解决的专业化，更好地提供智力支持。

（三）公共政策的协调与信访制度的智库性功能

信访对于公共政策的影响和作用是系统性和持续性的。信访工作的一系列实践表明，虽然政府制定与实施公共政策的出发点是为了维护广大人民群众的根本利益，但是，受制于地域与不同的发展阶段，在实际的情形中，任何一项公共政策在制定和实施过程中，都会因为纷繁复杂的原因，或者发生政策与实际情况的偏差，或者发生利益协调的偏差，或者产生政策的滞后性，当这一系列情况发生时，受到特定公共政策影响的群众，就可能诉诸信访，通过信访渠道反馈其自身意见，进而形成对公共政策制定与执行的反馈，由此引发公共政策的协调程序。

信访制度有助于促进公共政策的调整。当公共政策经过制定的程序，迈入执行的阶段，且当制定和付诸实施的公共政策在不同程度上不符合群众的实际愿景与最初诉求，难以解决其实际问题时，就可能触发信访机制，促使利益相关者通过信访活动来表达自己的意见和利益诉求，形成对既有公共政策效果的信息反馈，进而增强公共政策对公民意见和诉求的回应性，为公共政策调整提供合情合理的依据，从而倒逼政府相关部门检讨相关公共政策的制定与执行，重新审视公共政策的合理合法性，甚至调整公共政策目标，不断优化公共政策的推进过程。

信访制度能够以充足、真实、基数庞大的信访信息资料作为基础，充分发挥其决策纠偏、政策调整的作用，更好地辅助公共政策的协调，为公共政策制定、执行的科学、高效提供信息支持与实践支撑，为公共政策制定、执行、协调的客观、有效提供智力源泉，正因为如此，信访制度具备了成为智库的先天条件。

在政府治理的过程中，公共政策的合法性与合理性往往并不能够同时具备，有时甚至出现具备合理性，合法性却缺乏；具有合法性，合理性却缺失的情况，陷入合理合法相悖的困境。这种困境，既会酿成政府治理的现实难题，也会引发群众对政府公共决策的失望，从而使群众的不满情绪以"隐性"的方式蔓延，形成信访的"隐性矛盾"。

事实上，信访智库性功能的发挥，为政府治理的这一困境找寻到了出路。对于公共政策的合法性问题，政府能够利用信访智库产生的负反馈作用与倒逼机制做到相关公共政策制定、执行与协调的合乎法规，能够保证在依法治国的前提下推动公共政策的制定、执行与协调进程，能够成功解决公共政策的合法性问题；对于公共政策的合理性问题，政府能够利用信访智库反映问题、构建平台、协商化解的功能，做到相关公共政策制定、执行与协调的合乎情理。信访制度的工作实践证明，在公共政策合理性与合法性的困境中，信访既可以是公众反映公共政策不合理或不合法的渠道，也可以是公共政策合法性与合理性的调适者。这就意味着，信访制度在政策过程，尤其是公共政策制定、执行与协调过程中扮演了促使"以人民为中心"与"依法治国"相融相通的桥梁角色，促成了法治思想与以人民为中心的良性互动，实现了法律法规与人情事理的共治功能，促进和谐社会的良善治理。

党的十九大报告指出，要"不断满足人民日益增长的美好生活需要，不断促进社会公平正义，形成有效的社会治理、良好的社会秩序，使人民获得感、幸福感、安全感更加充实、更有保障、更可持续"。在这样的背景下，信访作为政府治理现状的动态数据库，作为政府治理的智库，坚定不移的巩固与探讨其存在意义，是不断加强和创新社会治理的应有之义，也是实现国家治理体系与治理能力现代化建设目标的关键，更是在中国特色社会主义新时代背景下始终践行以人民为中心，服务人民、依靠人民的核心命题。

四、政府治理领域信访制度智库性功能的特点

（一）发现问题，弥补空白

从 1949 年 8 月中央书记处政治秘书室成立到目前关于信访的行政法规、地方各种规章的出台，信访在中国已经形成了一套包括中央到地方的庞大而复杂的制度体系。信访制度建立的初衷是党和政府为了加强与群众的密切联系，以此监督政府克服官僚主义的一种做法，而在该制度的运行过程中逐渐演化为群众为了自身的利益而诉求国家给予救济的一种手段。从最初的政治沟通、民主参与到行政监督、纠纷解决，信访工作在不同历史阶段具有不同的功能定位。社会信息汇集功能是信访制度社会矛盾纠纷化解功能和监督功能派生出的另一种重要功能。群众的信访活动，为国家机关提供了非常丰富的信息，它反映了国家政治、文化、经济、社会运行情况的各个方面，尤其是现实的热点和难点问题，如对政策的批评和建议，对腐败行为的控告，对现有制度的评价以及各种各样的要求等，可以说信访已成为社会问题的"晴雨表"，由于信访制度的社会信息汇集功能和对决策的重要作用，在实际工作中，许多地区的信访机构已逐步建立和完善了各种信息的征集制度，他们主动收集民间信息，以使决策趋于科学化和民主化，这是信访制度社会信息汇集功能的重要表现形式和新的发展趋势。

信访信息统计分析是信访工作的重要组成部分，是信访业务建设的一项基础性工作，是实现信访工作科学决策和有效管理的重要手段，直接反映了政府治理中的重点与难点。具体的统计内容有以下几类：

第一，信访人的基本信息。一是信访人的姓名、性别、年龄是信访人最基本的信息，是建立信访数据库的基础，在来访活动中，信访人往往让一些年龄大的女性出现，有些也利用和事项有利害关系的少数民族公民来提高政府的重视程度。二是信访人的户口所在地与家庭住址，户口所在地的信息在"三跨三分离"的信访事项的信访事项中非常重要，其中涉及跨地区的，即一件案子涉及两个地区，比如移民问题，就可能涉及户籍地和投靠地两个地

区；人事分离，即人与事分属两地，如信访人在别地发生案件，却要户口所在地解决；人户分离，即户籍与居住地不一致，因城市规划、危房改造、房屋出租、人口流动等原因，人户分离问题日益突出；人事户分离，即案件发生地、户口所在地、居住地均不在一起。家庭住址信息多出现在城市基础建设、业主与物业冲突类信访事项中，随着我国城市化的进程，此项信息将越来越重要。三是个人信访史与家庭信访史，此项信息意味着信访人采取信访活动解决问题的可能性，尤其是在个人或家人曾经通过信访解决问题后动机更加强烈。四是信访人工作单位的信息，涉及国家经济转型、大型企业破产裁员、下岗等问题；五是信访人社会关系网络信息统计，分析信访人之间是否有串联、集体行动的可能。

第二，信访事项分类信息统计。一是信访事项统计，根据国家信访局2014年发布的《信访事项内容分类》进行统计，三级分类体系基本上涵盖了所有的社会问题，是进行进一步统计分析的基础；二是涉及的职能部门信息统计，信访部门与职能部门不同，将各类社会问题通过信访渠道进行反映并统计是信访部门的重要工作内容，以便统一工作、开展联席会议等；三是相关案件信息统计，寻找案件与案件之间的共性，可帮助发现问题、协商解决提供案例基础；四是相关政策信息统计，信访案件背后往往是公共政策不当的后果，通过信访事项的分类统计可以进一步展开政策评估。

第三，事态严重程度统计。一是信访总量，可分为纵向统计和横向统计，纵向统计主要是针对某一地区信访量的周、月、年的变化，横向统计为同一时间段内不同地区的信访量比较，在横向比较中应注意辖区的总人数，可以采用"信访量／总人数"的方式进行比较，纵向统计与横向统计结合能够综合反映潜在的社会矛盾与冲突。二是信访比即来访量与来信量的比值。来信行为相对温和，政府处理案件的压力也较小，来访行为处理程序较为复杂，在登记、接访、商谈过程中信访工作人员和信访人直接接触，更需要工作人员的综合能力和综合素质。当访信比很高时说明事项更加紧急、信访人的心态更容易过激。三是重复信访信息统计，重复信访指同一信访人在一定时期两次以上向有关机关提出相同信访事项的行为，包括办理期限内的重复信访和办理期限届满后的重复信访。重复信访的形成往往涉及多种原因，如信访人自身年老体弱、生活困难、心理失衡；历史原因，以前的政治经济体制改革，使得少数特殊群体的利益受到影响；信访工作人员工作态度问题；信访工作机制问题，杜绝"小闹小解决，大闹大解决，不闹不解决"、"只要上访就有好处得"、"会哭的孩子有奶喝"等现象。但导致重复信访发生的起点还是政策原因，有的政策制定在特定时期、特定环境下切实可行，但出台时未从全盘发展的角度来考虑，相关具体措施未细致到位；有的政策在当时情况下是合情合理的，群众普遍能接受，但是随着社会的快速发展和群众收入水平不断提高，相比之下原出台的相关政策利益差距较大；有的政策制定时只考虑了现实，没有考虑历史因素，从而带来了新的信访问题；有的政策可操作性不强，在政策制定时界定的原则范围弹性过大、刚性不足，在实施中容易引起攀比，产生新的矛盾。其中，涉及历史的、政策的重复信访更容易形成信访积案，首先加大了信访成本，一方面重复信访增加了信访举报人的成本，包括私人成本、信息成本和经济成本，最直接的表现是信访举报人多次重复上访要花费很多时间、精力和钱物，造成信访举报人不必要的损失；另一方面，增加了政府部门的处置成本。信访件经转办后，都要经过研究、协调、处理等多道程序，在这期间也给政府部门造成了人力、物力上的巨大的浪费。其次，加大了信访部门的工作量。按照信访工作程序，举报件都要经过受理、分析、审批、转办等多道程序，一信多投、一事多访、信访势必会使信访工作人员陷入到工作的重复劳动当中，造成极大的人力、物力特别是时间上的浪费，进而影响了对其他正常的信访举报件的受理和解决。最后，容易造成信访处理的混乱，信件在上下级机关、各部门之间转来转去，不仅延误信访件的处理，不利于案件的调查，更容易出现几个机关同时受理同一信访件的情况。同时，由于各种因素的影响，造成了处理结果不尽相同，很容易形成上访人对个别机关、部门的不信任，从而诱发越级访。重复信访反映了该信访事项解决的难度大、严重程度较高。四是联名信与集体访，联名信指一件信函中签署的姓名或单位的个数在5个（含）以上的来信，集体访指一批来访中，人数为5人（含）以上的来访，两者都说明了该信访问题涉及更广的群体利益，政府应加以重视。群体访与联名信的严重程度主要体现在以下几个方面：集中性，往往由于某件事情影响到较多群众的利益或者某一政策涉及较多群众的利益；紧迫性，群体访往往是矛盾尖锐到了一定程度的体现，常常表现出过激行为，人数众多、声势浩大、堵塞交通，影响了党政机关的正常工作秩序，损害了我国的形象且影响了社会安定；疑难性，群体访提出的信访事项涉及面广，情况复杂，解决起来难度大，集体上访案件发生后，要牵动部分领导干部和工作人员去做思想疏导工作，去调查处理问题，致使原定的工作计划无法及时实施，原定的经济发展规划无法正常安排，影响了经济的健康发展。联名信与群体访反映了该信访事项涉及的群众广、事项的紧迫性较高。

综上所述，通过信访信息的统计分析，能够发现在日常政府行政过程中发现不了的问题，填补了政府治理领域的空白，尤其是重复信访、联名信与集体访都反映出政府治理中的不科学、不协调、随意性等问题，充分利用这些信息可帮助政府发现治理中的重点与难点。

（二）分析问题，专业科学

信访部门的资料、数据包含了成千上万的来信、来访以及在此基础上产生的分类数据，每封来信、每次来访反映的都是一个具体事项，把这些信访事项按照某种标准分类，就形成了若干类型的具有一定共性的社会问题，比如城市管理、征地拆迁、三农问题、工资福利等等，这些分类从范围上涵盖了信访反映的各种社会矛盾和问题。上文提到信访信息统计中反映出政府治理的重点与难点，为了更好地发挥信访智库性功能，信访信息统计分析应当关注以下几个工作要点：一是强化数据应用，定期对信访业务基础数据进行汇总，按月度、季度、年度收集整理本地区本部门相关统计数据，形成反映信访基本情况的统计报告。二是强化分析研究，加强对信访数据的综合分析、要素分析、结构分析，深入研究数据的变化及其原因，总结发现相关规律；运用统计分析的理论和方法，多层次、多角度、多方位研究预判，超前谋划工作思路和举措，增强前瞻性；积极利用统计数据开展业务工作效能分析，了解掌握工作动态，梳理分析工作中存在的薄弱环节，用于指导工作。三是强化信访评估。围绕党委政府重大决策、重点工作，针对群众反映突出的重点、热点问题，深入分析社会稳定风险、评估政策得失，为领导决策提供有价值的参考依据。实现从收集信息到分析问题、维护稳定到参与决策的智库性功能。

"从表层汇总型信访向深层剖析型信访转变、从实务操作型信访向理论研究型信访转变、从参与保障型信访向参与决策型信访转变。"① 参与保障型信访强调的是化解社会矛盾的功能，然而大量政策性信访的出现反映了政府治理过程存在的诸多问题，通过信访渠道获得的有关社会矛盾和社会问题的信息可以帮助政治降低决策风险，提高治理的科学性和有效性。"'三个转变'的提出是在总结实践经验基础上的重大理念创新，也是对信访制度设计初衷的理性思考，它改变了人们对信访工作的传统认识，赋予了信访工作新的活力和新的契机，开辟了信访工作的新天地。"② 同时，从理念上推动了信访智库性功能的实现。信访部门的工作必须适应新形势、新特点的需求，从推动个案的化解转向加强分析研究、提出建议，促进科学决策和政策的完善。信访渠道反映出大量的社会矛盾和社会问题，对这些问题的研究越深入、越细致，就越接近社会矛盾和问题的本质，进而解决社会矛盾的思路就越开阔，办法就越多，成效也就越明显。

分析问题依靠专业化的人才队伍和专业研究平台。信访系统除了汇集大量一手信访数据信息外，更是借助各大高校、研究机构、民间智库等平台汇聚了包括社会学、公共管理学、政治学、信息管理学等多学科的专家和专业型人才，这是信访新型智库功能发挥的前提和保障。多学科的研究视角，从政治学、社会学、法学、管理学对信访展开研究在学术界较为普遍，从政治学角度出发，主要关注信访的制度设计、信访制度的功能与合法性，具体包

---

① 张宗林等：《创新工作思路转变工作模式　推进首都信访工作实现"三个转变"》，《信访与社会矛盾问题研究》2011年第1期。

② 张宗林等：《创新工作思路转变工作模式　推进首都信访工作实现"三个转变"》，《信访与社会矛盾问题研究》2011年第1期。

括信访制度的民主参与功能、行政救济功能，可与我国人民代表大会制度互相补充等；从法学角度出发，主要关注信访权与信访的纠纷解决功能，具体包括权利的来源、权利的救济与保障、信访作为纠纷解决制度却有明显的不足，如非规范性、非程序性、非专业性；从社会学角度出发，主要关注信访问题形成的社会基础、与信访相关的群体性事件等，具体包括群体性事件的形成机理、政府的维稳方式等；从管理学角度出发，主要关注信访部门的人事制度安排、具体的管理方式、信访的流程与优化等较为具体的领域。

（三）跟踪反馈，修改完善

信访智库性功能的特点还体现在反馈与评估中。信访系统接收到的信访信息中存在大量有关公共决策施行的反馈信息，这些信息中既有反映决策自身或决策施行过程中问题的信息，也有反映决策实施良好效果的信息，即形成了对公共决策施行的完整跟踪反馈循环。好的评估都会运用科学的评估方法，这些方法包括收集经验数据以验证暗含在项目或政策目的中的假设的系统过程。我们不能仅凭专家讨论、集中决策等方式来判断一项政策是否有效，而应该运用数据来证明。信访部门收集的信息可充分发挥"负反馈"的作用。

各级政府在施行政策的过程中所引发的信访，即属政策性信访。很多信访案件是由于公共政策在制定、执行和协调中出现的问题而导致的，但是不排除部分访民的上访行为是因为其自身原因如要求过分或者是模仿他人而引起的，这极小部分的访民因看到其他访民从上访行为中获益，从而对其已经处理完结的事项提起信访，期待通过信访获取更大利益。

根据公共政策的相关理论，社会面临的问题有很多，有个人问题、团体问题、社会问题，但在政府决策者看来，并非所有的问题都需要政府通过制定政策加以解决。有些问题通过私人自治或民间组织就能够进行处理；有的问题已经成为历史，再无解决的必要；有些问题可能过于复杂，政府无力加以解决；另外，也不能排除政府处于各种利益的考虑，对某些属于自己职能范围内的社会问题采取漠视的消极态度。所以，只有一部分社会问题能够得到政府的真正重视，进入政府的政策议程。在公共政策中，经济政策是所有政策中最基础最重要的政策，是和群众联系最紧密的政策，也是最易产生信访矛盾的政策区域。同时由于国家建设的需要，往往出台的一些政策也会带来许多信访问题。比如房屋拆迁与土地征收相关政策，政府制定公共政策不能成为社会矛盾的策源地，必须最大限度地降低信访风险。降低公共政策引发信访风险的途径有两类：一是引入公共政策决策的社会参与机制，尤其是重大决策作出前要广泛听取民众意见，获取广泛的民意基础，加强公共政策的普惠性，尤其不能以大多数人的利益为借口，损害少数人的利益，根据公共政策基本理论，公共政策制定的过程就是利益重新分配的过程。从政治合法性的角度来看，政府行为不仅要体现大多数人的利益要求，同时也要兼顾保护少数人的合法权益。二是对政策可能引起的社会问题进行预测，如城市房屋拆迁政策的出台可能会导致哪些信访问题，提前投入人力物力财力，并在政策公布、实施中保持对政策客体的跟踪把控。

信访是具有中国特色的制度设置，是我国国家治理体系的重要组成。作为国家治理的负反馈机制，信访制度在我国公共管理领域中发挥着重要智库功能。伴随经济发展步入新常态，我国经济下行压力加大，发展中深层次的矛盾凸显，面临着一些需要认真对待的新挑战。从信访角度全面考察北京市公共政策的制定、执行情况，既可以深入研究北京市公共政策贯彻中央决策的力度和效率，也可以具体分析这些公共政策实施之后的民意反馈与互动，推动社会矛盾的预防化解，在国家治理体系中将发挥重大作用。

五、"大数据"背景下信访制度智库性功能日益凸显

《促进大数据发展行动纲要》中指出，数据已经成为国家基础性战略资源，大数据成为提升政府治理能力的新途径，十八届五中全会提出实施"国家大数据战略"，大数据战略正式上升为国家战略。2018中国国际大数据产业博览会于2018年5月26日在贵州省贵阳市开幕，国家主席习近平向会议

致贺信。他强调："中国高度重视大数据发展。我们秉持创新、协调、绿色、开放、共享的发展理念，围绕建设网络强国、数字中国、智慧社会，全面实施国家大数据战略，助力中国经济从高速增长转向高质量发展。"① 上文从理论层面论述了信访智库性功能在发现问题、分析问题、跟踪反馈中的重要作用，在大数据背景下，这些功能对于政府治理的重要性日益凸显。

（一）大数据背景下的政府治理

每一次科学技术的革新都对人类生产生活的方法带来巨大的变化，现如今我们享有的众多先进技术，如电脑、手机、太空旅行以及各种新药物，都建立在数百年来的科学探求的基础之上。而在这一过程中，驱使人们不懈努力的是一个从未动摇过的信念：自然现象和人类社会能够被人类理解、描绘、量化和预测，并最终受人的控制。近几年来，随着计算机和信息技术的迅猛发展和普及应用，行业应用系统的规模迅速扩大，行业应用所产生的数据呈爆炸性增长。动辄达到数百 TB 甚至数十至数百 PB 规模的行业、企业大数据已远远超出了现有传统的计算技术和信息系统的处理能力，因此，寻求有效的大数据处理技术、方法和手段已经成为现实世界的迫切需求。"大数据"一词首次出现是在 1997 年，迈克尔·考克斯和戴维·埃尔斯沃思在美国电子电器工程师学会举办的第八届可视化会议上发表的论文中第一次提到"大数据"这个概念，而"大数据"一词真正在全球得到传播则是在 2011 年，麦肯锡发表了题为《大数据：下一个创新、竞争和生产力的前沿》的报告，其中系统阐述了大数据的相关概念。关于大数据最早的含义来自于大数据科学家约翰·劳泽，他将"大数据"定义为大数据就是任何超过了一台计算机能力的庞大数据量，而现在被普遍接受的定义是，大数据，或称为巨量数据，指的是所涉及的资料量规模巨大到无法通过目前主流软件工具在合理时间内达到截取、管理、处理，以及整理成为帮助企业经营决策的资讯。大数据的五个特征即 Volume、Velocity、Variety、Value、Veracity 也广为传播被

---

① 《习近平向 2018 中国国际大数据产业博览会致贺信》，《人民日报》2018 年 5 月 27 日。

人们接受。大数据的快速发展离不开信息技术的进步。信息技术的整体演进推动了大数据的产生和发展，也为大数据思维的形成奠定了物质基础。信息社会中，传感器和社会网络是产生数据的重要来源，云计算和数据中心则提供了大数据的存储能力，传统互联网和移动互联网的发展支撑着大数据的传输，人工智能和机器学习提升了大数据的处理能力和速度。之所以要称之为战略，是因为"大数据"之"大"并不仅仅在于其"容量之大"。当然，由于数据容量的爆炸，数据的收集、保存、维护以及共享等等任务，都成为具有研究意义的现象和挑战。但"大数据"之"大"更多的意义在于人类可以"分析和使用"的数据在大量增加，通过这些数据的交换、整合和分析，人类可以发现新的知识，创造新的价值，带来"大知识"、"大科技"、"大利润"和"大发展"。所以，部署大数据战略就成为各国政府抢占未来制高点的关键。

第一，转变治理理念，促进公共服务个性化、精准化。政府可以通过融合互联网、物理感应器、移动通讯技术等各种信息技术，充分考虑在教育、医疗卫生、公共安全、公共交通领域公众的及时性需求，提供智慧化便民服务，有效提升政府的公众满意度。以交通综合信息平台为例，某地段发生交通拥堵或者发生交通事故，交通部门的监控平台可以得到即时街景，交管部门可以根据事故情况采取相应处理措施。此外哪个地段拥堵、所有运送危险物品车辆的位置、哪个小区接到 110 报警等关键信息，也能实时反映在监控平台上。这是大数据应用于公共服务领域的典型案例，交通部门的监控平台集成了道路传感系统、出租车 GPS 系统、居民手机信号迁移、实时视频采集等多系统信息，海量的数据汇聚而来并得到迅速整合，用以分析交通状况，大大提高了管控措施的准确性和时效性。大数据的高度开放性为公民参与、公民监督提供了有效的平台，政府的权威不再源于对信息的垄断和控制，而是来自群众内心的支持和拥护，行政指令导向的传统管理模式将逐渐转变为供给导向的公共服务模式。大数据将会使"以人民为中心"和"依法治国"的观念进一步深入人心，为适应大数据时代的发展，政府及其干部开始意识到必须改变过去"政府全能主义"和"权力本位"的传统治理理念，开始关注并真正践行"以人民为中心"和"依法治国"的治理理念。因此，在大数据的治理背景下，政府应树立以人民为中心的服务理念，及时全面地感知、预测公众的需求，提供优质、高效的公共服务。从另一个侧面，大数据还会倒逼政府进行服务型政府建设，服务型政府建设的步伐会因此提速加快，进而提高政府治理在内的整个社会的公共治理水平。

第二，优化决策方式，提高决策能力。随着大数据的到来，传统的决策行为习惯越来越受到挑战，根据美国学者阿尔斯泰因（S.R.Arnstein）的观点，公众参与可以分为三个层次：第一层次是假性参与或非参与，包括操纵性参与和教育性参与两种形式；第二层次是象征性参与，包括告知性参与、咨询性参与和限制性参与等形式；第三层次是实质性参与，有合作性参与、代表性参与、决策性参与等形式。从信息获取的角度，大数据的到来拓宽了政府获取情报的渠道，不仅使政府在与公众互动中掌握充分的信息，而且可以引导舆论的发展方向。科层化的组织机构容易导致信息传递的失真，由于个人主观选择或逃避责任等原因产生了逃避或隐藏问题，形成纵向传递固有的弊端。大数据优化了信息传递的方向，由纵向传递向横向与纵向相结合，以横向传递为主的方式过渡。横向传递有利于迅速决策、提高效率，上级政府可以越过下级政府直接获得有价值的情报信息，避免了传递失真而导致问题识别上的错误。同时，大数据也可以促进政府治理动态性的实现。动态性也体现在大数据实时监控中，实时监控一般是指利用软件对系统运行的过程进行同步的监控，根据数据流的特征，实时监控是把握动态数据的最好方式，在交通路况、地理 GIS 等领域实时监控已经展开了广泛应用。政策问题会随着社会环境、解决情境与受众感知等因素的变化表现出动态性，而大数据背景下的情报分析就是以数据流为主的实时分析，在动态监视、突发事件处理中起到关键性作用。大数据时代，政府将以更加开放的心态把群众当作"合作伙伴"和城市问题的"决策者"，给群众提供广泛的参与机会，从而推动公众参与由象征性参与阶段迈向实质性参与阶段。

第三，改善治理模式，促进多元治理。多元治理创新是近几十年来世界各国政府改革的主旋律，既有政府为解决自身面临的社会经济发展具体问题而进行的创新，也有为改变原有制度结构的某些程序性、技术性创新。治理理论主张通过合作、协商、伙伴的关系，实现对公共事务的管理。从管理转向治理，最明显的特征即是由传统的单中心治理向多方治理的转变，实现治理主体的多元化。大数据将进一步推进对市场组织和社会组织的赋权，使治理权力由国家独断变为多元主体共享，从而形成了多中心治理的社会治理结构。大数据的社会属性与"治理"理论在多中心、回应性、协同化等方面相得益彰。重大决策可实现市民的广泛参与，各方相互博弈直至达成妥协。大数据的意识、方法与技术引入到社会治理领域，能够实现社会治理从粗放式到精细化的转型、从被动响应到主动预见的转型、从风险隐蔽到风险防范的转型，促进社会治理体系和治理能力现代化。

（二）信访数据对于政府治理的重要价值

基础数据和信息是正确决策的重要依据，没有准确可靠的数据和信息作保障，就无法作出及时、正确的决策。信访制度的智库性功能离不开信访数据的支持，在大数据背景下，信访数据将发挥更加重要的作用。大数据的来源主要包括三个方面：一是人类活动，即由人直接产生，如电子商务、通讯通信、银行交易、社交网络中的数据；二是物理世界，即物理信息数字化后产生的数据，如传感节点采集的数据、PM2.5 数据、视频监控数据等；三是数据本身，如在数据的存储、加工过程中，对数据的压缩、规则适用、智能衍生等自动产生的数据。信访数据来源，可分为狭义和广义，狭义的信访数据来源于信访人的信访活动，既包括信访人的年龄、性别、诉求及理由、工作单位、诉讼史、信访史、案件案由、投诉事项，也包括信访工作机构在处理信访问题时产生的数据，即接谈过程、化解方案、化解效果等。广义的信访数据还包括政府部门间共享数据、互联网数据等一切可用于分析信访问题的数据。

1. 数据全面，涉及全方位的治理问题

与其他社会信息相比，信访信息有以下几个特点：一是信访信息的广泛性，它反映着社情民意及范围较为广泛和全面，它们来自社会的各个方面和

角落，大到关于国家政策和法律，小到生活中的琐事，还有许多难以通过正规渠道获得的内容，通过信访渠道往往能够反映出现有制度本身的不少问题，特别是对政府及其工作人员腐败行为的举报信息具有很高的价值。二是信访信息的及时性，他对各种政策执行的反馈相当迅速，从这些信访信息中可以看出政策的执行效果。三是信访信息的尖锐性，他最能反映社会问题的端倪，它所暴露的社会问题常常是矛盾比较尖锐，倘若不及时处理，就可能导致更大的社会不稳定，这也是信访制度要求各级政府机构及时处理信访问题的重要理由。信访信息的全面性和及时性，有助于信访制度通过发挥其新型智库功能，宏观研判大量第一手数据信息，第一时间窥见社会方方面面的主要问题。

信访机构的一项重要工作就是编制反映信访活动的各种情况汇报，供决策层参考，信访机构的信息汇集功能成为国家了解社会运行状况和制定正确决策的重要依据，信访信息的丰富性和警示性受到国家决策层的高度重视，各级领导批阅来信和接待来访的制度，给领导人提供了一个了解社情民意和人民群众反映真实意愿的窗口。信访信息不仅使党和政府了解国家政治经济文化和社会生活的运行状况，更主要的作用还在于为党和政府的决策出台提供某种依据，为解决生活冲突和纠纷提供可以操作的对策。

2.准确把握，优化政府的政策制定

大部分的信访案件与政府相关，特别是与政府制定的政策相关。但这本意不在于批评政府，而是强调政府在出台公共政策之前，应当认真进行政策风险评估，从源头上阻断由于政策失误导致的信访问题。信访数据可以在以下几个方面优化政策的制定：

第一，信访数据可以帮助政府掌握社会整体矛盾状态。当社会矛盾较为缓和时，从顾全大局的角度看，如果因某一重大事情的需要，在一定范围内可以暂时牺牲少数人、困难群体的利益，但随后应有相应的补救措施；当社会矛盾较为激烈时，制定任何政策都应将社会稳定考虑在内，对涉及群众利益的政策应更加谨慎。

第二，信访数据可使政策制定更加公开化、透明化，进而实现公平正义。政策合法性是政治合法性的重要体现，政治合法性是指政府基于被群众认可的原则基础上实施统治的正统性或正当性，简单而言就是政府实施统治在多大程度上被公民视为合理的和符合道义的，政策合法性的一种重要评价标准就是政策制定是否公平公正。同时，现代代议制民主政治是通过选举选出代表和议员，选举的基本特征是决议由多数人决定，这就会产生一些少数人的利益诉求无法在整个政治系统当中得到表达的情况，如果少数人的人群是固定的，那么政权就容易相对稳定。但是，随着市场经济的变化，因政策制定导致受影响的少数人不固定时，制定的多个政策就容易影响到多个少数人群体，从而影响社会安定。在既有制度系统当中，政策的制定是由强势力量决定的。法律代表法律的正义，并不代表完整的社会正义。因此，需要有一种补充的力量，来维护少数人的利益，这种力量在我们国家就是信访。所以，信访大数据可以帮助政府更好地倾听民意、收集民意，实现政策的公开化、透明化，促进社会的公平正义。

第三，信访数据促使政策制定法治化。近几年因环境问题所引起的纠纷越来越多，由于修建地铁时的规划不合理，没有严格进行环境影响评价，没有全面考虑其对居民生活造成的影响，导致地铁修建完成后，地铁运营所产生的噪音、震动，使得居民生活在不安全的环境之中。由于地铁规划所涉及的群体是整片小区居民，这些居民联合起来上访所形成的社会影响力则巨大。事实上，这些问题在规划出台之初就应该予以充分考虑，《环境保护法》《环境影响评价法》中都明确规定了环境影响评价制度，可是在政策执行阶段，政府部门却有意无意地忽略这些法律，引起群众不满，进而引发信访问题。通过信访大数据的收集，可以发现因政策制定的不规范导致的社会矛盾，进而倒逼政策依法依规制定。

第四，信访数据可使政策调整更加及时。任何公共政策都存在着时间效应，即在指导、调节社会经济活动的有效周期问题。某一政策能够在多长时间、多大程度上满足社会经济活动的要求，取决于社会经济关系的稳定程度和社会经济秩序建立、更新的速度。政策性信访件不容易办理的主要原因是，政策的制定、施行并非一人一时一地能够决定或负责的事情，它的施行、调整、改变，权力在一级政府或更一级的政府中，尤其是在社会经济改革时期，公共政策有效、有力调节社会经济活动的周期最短，许多政策的前进步伐往往跟不上社会经济活动前进的节拍，我国现在正处于这样一个历史时期，所以政策性信访件的大量产生反映了某项政策在适应时代、适应社会变化方面的迟缓性，不能跟上现实生活、市场运转状态对政策的新要求，导致政策是老政策，但问题是新问题的现象。依靠信访大数据，政府可以在第一时间获得某一政策的社会反馈，进而及时地调整政策。

第五，信访数据可强化"三项建议权"的运用。信访系统的一个重要功能就是代表党和政府接受人民群众的监督，并对公共政策执行的效果进行反馈，为评估提供依据和渠道。"三项建议权"的产生是我国信访工作长期实践经验积累的结果，与信访形势的变化、信访工作的发展及信访工作机构职能的演化密切相关。2005 年国务院颁布《信访条例》的督察督办章节，明确赋予县级以上信访工作机构的"三项建议权"，即改进工作建议权、完善政策解决问题建议权和给予行政处分建议权。其中完善政策解决问题建议权，从内容上看，主要是通过信访渠道实现对党委、政府的监督，其产生的作用侧重于借助党委和政府的支配和协调能力，不断完善政策或妥善处理疑难信访问题。《信访条例》第三十七条规定，"县级以上人民政府信访工作机构对于信访人反映的有关政策性问题，应当及时向本级人民政府报告，并提出完善政策、解决问题的建议"。比如县级以上信访工作机构在接待群众来访或受理群众来信过程中，发现一些相互关联的共性问题时，经认真研究后认定需要提请有关机关研究或协商解决的，应当及时转送有关机关处理。其中，对涉及政策执行过程中的重要问题，要及时向本级政府报告，并提出完善政策、解决问题的建议。信访大数据的存在可帮助信访部门更全面、便捷的收集群众对某一项政策的反馈，经过分析研判，可以更加科学合理地提出相关政策建议。

3. 反应突出矛盾，把握治理中的显著问题

信访数据反映出的社会矛盾是已经显露但并未爆发的矛盾，给政府优化治理提供了时间和空间，时间上，《信访条例》对信访事项的办理、复查、复核流程有严格的时间期限规定，空间上，信访部门将社会矛盾集中吸附，减少了对社会秩序直接的冲击。同时，通过信访数据反映的大都是政府治理中出现的问题，作为负反馈指标可以优化政府治理的现状。所以，充分发挥信访数据的超前性、预警性，加强信访数据搜集及综合应用能力，从而有效地提高政府治理中快速反应能力和处置水平。

依据信访数据，结合预测与预警的信息来源和层次，将信访数据分为舆情信息分析、直接反映诉求的人民建议信息与基层信访预警三个部分：第一层为舆情信息分析，主要针对热点问题跟踪、敏感词识别、态度倾向性分析展开，此时信访行为不仅没有发生而且没有具体的详细的公民信息，但可以得知相关事件、相关政策的社会反馈与评价；第二层为市长信箱、政府网站留言等直接反映诉求的人民建议信息，此时人民的诉求已经较为清晰地表达出来，但并不能说明将有信访行为的出现；第三层为基层信访预警，此时收集的信息最为真实，是群众是否会直接采取信访途径解决问题的最后关口。在处理以上三个层面预警信息时应注意以下三点：一是在人民建议征集中，人民的诉求已经较为清晰地表达出来，相对于舆情信息而言，这些诉求、建议、政策反馈是明确的，并涉及相关的职能部门；二是人民表达建议并不能说明将有信访行为的出现，当问题解决难度较低时，应迅速转至职能部门，要求其给出反馈结果或者采取行动处理，避免推诿和拖沓而导致矛盾激化或引起信访行为；三是当问题解决难度较高时，应及时记录并协调职能部门进行解决，后期应跟踪控制，当此问题反映人数较多时可将其列为潜在的信访事项并加以预防预警。

4. 走好党的群众路线，发现治理中的潜在问题

现在民主制的要义是定期的公平、公开、公正的选举或决策，但如果民主以多数人的意志为依据而任意践踏少数人的自由，这种民主将是无价值

的。在多数人决定的体制下，信访是为困难群体、少数群体提供表达诉求的渠道，每个人都有可能成为某项政策中的少数人，信访可视为对某些少数人的特殊赋权，所以信访可以作为代议制民主的补充，是一种特殊的行政参与式民主，可以让政府听到少数人的声音。在政府治理中，总有少部分群体或个人处于不利位置，信访数据中包含了许多少数人的诉求，为坚持党的群众路线提供了支持。

"破窗理论"① 认为如果对小的违法行为纵容姑息，不良现象就会被放任、模仿，逐渐扩大、蔓延为成片的犯罪行为。所以，即使对一个窗户玻璃被砸破的投诉，接警中心也要认真记录，对信访来说，所有的信访问题不分案值大小、案情轻重，一律同等对待，信访大数据的应用将要解决的核心问题就是如何将数据、信息转化为知识，扩大人类的理性，进而有效管理、辅助决策。原有的信访工作方式有"大闹大解决、小闹小解决、不闹不解决"、"拔钉子、开口子、揭盖子"、"人民内部矛盾用人民币解决"、"秘密商议、不公开操作"等，在一定时期的确发挥了一定作用且部分维护了社会秩序。2007 年之后，中央先后提出了"阳光信访、责任信访、法治信访"三大发展方向，将信访工作方式方法向前推进了一大步，信访大数据在"阳光信访、责任信访、法治信访"、国家治理体系与治理能力现代化等要求之上将进一步优化信访的治理，在完善信访信息统计与管理的基础上，进一步提升通过信访数据发现潜在社会问题的能力。

在人类历史长河中，即使是在现代社会日新月异的发展中，人们还主要是依赖抽样数据、局部数据和片面数据，甚至在无法获得实证数据的时候纯粹依赖经验、理论、假设和价值观去发现未知领域的规律。因此，人们对世界的认识往往是表面的、肤浅的、简单的、扭曲的或者是无知的。在大数据的支持下，我们可以发现人类的大部分行为都受制于规律、模型以及原理法则，而且它们的可重现性和可预测性与自然科学不相上下。政府决策是国

---

① 本是犯罪学的一个理论，认为环境中的不良现象如果被放任存在，会诱使人们仿效，甚至变本加厉。这里强调的是政府治理不应放过任何可能有价值的数据或信息。

家治理能力的一个重要组成部分，政府决策数据化的实现将会大大减少政府"拍脑袋"决策带来的决策风险，降低政府决策成本。信访数据是信访部门发挥智库性功能的重要基础，在掌握大量的政府治理与公共政策反馈信息的基础上，通过精确的量化分析可提升政策的科学性，从而提高政府决策成效，提高社会治理的精准性和有效性，提高政府的治理能力。

（三）信访大数据支持政府治理的实践探索与思考

目前有部分学者从学理上对信访大数据的应用价值做了讨论。一是大数据与信访治理视角，大数据驱动的信访治理是对传统信访办理的超越，既改变了信访的形式，也优化了信访的功能。① 二是大数据与信访制度的价值视角，伴随"大数据"时代的来临，信访制度的价值更加值得珍视：信访是反映中国治理现状的动态数据库；信访能够量化反映公共政策制定、执行中存在的问题；信访是"法治中国"建设现状及问题的量化反映窗口；信访是追踪社会心态的重要渠道。② 三是信访大数据与社会风险预警视角，大数据的兴起、信访的泛化和网络信访的广泛推行为发展基于信访大数据的社会风险预警提供了新的路径。③ 四是信访大数据的具体价值，在于信访调研、访情预判、绩效考核、管理决策、记录历史。④ 五是在信访大数据运用的法理规范上，"通过法律规范信访大数据运用的目标包括两点：一是引导信访数据体系的建立，二是规范信访数据的使用"⑤。

在信访大数据的实践探索中，甘肃省纪委开通"四风"问题监督举报"直通车"，实现群众"随手拍"功能，定西市纪委以举报人身份、问题性质、信访来源、是否反馈办理结果等作为评定指标，将信访举报问题分为 A、B、

---

① 参见张海波：《大数据与信访治理》，《南京社会科学》2017 年第 10 期。

② 参见王凯：《"大数据"背景下信访制度的价值与完善》，《信访与社会矛盾问题研究》2017年第 6 期。

③ 参见张海波：《信访大数据与社会风险预警》，《学海》2017 年第 6 期。

④ 参见申友祥：《充分挖掘信访大数据的价值》，《人民法院报》2016 年 11 月 19 日。

⑤ 黄娟：《信访大数据运用的法律治理》，《信访与社会矛盾问题研究》2018 年第 3 期。

C、D 四类，实施分类处置、分类管理。① 北京市信访矛盾分析研究中心研发的首都"智慧信访"大数据分析平台是信访大数据实践探索中最前沿的探索。2017 年 11 月 17 日，首都"智慧信访"大数据分析平台项目验收专家评审会在京举行，会上，该平台获得与会专家的高度肯定，顺利通过专家验收。北京市信访办成为全国第一个将大数据分析真正运用到信访实务工作之中的信访工作单位，填补了我国在此领域的空白。"智慧信访"大数据分析平台的研发成功不仅对信访工作改革起到推进作用，而且能够对提升北京市公共政策科学化水平起到重要作用，通过有效整合信访历史积累的大数据资源，辅助政府下好社会治理的"先手棋"。"智慧信访"大数据分析平台可实现以下具体功能："呈现事件脉络、信访人的情感分析、信访数据关联分析、信访事件聚类分析、信访人行为分析、重点人 / 重点人群识别、社会热点关联分析、在线信访事件模拟处理、基于知识库的专业培训、宏观趋势预测和分析和异常预警。"② 随着具体应用中的不断优化，"智慧信访"大数据分析平台将极大地促进信访的智库性功能。

从治理理论与信访大数据的应用现状来看，未来的信访大数据应用将大放异彩。如信访大数据在信访人心理、行为识别方面，事件的关联、聚类分析方面都体现出精细化治理的理念，通过精微的治理技术，可使政府由被动回应转向主动适应，达成治理的精准、精细和精致。综上所述，信访智库性功能的发挥将大大提高政府的治理能力，并且随着信访大数据分析挖掘深度的加强、广度的扩展，必将使信访制度的智库性功能日益凸显。

---

① 参见李天伦、王彬：《"大数据"分析把准信访"晴雨表"——甘肃省纪检监察信访举报工作探析》，《中国纪检监察报》2016 年 3 月 29 日。

② 吴镝鸣：《"智慧信访"有助提升社会治理智能化水平》，《信访与社会矛盾问题研究》2017 年第 6 期。

第四章 政治建设领域的信访制度智库性功能

一、政治建设领域信访制度智库性功能的内涵及特征

智库研究近年来成为政界与学界关注的焦点，党的十八届三中全会指出，要"加强中国特色新型智库建设，建立健全决策咨询制度"。党的十九大报告再次指出，要"加强中国特色新型智库建设"。无论是中央政府还是地方政府，无论是高校还是科研院所，无论是官方还是民间，大家都对智库建设给予了高度的重视和很大的投入。这种情况的出现一方面是由于我国目前所处的时代，社会主义新时代下矛盾和问题交织叠加，中国共产党要团结带领人民有效应对重大挑战、抵御重大风险、克服重大阻力、解决重大矛盾；另一方面是由于智库的建设与发展已经成为国家治理体系的重要组成部分，其产出和影响力在一定程度上体现了国家的文化软实力。

从词源上来看，智库本身是一个舶来品，关于其起源和产生的时间，目前学界众说纷纭，但作为一种专门从事决策咨询和提供思想产品的服务机构，智库在社会的政治、经济和文化发展中切实发挥着重要的作用。智库研究一般都是紧扣现实，具有很强的问题意识，对相关的问题采用调查研究、理论分析等综合研究方法进行全方位、多角度的专业的研究，其研究成果具有很强的指导性和可操作性。无论是欧洲的企业战略管理与决策咨询的智库，还是美国的社会政策与政、商、学"旋转门"的智库，都在积极充分发挥着各自的优势，对本国的发展乃至世界格局的构建产生着十分重要的影响。中国特色新型智库的建设显然要立足于中国的国情与制度实践，从现实出发，以

问题为导向，构建多层次、多领域、各具特色、规模不一的智库体系，以满足中国特色社会主义建设的理论与实践需要。十九大报告指出，社会主义新时代的主要矛盾是人民日益增长的美好生活需要和不平衡不充分的发展之间的矛盾，这一重大政治论断为中国共产党制定正确的政策、采取正确的行动指明了方向。目标已经明确、征程已经开启，矛盾的化解和社会主义经济建设、政治建设、文化建设、社会建设、生态文明建设需要我们每个人脚踏实地、真抓实干地去落实、去实现。作为社会矛盾集中凸显的一个窗口，信访无疑在中国特色新型智库的建设中具有十分重要的地位，可以发挥极其重要的作用。信访制度作为极具中国特色的一项政治制度，在了解民意、化解矛盾、政策反馈与优化等方面具有不可替代的天然的制度优势，它一方面直接接触群众，面对各类真实的矛盾与问题，可以为智库研究的开展提供最为鲜活与现实的选题；另一方面掌握大量的信访数据，可以为智库研究的开展提供基础支撑；此外，它还具有全国性的专职信访工作人员队伍和各级各类高校与研究机构的学者和研究人员，可以为智库研究提供智力支持。随着信访制度的不断完善和信访研究的不断深入，信访涉及的领域愈加广泛，本章主要就信访制度智库性功能在政治建设领域的内涵与特征展开进行论述。

（一）政治建设领域信访制度智库性功能的内涵

从智库的发展历程来看，早期的智库主要是为获取战争胜利制定作战方案、提供决策支持的军事战略顾问机构，随着战事的结束，智库逐渐转型成为为政府和企业等提供思想产品和创新方案的社会型组织。目前，虽然对于智库的功能尚未形成共识，但就国外的发展来看，智库对社会公共决策系统具有十分重要的影响力，其所发挥的作用是有目共睹的，无论是微观、中观还是宏观层面，智库都以提供知识和思想见长，其核心作用之一是影响力。党的十八大报告中指出，要坚定道路自信、理论自信、制度自信，习近平总书记在庆祝中国共产党成立95周年大会上进一步将其拓展和完善为道路自信、理论自信、制度自信和文化自信。"四个自信"源自于我国长期以来在社会主义革命、建设和改革中所取得的伟大胜利，也源自于我国各项成就所产生的巨大影响力。我国在为全球提供大量"中国制造"产品的同时，也向世界彰显了社会主义制度的影响力。从中外的对比研究中不难发现，信访是一项颇具中国特色的制度设计，作为中国共产党第一代中央领导集体智慧的结晶，信访切实具备有中国特色的制度影响力，而这也是其在政治建设领域的智库性功能的核心所在。

第一，信访传递和整合利益诉求，影响公共政策的形成与制定。从信访制度的历史沿革来看，信访是中国共产党密切联系群众的一种制度设计，可以说是中国共产党的根本工作路线——群众路线的制度实践。而坚持群众路线的重要内容之一就是解决好群众的利益问题，维护好群众的合法利益。事实上，信访也承担了传递、整合、协调甚至救济利益诉求的功能。无论是在新中国成立初期，还是"文革"之后抑或收容遣返条例废止后，每次信访高峰都与社会关系调整、利益格局变化息息相关。广大群众通过信访渠道所表达的核心是自身的利益诉求，这些诉求通过各级各类信访部门可以快速地传递与整合，一方面可以为既有政策的实施效果提供反馈，另一方面可以为新政策的制定提供方向与参考，进而不断优化公共政策的制定。当然，目前国内尚未建立统一整合的信访大体系，其对公民权利的救济也在一定程度上与司法救济存在不协调的情况，但这并不能从根本上否定信访在传递和整合利益诉求方面的制度价值，相信随着信访法治化进程的不断推进，前述问题会得到较好的解决。

第二，信访践行现代民主。"少数服从多数"是民主制度的基本原则，但既往的民主制度理论与实践，让人们一次次见证了这一原则的弊端与缺陷，因此，现代民主在这一原则之上又补充了"保护少数人利益"的新原则，这是民主制度理论的发展与创新，而信访制度则很好的践行了这一新的原则。实践中，采取信访渠道的公民往往是社会上的困难群体，或者说是在某些公共政策与利益方面的"少数人"。而民主制度是现代国家普遍认可和选取的政治制度架构，这就意味着，在每项公共政策的实施和公共利益的实现背后都有"少数人"会存在不满，从单一事件来看，这些不满或许并不值得关注，但随着大量公共政策的实施和公共利益的实现，这些不满会不断累积，并把矛头统统指向现有的公共政策制定者，进而对既有的政治秩序提出挑战，这就需要一种制度来排遣甚至化解"少数人"的不满，区分情况进行引导与补偿，进而维护既有的政治制度有序稳定的运行。信访就承担了这样的职责，并在多年的实践中积累了大量的实践经验，这些都为其智库性功能的发挥提供了坚实的保障。

第三，信访监督权力运行。我国的国体是工人阶级领导的、以工农联盟为基础的人民民主专政的社会主义国家，与之相适应的政体是人民代表大会制度。人民代表大会制度是我国人民民主专政政权的组织形式，是我国根本的政治制度。社会主义民主政治的本质和核心是人民当家作主，人民代表大会制度保证了国家和民族的前途命运掌握在人民手中。习近平总书记指出："人民代表大会制度的重要原则和制度设计的基本要求，就是任何国家机关及其工作人员的权力都要受到制约和监督。"[①]2018 年 3 月 20 日，第十三届全国人大一次会议表决通过了《中华人民共和国监察法》，传统的"一府两院"变成"一府一委两院"，国家监察委员会成为国家最高监察机关。信访制度就是在人民代表大会制度基础上建立的具有中国特色的权力监督制度。无论是人大、政府，还是法院和检察院系统均设立有信访工作机构，监察委员会还设有专门的纪检监察机关信访举报工作程序，这些都体现了信访对于权力运行的影响。事实上，信访对于权力的监督与影响本质上体现的是人民对权力的监督与影响，这种权力间的制衡与智库的制衡功能具有高度的内在一致性，是信访制度智库性功能在政治建设领域的重要内涵。

第四，信访关系社会舆情。舆情作为舆论情况的简称，是群众在政治、社会、道德等方面所产生和持有的态度，它是较多群众关于社会中各种现象、问题所表达的信念、态度、意见和情绪等表现的总和。信访所接触与关注的主要是舆情中的群众的社会政治态度，它不仅包括群众对国家政治的看法、意见和态度，对社会政治的看法、意见和态度，同时还包括群众对社会

---

① 习近平：《在庆祝全国人民代表大会成立 60 周年大会上的讲话》，人民出版社 2014 年版，第 11 页。

事物的看法、意见和态度。无论是在舆情表达、汇集分析、上传及疏导等方面，信访都发挥着积极的作用，具有重要的制度价值。一是从舆情的表达来看，信访实际上发挥了社会安全阀的功能，在缓和社会冲突、化解隐性危机方面发挥了极为重要的作用。二是从舆情的汇集分析来看，无论是从来访群众所反映的情况出发，还是从信访部门主动的调查研究出发，都可以获得大量有关政治与政策的信息和数据，这些都有利于总结归纳规律性与原则性的思想和理论，切实发挥其在政治建设领域的智库性功能。三是从舆情的上传及疏导来看，信访承担着汇集民智、发挥民力的职责。从广义的舆情定义出发，人民建议也属于社会舆情的范畴，群众作为政策实施的对象，是政策实施效果的直接感受者，从决策制定的绩效角度来看，建议征集工作所发挥的社会、经济效益可能更为直接与明显。此外，信访部门作为直接接触群众的窗口，事实上还承担着解释与宣传政策的职责，它一方面代表着政府的形象，另一方面扮演的是教育者的角色，即利用其专业的知识与思想，向来访群众解释与宣传与其相关的热点的政治与政策问题，进而影响和塑造公众舆论，这些都体现了信访制度在政治建设领域的智库性功能。

综上所述，从制度设计的初衷来看，信访在传递和整合利益诉求、影响公共决策、践行现代民主、监督权力运行和舆情监测与引导等方面都发挥着重要的功能，这些与大家所公认的智库所具备的资政、制衡、启智、强国等功能具备内在一致性，是信访制度智库性功能在政治建设领域的主要内涵。

（二）政治建设领域信访制度智库性功能的特征

与信访制度在政治建设领域的智库性功能的内涵相对应，政治建设领域信访制度智库性功能的特征也主要从信访制度本身的价值和意义出发进行阐述。结合中国特色智库的定位与发展来看，信访制度在政治建设领域智库性功能的特征主要体现为以下方面。

1.政治性

作为中国特色的政治制度设计，政治性是信访在政治建设领域智库性功能的首要特征。信访制度是中国特色社会主义制度的重要构成，其理论和实践都植根于中国特色社会主义的理论和实践。

第一，在发展导向上要旗帜鲜明。积极发挥信访的智库性功能，必须高举中国特色社会主义伟大旗帜，坚持党的领导、人民当家作主、依法治国有机统一。坚持党的领导，必须增强政治意识、大局意识、核心意识、看齐意识，自觉维护党中央权威和集中统一领导，自觉在思想上政治上行动上同党中央保持高度一致，以党的领导统筹信访工作全局。坚持人民当家作主，就是要坚持国家一切权力属于人民的宪法理念，充分发挥信访在公民权益保护方面的制度优势，切实维护人民的合法权益。坚持依法治国，要着力推进信访法治化的进程，重点研究和解决信访制度在实际运行中所面临的困境与难点，从根源上破解体制机制性障碍，进一步发挥信访的制度特色与价值。

第二，在改革理念上要围绕中心，服务大局。信访制度智库性功能的发挥要从信访制度的核心价值出发，聚焦于公共政策的优化、公民权益的保护及公共权力的制衡。要紧紧把握时代发展特征，坚持问题导向，从现实出发，围绕党委政府的重大决策、重点工作，针对群众反映突出的重点、热点问题，进行分析研究，找寻规律。要充分发挥信访统计工作的优势，注重对信访数据的汇集与挖掘，深入分析社会稳定风险、评估政策得失，为政治决策提供有价值的建议、方案及思想，积极服务于中国特色社会主义建设事业。

第三，在建设布局上要统筹全局，协调推进。在政治建设领域，信访制度智库性功能的发挥一方面要注重信访制度自身各项工作和功能的全局统筹，另一方面要注重信访工作体系在全国不同地域间的统筹与协调。就信访制度本身而言，目前尚未形成统一的信访工作体系，人大、政府、监察委、法院、检察院等部门的信访职责多有交叉与模糊，不利于信访制度优势的进一步发挥。此外，办信接访、调查研究、统计分析、新闻宣传、督察督办、人才培养与队伍建设等信访工作部门日常实际承担的诸多职责之间也需要根据时代的发展进行整合与优化。信访网络从中央到地方覆盖全国，在发挥智库性功能时，一定要与当地社会的政治、经济、文化与生态的发展实际相结合，既注重共性问题的提炼也要注重个性问题的解决，这样才能有针对性地化解各级各类社会矛盾，凸显不同地域间信访制度智库性功能的特色，促进信访制度智库性功能的有效发挥。

　　总之，信访在政治建设领域智库性功能的发挥需要同党和国家全面深化改革总目标结合起来，政治性是其发展的根本，信访要为治国理政提观点、提建议，就要把握政治立场和价值追求。只有这样，才能更好地丰富中国特色新型智库的科学内涵，促进中国特色新型智库的发展，推进国家治理体系和治理能力的现代化。

　　2.战略性

　　战略性通常被认为是智库存在的最重要价值之一，研究的前瞻性、长期性及影响力都是智库战略性特征的有机组成，作为中国特色的政治制度，信访制度的智库性功能也具备这一重要特征。

　　第一，前瞻性。提到前瞻性，大家可能想到的是前沿性的研究和预测性的研究。从实践操作来看，目前信访在政治建设领域的智库性功能的发挥体现更多的是预测性研究这一前瞻性特征。前文已经论述过，信访发挥着社会安全阀的功能，它所接触和面对的往往是社会中的隐性矛盾。通常，这些矛盾涌向信访部门时，多数还都处于可控状态，通过对这些矛盾和问题的分析与研究可以对未来社会矛盾发展的趋势做出一种预判，而这对既有社会矛盾的化解、新公共政策的制定以及新社会矛盾的预防都具有十分重要和积极的意义。北京市信访矛盾分析研究中心近年来的多项研究成果已经为此提供了很好的实例，在后面的文字中还将详细论述。此外，前沿性研究在信访制度的运行中也有所涉及，关于信访的存废之争在学术界一直未曾停止，这事实上涉及的是各种政治制度价值与功能的讨论，是国内政治学和公共管理学界的热点与前沿问题，也是实务界关注的焦点，信访制度的价值和意义本身就是一个十分有战略性的研究议题。

　　第二，长期性。信访制度智库性功能的发挥是一个长期的过程，这也是社会发展规律的一种体现。只要社会在发展，群众就会有诉求，政府就要做决策，矛盾就必然会产生，群众也就自然会涌向信访部门反映情况，提出建议、意见或者投诉请求，这也在客观上实现了信访的制度价值。作为群众路线的制度实践，信访是中国共产党密切联系群众的有效桥梁与纽带，在社会主义革命和建设事业中长期的发挥着作用。群众路线是毛泽东思想的重要内容，是毛泽东思想三个活的灵魂之一。邓小平说，"群众路线和群众观点是我们的传家宝"。① 习近平总书记强调，"群众路线是我们党的生命线和根本工作路线"。② 中国共产党能够获得蓬勃生机和旺盛活力，很大程度上是靠践行全心全意为人民服务的根本宗旨，特别是靠创立并坚持群众路线来实现的。群众路线彰显了中国共产党的根本宗旨，信访也就要充分发挥其密切联系群众的重要制度价值。

第三，影响力。影响力通常被看作是评判智库的一个重要指标，世界上的知名智库都是因为其具有强大的影响力而受到广泛的关注。信访在政治建设领域也具备极高的影响力。一是就制度建立而言，信访制度是在中国共产党第一代中央领导集体的精心呵护下建立并成长起来的，毛泽东同志十分重视信访渠道所获取的群众意见与建议，在不同的场合强调领导干部需要重视群众的来信与来访。二是从制度的运行来看，信访历来都受到群众和党委政府的广泛关注。作为一种低成本的便捷的诉求表达机制，信访可谓是家喻户晓，虽然可能对具体的工作流程并不熟悉，但就诉求表达而言，几乎每个中国公民都知道信访这一渠道。党委、政府对信访更是重视有加，曾经的信访"一票否决"虽然存在着不合理的因素，但足以证明信访在整个权力运行体系中的影响力。此外，信访制度本身也具备巨大的制度价值和影响力。通过与国外的对比研究，不难发现，信访可谓是中国特色的制度设计，其在整个政治制度运行中的优势和价值亟待推广与传播。

---

① 《邓小平文选》第二卷，人民出版社1994年版，第368页。

② 《习近平谈治国理政》，外文出版社2014年版，第27页。

3. 公共性

前文已经论述过，信访传递和整合利益诉求、影响公共决策，其满足公共需求，促进公共利益，因此，公共性是信访制度智库性功能在政治建设领域的又一重要特征，其主要表现为公益性和公正性。

公益性首先表现为非营利性。作为一种政治制度，信访显然不以获取利润为目的，无论是人大、政府、监察委、法院还是检察院，其所有的办公场所和人员开支等均来自财政拨款，其承担着社会管理的职能。因此，从制度运行的源头来看，信访制度智库性功能的发挥并不以营利为目的。其次，各信访部门所提供的思想、方案和政策建议也都是为公众提供服务、谋求公共利益。从传统意义上来看，国家和政府是公共利益的实现者，信访作为国家机关显然肩负着维护公共利益的职责。即使从"经济人"的假设出发，将政府的自身利益一并考量，也可以发现信访在谋求公共利益方面的独特价值。由于信访涉及"一府一委两院"权力运行体系的各个部门，即便各部门从本位主义出发，要谋求自身利益，其他部门的信访工作机构也会对其产生监督与制约，在广大群众的参与之下，辅助以恰当的信息公开，这种监督可以说是十分有效的。

公正性是以公益性为基础的，信访有利于最大限度地实现社会公正。从信访对公民权益的保护来看，虽然，从实现利益的角度来看，信访人往往只是为了满足个体或者少部分群体的利益，从表面上看缺乏公共利益的关注，但这恰恰是信访解决利益纠纷与司法解决利益纠纷的关键差异所在。如果仅仅是单纯的个体的利益纠纷，采取司法渠道即可解决，这样既捍卫了法律的权威，实现了社会公正，又节约了信访的资源，这也是近年来诉访分离工作的主要内容。但有些利益纠纷并不是现有法律能够有效解决的，无法从司法渠道实现社会的公正，这就需要信访的有效作为。这些问题的存在一方面是由于法律的滞后性或不作为所引起的，另一方面则是民主社会发展过程中必然存在且无法避免的，需要由制度设计来进行事后的修复。未来，可以借助信访的公开机制实现各方利益主体间的平衡，进而更好地维护社会公共利益，实现社会公正。

4.专业性

智库研究与普通的学术研究不同，不仅仅是关注于知识的探索，更重要的是将知识与政策进行有机结合，专业性是其主要的特征。信访部门所承担的办信接访、统计分析、信访宣传、法律政策咨询、督察督办等每项工作都需要专业知识和专业人员进行办理，其智库性功能具备典型的专业性特征，具体来说，主要包括科学性、适用性和创新性三个方面。

科学性首先体现为其以事实为依据。国务院《信访条例》第十九条规定："信访人提出信访事项，应当客观真实，对其所提供材料内容的真实性负责，不得捏造、歪曲事实，不得诬告、陷害他人。"第二十八条规定："行政机关及其工作人员办理信访事项，应当恪尽职守、秉公办事，查明事实、分清责任，宣传法制、教育疏导，及时妥善处理，不得推诿、敷衍、拖延。"第三十一条规定："对信访事项有权处理的行政机关办理信访事项，应当听取信访人陈述事实和理由；必要时可以要求信访人、有关组织和人员说明情况；需要进一步核实有关情况的，可以向其他组织和人员调查。对重大、复杂、疑难的信访事项，可以举行听证。听证应当公开举行，通过质询、辩论、评议、合议等方式，查明事实，分清责任。听证范围、主持人、参加人、程序等由省、自治区、直辖市人民政府规定。"在尊重事实的基础上，各地的信访机构还在长期的工作实践中就系统调研、经验积累、数据支持、信息反馈与评估等工作都形成了各具特色的研究方法与技术手段，这些都是与智库研究所需的专业化研究方法和技术相契合的，十分有助于信访发挥其智库性功能。

适用性是指信访所提出的报告及政策建议均以问题为导向，针对具体的事项或情况进行。根据《信访条例》第六条，县级以上人民政府信访工作机构的职责之一是"研究、分析信访情况，开展调查研究，及时向本级人民政府提出完善政策和改进工作的建议"，第二十一条第二款规定，"对依照法定职责属于本级人民政府或者其工作部门处理决定的信访事项，应当转送有权处理的行政机关；情况重大、紧急的，应当及时提出建议，报请本级人民政府决定"。此外，信访人所提供的信访意见与建议也大都是从现实问题出发，虽然其涉及的范围大小不一、问题性质也有所差异，但对现实的密切关注对公共决策很有参考价值。适用性还要求政策建议具有可操作性，信访发挥智库性功能就要求其研究成果能直接用于实践，并对实践具有指导作用，既要保证政策或制度设计的合理性，还要保证政策或制度的可执行性，而这也是智库研究与普通学术研究的重要区别。

创新性是指信访智库性功能的发挥以理论创新为基础，在大量的信访数据和资料的基础上，以公共政策优化、公民权益保护为切入点，提出可执行、可纠偏和可预见的建议对策，而不是单纯对既有领导决策的重复阐述。要切实践行"围绕中心、服务大局"的工作理念，认真梳理大量信访事项中事关经济社会发展的重大问题和涉及广大群众切身利益的首要问题，着眼改革发展的大势和重点难点，将信访研究的政策和制度优势与普通学术研究的理论和学理优势有机结合，力求在关键政策领域出思想、出对策、出预判。

5. 复合性

就政治建设领域而言，信访制度在人才培养、宣传引导、思想成果推广与转换以及国际交流等方面也都发挥了积极的作用，其智库性功能的发挥体现了复合性的特征。

提到人才培养，人们更多想到的是高校，从整个国家和民族的层面来说，高校无疑承担着人才培养的重要使命，但就社会矛盾化解、公共政策优化而言，信访也发挥着人才培养的积极作用。一是就信访队伍本身而言，为了更好地开展各项信访工作，每年都会举办各级各类的信访人员培训，不仅传达最新的政策精神，同时也讲授如何更好地发现和化解社会矛盾，优化公共政策。二是从信访相关部门来看，在矛盾和问题交织叠加的新时代，如何预防、发现和化解矛盾和危机已成为各个国家机关工作人员都须具备的重要能力，而信访的既往实践经验和理论无疑可以提供宝贵的资源。三是为了更好地满足社会人才需求，高校近些年也开始进行社会冲突与矛盾化解方面的专门人才的培养，通过与相关信访部门的合作组建了多学科、多专业的综合学术研究团队，已经取得了较好的社会效应。

信访的宣传引导，一方面是指针对信访人所进行的法律法规政策的解释说明和宣传，另一方面则是指借助报纸、杂志、书籍、广播、电视、网络等媒体以及会议、论坛等渠道所进行的有关信访理论和实践的宣传和报道。其中，前者涉及的人群相对集中，虽然从总体上来看规模不大，但作为信访工作的直接对象，他们的感受直接反映了信访工作的成效，因此在实践中必须加以重视，并针对不同信访群体总结不同的信访工作方法。后者涉及的人群广泛，肩负着宣传信访制度价值，引导舆论，影响社会群众的重要职责。从实践来看，各地的信访部门在两个方面都进行了积极的尝试与创新，有关信访的新的工作方法不断涌现，新的刊物不断发行，各类学术和工作会议时有举办，这都为信访制度智库性功能的发挥奠定了良好的基础。

思想成果的推销与转化是智库服务政府与社会的重要表现。信访作为一项政治制度，其本身就承担着提供政策建议的职责，而政策建议的提出必须基于对事实的把握和学理的分析，因此，信访本身肩负着思想与政策的转化职能。随着信访工作的不断推进与深入，信访工作机构开始和高校、科研机构开展各类合作，不断提升政策建议的水平和质量，在政治建设领域积极地发挥着智库性的功能。此外，通过对国外知名智库的研究，可以发现其还存在着"旋转门"的机制，即相关领域的人才可以在政界、学界甚至商界按需流转。仅就政治建设领域而言，信访领域的人才也可以在政、学之间进行流动，而且，目前国家提倡复合型人才的培养，无论是高校还是政府部门都需要既有理论知识又有实践经验的优秀人才，从这个意义上来说，信访机制智库性功能的发挥在未来还大有可为。

最后，就国际交流而言，知名智库往往都具备较强的国际影响力，而信访也肩负着扩大国际影响力和显示文化软实力的责任。与其他政治制度不同，信访的中国特色体现在其他国家特别是发达国家并没有相同或类似的工作部门，所以在国际交流方面，信访部门一直处于被动局面。近年来，通过对社会矛盾和政策优化的研究，信访制度的价值更加显现，其与国外的交流也逐步开展，北京市信访矛盾分析研究中心已经进行了积极的尝试，相信随着信访研究的不断深入和信访法治化的不断完善，信访会有更多的机会在国际舞台上进行交流和展示。

二、信访制度智库性功能与公共权力的监督和公民权利的救济

（一）权力制约是信访制度建构的基本原理

随着社会的发展和时代的变迁，公共权力的运行环境已发生了根本性的变化，作为社会现代化的结果，公共权力的扩张有其合理性与必要性。但公共权力的不合理增长及一定程度的失控却是一个始终存在的问题。权力导致腐败，绝对权力导致绝对的腐败，权力制约是解决这一症结的根本所在。这里所说的权力制约，主要是指公共权力所有者运用民主与法制手段，通过各种有效途径，对公共权力行使者进行一定的制衡与约束。制衡，主要是指在公共政治权力外部，存在着与权力主体相抗衡的力量，这些力量表现为一定的社会主体，包括个人、群体、机构和组织等等，他们在权力主体行使过程中，对权力施以监督和制约，确保权力在运行中的正常、廉洁、有序、高效等，并且使国家各部分权力在运行中保持总体平衡；约束，主要是指在公共政治权力内部的国家权力的各部分之间相互监督、彼此牵制。能否建立行之有效的公共权力制约机制，事关社会主义市场经济的发展，事关政府治理能力的提高，事关社会主义和谐社会的构建。作为直接民主的制度设计，信访制度是具有中国特色的权力监督制度，而权力制约也是信访制度建构的基本原理。作为人民群众向党和政府揭发、检举各级党政机关工作人员违法失职行为的一种监督形式，信访在保证公共权力正确行使、避免权力滥用、促进廉政建设等方面发挥了重要作用。信访监督的实质是人民的监督，就是广大人民参与的"人人监督"，因此，它是清除腐败的消毒剂，保证勤政廉洁的有力武器，是对权力执掌者的有力制约。新中国成立初期，政务院监委受理的案件 70% 以上是人民来信来访提供的，政务院批准的政务院监委的三项任务之一就是"受理人民群众的检举控告"。

目前，权力制约机制主要包括公民权利对权力的制约、社会对权力的制约和权力对权力的制约三个方面。信访制度在这三个方面均有所体现，但也存在不足，需要在未来的法治化进程和智库建设中不断完善。

1.公民权利对权力的制约

公民权利与公共权力之间的关系是一个动态的演变过程，随着生产力发展水平、市场机制完善程度、公民自治水平而不同。以公民权利制约公共权力有着深刻的理论渊源和历史背景。

近代的社会契约论认为，国家的产生源于公民权利的授予，为了自身的生命和财产安全，人们让渡自身部分的权利订立契约，组成国家，以便有一个共同的尺度来判决人与人之间的一切利益冲突。恩格斯在《家庭、私有制和国家的起源》中指出："国家决不是从外部强加于社会的一种力量。……国家是承认：这个社会陷入了不可解决的自我矛盾，分裂为不可调和的对立面而又无力摆脱这些对立面。而为了使这些对立面，这些经济利益互相冲突的阶级，不致在无谓的斗争中把自己和社会消灭，就需要有一种表面上凌驾于社会之上的力量，这种力量应当缓和冲突，把冲突保持在'秩序'的范围以内；这种从社会中产生但又自居于社会之上并且日益同社会相异化的力量，就是国家。"① 由此可见，马克思主义认为政府权力产生于社会并为了调和社会矛盾，而最终日益与社会相脱离。

一般而言，政府权力的扩张与膨胀是以公民权利的削减与退让为代价的。从历史发展来看，市场经济之前的政府权力多是处于强势的、支配的地位。这种强弱不平衡、不对等的状态与最初的制度设计的初衷背道而驰，公民权利与政府权力之间存在地位上的实际不平等。但随着市场经济的不断发展，公民权利也在不断的扩张与强化。随着公共治理理论的兴起和各国改革运动的不断深入，公民权利进一步扩展到传统的公共权力领域，并不断加强对政府权力的制约。在公共治理理论的框架下，公民、市场主体、社会团体

---

① 《马克思恩格斯选集》第4卷，人民出版社2012年版，第186—187页。

已经成为与政府具有同等地位的治理主体，共同参与公共事务和公共决策，公民既可以直接行使公共权力，又可以与政府一起分享公共权力，这使得公民权利对公共权力的制约变得可行与深入。

《中华人民共和国宪法》（以下简称《宪法》）第二条规定："中华人民共和国的一切权力属于人民。……人民依照法律规定，通过各种途径和形式，管理国家事务，管理经济和文化事业，管理社会事务。"第二十七条第二款规定："一切国家机关和国家工作人员必须依靠人民的支持，经常保持同人民的密切联系，倾听人民的意见和建议，接受人民的监督，努力为人民服务。"第四十一条规定："中华人民共和国公民对于任何国家机关和国家工作人员，有提出批评和建议的权利；对于任何国家机关和国家工作人员的违法失职行为，有向有关国家机关提出申诉、控告或者检举的权利"。由此，不难发现，信访制度的建构源自于公民权利对公共权力的制约这一理念，信访制度确立的根本目的之一就是要保障公民、法人和其他组织的民主权利及其他合法权益，监督和促进国家机关及其工作人员依法行使职权，要实现公民权利对公共权力的制约。

结合信访智库的功能来看，信访数据在一定程度上可以看作是公民权利对公共权力制约的"晴雨表"，一方面可以根据信访的数量及频率判断公共权力的实践状况，另一方面也可以以此来判断公民权利意识的实际水平和行使状况。新中国成立后几次大的信访高峰，都在一定程度上反映了公民权利对公共权力的有效制约。

2. 社会对权力的制约

从国家与社会二分的角度可以把存在于一个民族国家之中的权力区分为政治权力（公共权力）和社会权力两种类型，其中社会权力可以理解为产生和存在于社会生活中的并对人们的社会活动具有支配作用的影响力。与政治权力（公共权力）的单一性不同，社会权力具有多元性。无论是从历史还是从现实看，只要存在社会分化（社会阶层和利益分化），就会存在社会权力的分化，社会的自我控制和整合过程就不仅仅表现为单一的占统治地位的社会权力的社会统合过程。只要有其生成的条件和空间，各类社会权力就会在其活动区域内发生作用，而且还会对公共生活秩序产生影响。在某些情况下，这些合法或非法存在的社会权力甚至会取代占统治地位的社会权力而成为某一社会领域实际的控制者。从某种意义上说，政治权力（公共权力）正是在对各类社会权力的冲突与协调过程中获得了存在的现实合理性。

一种社会形态的有序运行过程本质上表现为一元的政治权力（公共权力）和多元社会权力的博弈和统合过程。社会权力是一种产生于社会而又存在于社会之中的力量，它与政治权力（公共权力）不同，不会随着国家的消亡而消亡，只会随着人类社会的消亡而消亡。现代社会的生活过程不是单一的社会权力的社会控制过程，社会权力结构由多种权力类型和多个权力中心构成，因此，社会权力也是多元权力相互作用的过程。任何国家的统治意志的有效贯彻与落实，都必须要借助社会力量，或者说在许多情况下要透过其社会权力才能使其到达于每个社会成员。换句话说，一个国家的政治能否稳定的关键在于政治权力（公共权力）能否获得社会力量的强大支撑。当然，社会秩序的稳定也需要强大的政治力量作为保障。按照马克思主义经典作家的观点，政治权力（公共权力）代表的是整个统治阶级的利益，它通常以"公共"的形式存在并发生作用，而社会权力则是以具体阶层和群体权力的形式存在，代表的是阶层和群体的利益。因此，两者之间也存在着冲突和制衡的关系。

社会对权力的制约在信访制度与实践中主要体现为群体性信访。对于多人信访及信访人集中提出信访请求的情形，目前尚未有专门及明晰的制度进行规范，《信访条例》第十八条第二款规定："多人采用走访形式提出共同的信访事项的，应当推选代表，代表人数不得超过5人。"这一规定在信访实践中并没有得到较好的落实，事实上，在诸如企业转制、征地拆迁、医患纠纷、大型环境侵权事故赔偿等事项中，信访人往往采用大规模集体走访的方式表达利益诉求。此类大规模集体走访通常由于信访人的情绪等因素对社会公共秩序造成不良影响，对其他人的正常生产生活产生不必要的干扰，甚至会在某种刺激下转化为群体性事件。因此，针对多人信访及集中请求，信访部门必须加大重视力度，日常做好相应的应急预案及各部门会商制度。目前各地信访机构也有一些十分积极的尝试与努力，如深圳福田的律师参与信访工作机制、浙江海宁的信访专家评议团制度等，通过积极吸纳律师参与，建立专家评议团，推动部门会商，从而实现疑难信访问题的公开公正解决，在实践中取得了较好的效果。

未来，在信访制度的完善和智库性功能的发挥方面还需进一步探索，及时总结引发群体性信访的原因，及时发现和纠正容易导致群体性信访的决策、决定，从源头上预防信访事项的发生。

3.权力对权力的制约

权力对权力的制约，是以分权为基础的，与美国的"三权分立"制度不同，我国实行的是"议行合一"的人民代表大会制度，但我们也同样存在着立法（权力）机关、行政机关和司法机关职能的区分、机构的分离、权力的分工以及人大对政府的监督、对司法机关的监督，司法机关通过行政诉讼纠正政府机关的违法行为等权力制约关系。现行的信访制度的法律规定及机构设置充分体现了这一理念。

谈到信访制度的法律依据，大多数人第一想到的是《信访条例》，《信访条例》第六条第一款明确规定："县级以上人民政府应当设立信访工作机构；县级以上人民政府工作部门及乡、镇人民政府应当按照有利工作、方便信访人的原则，确定负责信访工作的机构或者人员，具体负责信访工作。"第二十一条规定："县级以上人民政府信访工作机构……（二）对依照法定职责属于本级人民政府或者其工作部门处理决定的信访事项，应当转送有权处理的行政机关；情况重大、紧急的，应当及时提出建议，报请本级人民政府决定。（三）信访事项涉及下级行政机关或者其工作人员的，按照'属地管理、分级负责，谁主管、谁负责'的原则，直接转送有权处理的行政机关，并抄送下一级人民政府信访工作机构。县级以上人民政府信访工作机构要定期向下一级人民政府信访工作机构通报转送情况，下级人民政府信访工作机构要定期向上一级人民政府信访工作机构报告转送信访事项的办理情况。（四）对转送信访事项中的重要情况需要反馈办理结果的，可以直接交由有权处理的行政机关办理，要求其在指定办理期限内反馈结果，提交办结报告。"从上述的规定中，我们不难看出，信访制度在行政机关内部切实发挥着一定的权力制约作用。但由于目前的信访工作机构均设立在各级政府部门内部，并没有在政府层面设立的统一的信访工作机构，信访工作机构也不是政府的组成部门，降低了信访的效率，提高了信访的成本。当前，我国发展仍处于重要战略机遇期，虽然前景光明，但挑战也十分严峻。发展的不平衡不充分所导致的社会矛盾还将在一段时间内持续存在，信访制度应从政府全局工作的角度出发，全面把握社会矛盾的整体状况与其在不同工作领域的集中表现，为政府的有效决策提供翔实的数据支持。

同时，《信访条例》第十五条规定："信访人对各级人民代表大会以及县级以上各级人民代表大会常务委员会、人民法院、人民检察院职权范围内的信访事项，应当分别向有关的人民代表大会及其常务委员会、人民法院、人民检察院提出"。虽然，目前我们国家还没有关于信访的统一的基本法律，但近年来，无论是学界还是政界都十分关注信访制度的发展与法治化建设，《信访法》的立法工作也在有序的推动中。从既有的机构设置来看，无论是各级人民代表大会以及县级以上各级人民代表大会常务委员会、人民法院、人民检察院还是新成立的国家监察委员会都有受理信访的相关部门，事实上，信访制度的法律依据从本源来讲，是源自于我们的根本大法的。前文已经论述过，《宪法》已经规定，中华人民共和国公民对于任何国家机关和国家工作人员，有提出批评和建议的权利，对于任何国家机关和国家工作人员的违法失职行为，有向有关国家机关提出申诉、控告或者检举的权利。这一公民宪法权利的实现在实践中更多的体现在人民代表大会制度的设计与落实上。中华人民共和国的一切权力属于人民，人民行使国家权力的机关是全国人民代表大会和地方各级人民代表大会，各级人民代表大会以及县级以上各级人民代表大会常务委员会依法受理人民群众的来信来访，维护群众的合法权益，这是宪法赋予人大的职权，也是各级人民代表大会以及县级以上各级人民代表大会常务委员会的职责。《中华人民共和国地方各级人民代表大会和地方各级人民政府组织法》第四十四条规定，县级以上的地方各级人民代表大会常务委员会行使的职权之一是"监督本级人民政府、人民法院和人民检察院的工作，联系本级人民代表大会代表，受理人民群众对上述机关和国家工作人员的申诉和意见"。这一规定可以说是地方各级人大开展信访工作的基本法律依据。《中华人民共和国各级人民代表大会常务委员会监督法》第九条规定，"人民来信来访集中反映的问题"是"常务委员会听取和审议本级人民政府、人民法院和人民检察院的专项工作报告的议题"确定的途径之一。由此，信访成为人大监督工作的重要内容之一，也从法律规定上体现了权力对权力的制约，其权力制约的智库性功能也在一定程度上得到体现。但与行政权力内部的制约类似，信访机构也不是各级人民代表大会以及县级以上各级人民代表大会常务委员会的单独的工作机构，在实际的权力行使和智库建设方面还有待于进一步完善。

相较于国家内部权力的相互制约，从本质上讲，目前的信访监督还是一种外部监督。因此，信访对公权力的制约更多的体现出间接性的特点，主要表现为它是一种实现公权力对公权力进行监督的诱发机制。国家监察委的成立可能为信访监督提供了一种全新的视角。国家监察委为监督体系的完善和公权力的相互监督提供了现实的制度保障，但信访举报渠道仍是其重要的工作程序，未来信访的这一智库性功能仍值得进行深入而细致的研究。但从信访直接民主的特性来分析，仅仅是公权力对公权力的制约并不足以发挥其全部的制度价值，还需要进一步挖掘社会权力以及公民权利对公权力的制约。这就需要信访智库加大对权力制约与监督的研究，在信访理念和制度建构中不断寻求共识，最终推动民主政治的健康有序发展。

（二）公民权利保障是信访制度的中国特色

1.信访是我国公民的一项基本权利

关于信访权利，目前理论界和实务界都尚未形成共识。根据我国宪法的规定，信访是我国公民的一项基本权利，该权利至少包括四个方面的内容：对国家机关的工作提出批评和建议；对于自己利益受到公权力的侵犯或被公权力漠视，提出申诉或控告；对于国家机关及其工作人员的违法失职行为，予以检举；以适当的方式，表达自己的诉愿，以使国家有关部门重视、接受、或使自己的诉愿得以实现。① 其中，公民基于自己的政治意志和公共利益而行使监督国家机关及其工作人员活动的权利，可称之为"监督权"；公民针对国家机关及其工作人员对公民个人的合法权益的不法侵害而行使权利，属于"获取权利救济的权利"。② 因此，作为一项宪法权利，信访权利不能简单的归于政治权利或民主权利，而是政治权利与非政治权利、实体权利与程序权利的复合体。③

无论信访权利的属性如何，作为启动人民主权程序的钥匙，信访权利需要得到有效的保护。

第一，公民、法人或者其他组织都应该享有这一重要权利，任何组织和机构都不得对信访人的正常信访活动进行阻挠、干涉、压制，甚至非法限制人身自由，也不得打击报复信访人。对于以暴力、胁迫或者其他手段侵害信访人人身自由和安全的，公安部门应当及时依法处理。

第二，各级国家机关、企事业单位以及其他组织及其工作人员应当积极协助并配合信访，只有通过社会各界的通力合作与大力支持，才能保证信访工作这一系统工程的有效落实。

第三，涉访国家机关需要对信访事项所涉及的问题进行及时反馈。对于各级国家机关信访工作机构季度报告中所公布的信访事项处理结果、数据统计结果、提出的建议，涉访国家机关应当予以关注。对于信访人集中提出的信访事项所涉及的问题，应当及时进行处理。

第四，要通过立法明确信访人的权利，并进行积极的保护。

第五，要通过立法明确信访工作人员的权利。在信访实践中，时常发生

---

① 朱恒顺：《信访法治化研究》，山东大学硕士学位论文，2005年，第4页。

② 杜承铭、朱孔武：《"信访权"之宪法定位》，《辽宁大学学报（哲学社会科学版）》2006年第6期。

③ 参见吴家清、朱孔武：《"信访权"的虚与实》，中国法学会宪法学研究会2005年年会论文集（B卷），第1117—1118页。

信访工作人员人身自由、人身安全受到威胁和侵害的情况。此种威胁和侵害的存在会大大影响信访秩序，使信访制度大打折扣。

第六，要对信访工作机构进行梳理与整合。在机构设置、权责划分、机构功能等方面进一步探索与研究，以适应时代变迁对信访提出的新的任务要求。

有关信访权利的归属、内涵及保护是信访制度能够有效运行的基础，也是理论界和实务界关注的焦点之一。既往的信访立法与实践已经进行了很多的尝试与探索，所积累的经验与成就可以为信访制度智库性功能的有效发挥提供大量的素材与资料，进而推进信访法治化建设、信访制度和理念的创新以及民主政治建设。

2.信访制度关注信访人的利益诉求

《信访条例》第二条规定："本条例所称信访，是指公民、法人或者其他组织采用书信、电子邮件、传真、电话、走访等形式，向各级人民政府、县级以上人民政府工作部门反映情况，提出建议、意见或者投诉请求，依法由有关行政机关处理的活动。"从这里我们不难发现，信访人的主要权利是"反映情况，提出建议、意见或者投诉请求"。而"投诉请求"的权利源于我国宪法赋予公民的申诉权、控告权和检举权，以及在受到国家机关和国家工作人员侵害的情况下获得赔偿和救济的权利，这表明公民有权通过信访渠道监督公共权力并且依法获得权利救济。[1] 从新形势下的信访实践来看，信访实际上承担着协调利益关系和提供权利救济的重要功能，而这两者均与信访人的利益诉求密切相关。当然，目前的《信访条例》并没有明确规定信访部门应当受理的权利救济范围，因此，在实践中存在大量权利救济诉求涌向信访部门的状况，增加了信访的负荷，同时也对司法渠道的权利救济产生冲击，不利于树立和巩固司法权威。这一状况需要通过对信访智库的研究、政策建议及舆论宣传加以改变。

---

[1]　参见张宗林主编：《中国信访史研究》，中国民主法制出版社2012年版，第287页。

信访关注信访人的利益诉求，还与信访关系的政治性密不可分。信访关系从本质上讲是一种政治关系，它在社会价值的权威性分配中发挥着巨大的作用。正是由于社会价值分配的不公才导致了信访人的信访行为，而信访行为的结果是实现了个体乃至群体的社会价值的再分配，促进了社会价值分配的合理性，进而推动了民主政治的发展。而且，社会矛盾的高发也多是由于社会价值分配的不公所造成的，信访制度能够发现社会矛盾的规律并进行预判，也多是基于对信访人利益诉求的关注与研究而来。未来进一步发挥信访的智库性功能仍然需要从现实出发，紧紧抓住信访人的利益诉求这一因素，充分挖掘信访利益协调和权利救济背后的政治功能需求，为公民权利的保障和民主政治的发展做出应有的贡献。

3. 信访制度聚焦公民权利保障

信访的内容随着社会的发展不断发生变化，其在不同的历史阶段承担着不同的使命功能，在我们国家的民主政治建设的过程中发挥了巨大的作用。

民主革命时期，由于党就生活在群众之中，因此群众通过信访形式和党发生联系的情形并不多。信访主要是党和政府了解群众思想、团结群众、发扬民主、改进工作的方法。新中国成立后，政治、经济和社会条件发生了巨大的变化，信访的使命也随之调整。在新中国成立初期，信访主要为中央领导制定政策、指导工作决策提供信息。据不完全统计，1951 年 7 月至 1954年 6 月的 3 年中，中共中央、政务院、中央有关部门根据人民来信或参考人民来信制定了 13 项政策。同时，随着反映个人问题的信访数量的增加，信访工作开始关注个案的解决，聚焦公民权利保障，出现"一事一议"的工作形式。"文化大革命"期间，国家政治局势动荡，对路线斗争和阶级斗争的强调，使得信访权利难以得到有效保护，信访制度的组织领导体系与规则体系趋于混乱乃至废弃。"文革"过后，信访权利要求得到猛烈释放，大批的上访人员涌向公共权力中心所在地。据中央机关统计，1979 年在北京的上访群众，最多的时候一天达一万余人，中央办公厅信访局和国务院办公厅信访局仅 1979 年就收到人民来信 108 万件。面对如此形势，信访的主要任务是冤案、错案和假案的昭雪平反。1982年第三次全国信访工作会议之后，信访工作开始趋于正常，其任务逐渐转移到为改革开放服务上。随着市场经济的发展，改革进入深水区，利益逐渐多元，社会进入矛盾高发期，化解各类社会矛盾成为信访工作的主要内容之一。

综上所述，不难发现，信访所承担的使命与时代紧密结合，具有典型的与时俱进的特征，信访所承载的制度功能也随着信访活动的变化而日益的多元与丰富，但人民民主和权利保障的理念贯穿始终。信访制度作为具有中国特色的权力监督和权利救济制度，它给予和保证每一个公民利益和意愿表达的权利，是一项重要的保障人权的制度。当经济发展到一定水平之后，社会分层必然出现。社会分层的客观存在使得公民权利的平等实现遭遇挑战，而信访则为困难群体提供了实现平等的渠道。信访设立的初衷就是要保证每个人都能够参与政治、表达诉求，而且这种参与和表达能够通过制度的管道到达决策的中心，进而保证公民权利的平等实现。大量求决型和申诉型信访案例的存在，也很好地证明了信访与公民权利的密切关系。每个公民都是自身利益的最好的代言人，信访人通过与信访部门和机构"面对面"的接触来表达自己真实愿望与利益诉求，信访制度的这一优势可以使其聚焦于公民权利的保障，获取大量公民权利的诉求，为深入细致地研究准确反映我国公民权利保障的现状提供了坚实的基础。信访的这一政治功能可以说是其他任何制度都无可替代的，是颇具中国特色的一种制度设计。

三、信访制度智库性功能与政治决策和政治民主

如前文所述，民主政治是现代社会发展中的一种不可抗拒的历史潮流，而公民权利的保障与实现是民主政治的基础衡量标准，从一定意义上说，发展民主政治就是为了实现公民的各项政治及经济权利。公民通过自身的政治实践获取对自身权利状况的感知，并进而影响其权利意识，最终指导其政治行为。政府也需要掌握公民权利的保障现状，一方面，政府在进行决策前会

对制度的运行产生一种权利保障的预期，但制度运行的实际效果往往与预期存在差异，这就需要了解现状，发现差异，并进而寻求原因，改进决策。另一方面，任何决策的实施都会对政治主体产生影响，并进而影响政治意识和政治行为，政府需要对决策实施的效果有所掌握，才能对决策进行评估，并为后续决策的制定提供依据。信访作为群众诉求表达和权益保障的渠道，可以有效地洞察我国公民权益保障的现状，反映少数人的利益诉求，引导公民参与决策，弥补代议制民主制度的不足，进而保证公民的有序政治参与，推动民主政治的建设与发展。

（一）信访制度立足一线政治实践，有利于做好决策源头工作

推动政治决策的科学化与民主化，要首先做好决策的源头工作——决策信息的收集。需要努力建设发达的决策信息收集系统，多渠道收集各种官方及非官方的数据和信息，并努力做好信息的收集、传递、加工、存储、输出、反馈等各个环节的工作。信访具有直接接触群众的先天制度优势，能够全面收集各类决策信息，进而从源头上为政治决策的科学化与民主化奠定坚实的基础。

1. 信访制度立足一线的政治实践

提供新思想是智库的重要功能，信访智库也不例外。而思想的形成大致有两种渠道，一是从思想到思想，即通过对前人学说的梳理与分析，形成自身的观点，诚如司马迁所言"以拾遗补艺，成一家之言，厥协《六经》异传，整齐百家杂语"；二是理论源于实践，所谓的实践出真知。当然，任何一种思想的形成都源于对现实的观察和理性的思辨，但不同的学科在研究思路和方法的侧重上依然存在差异。信访制度特性要求其研究必须立足一线，要坐而论道更要起而行之。

无论是作为政治制度还是作为政治实践，信访都始终立足于一线的政治实践。信访机构及其工作人员每天面对的是社会中的鲜活个体及组织，他们所表达和传递的都是最为新鲜的公共权力的影响。马克思主义讲求"实

践——认识——再实践——再认识"，只有贴近社会、贴近生活、贴近群众，才能获得鲜活的第一手资料，也才有可能提炼出有针对性和时效性的理论。政治的知识和理论源于实践，信访的思想和理论也源于实践，要在各地信访一线的第一手数据、实践经验和深入调查研究的基础上，发现问题、总结规律进而提炼出有价值的理论。

　　要充分重视通过信访渠道获取的第一手信息，这些信息因为直接源于群众，因此都是原始的未经加工的民意资料，是公民政治意识、权利诉求和社会矛盾的最真实反映。信访部门历来重视对信访案例的整理与存档，但囿于人力、物力、技术等因素的限制，大量的信访数据没有被分析和挖掘，但互联网和大数据时代的到来为信访数据的分析提供了技术的支持。国家信访信息系统的建立可以说是信访信息共享的良好尝试，也为信访信息的采集和整理奠定了良好的基础。未来，信访智库要充分利用先进的技术手段，借助大数据的相关分析工具，对各地的和全国信访信息和数据进行深入挖掘，实现信访实践与理论的有效沟通与衔接，准确反映公民权益的现状和信访行为背后的深层次需求。相信通过信访智库建设的不断深入与完善，通过一定时期的积累和努力，通过对大量信访案例和数据的归纳与提炼，最终会形成中国特色的信访制度体系和理论框架，并为政治决策的制定和民主政治的发展贡献巨大的力量。

2. 信访制度服务政治决策的制定

　　虽然不同历史时期的社会政治经济发展状况和党的中心工作不同，社会矛盾不同，每个阶段的信访形势、主要任务和职能也都有所不同，但"服务中心，围绕大局"始终是信访制度的一大工作理念。[①]

　　十八届三中全会提出，全面深化改革的总目标是完善和发展中国特色社会主义制度，推进国家治理体系和治理能力现代化。而政治决策水平的高低是衡量国家治理能力的重要指标，信访制度的发展也要服务政治决策制定的

---

① 参见张宗林主编：《中国信访史研究》，中国民主法制出版社2012年版，第154页。

这一大局，不断提升政治决策的前瞻性、战略性、可操作性，不断推进政治决策的科学化与民主化。

第一，信访机构具有第一手信息汇集地的优势，有利于发现问题，及时分析。信访系统作为一个"横向到边、纵向到底"的工作和信息网络，在信息的收集和汇总方面具有其他政府部门或者研究机构所不具备的系统优势，虽然在既往的工作中，绝大部分的研究还只停留在工作汇总及反思的层面上，但未来，随着信访制度智库性功能的不断凸显，再加上信息技术手段的帮助，可以大大提升对于信访信息全面性与及时性的掌控，进而可以实现信访机构对各类第一手信息的综合研判，从决策源头向政府提供有效信息。

第二，信访机构有大量的政治决策的各类反馈信息。前文已经论述过，公民权利的保障是信访制度的重要功能定位，这就决定了信访信息大量是关于公民权利的信息，而这些又往往与政治决策密不可分。事实上，伴随改革的不断深化，大量的信访信息是有关政治决策实施的反馈信息，这些信息中既有反映决策本身或决策实施过程中的问题的信息，也有反映决策实施良好的信息。反馈，目前是我国政治决策制定过程中一个相对较弱的环节，但其作为整个决策制定过程中的关键一环，在一定程度上决定了决策的最终成败。通过信访智库对决策反馈信息的收集、整理与分析，可以有效补足决策过程，发现各类决策的优势与不足，形成决策制定的闭环，进而为决策的优化提供科学、客观的评估意见。

第三，信访要利用多方人才优势，不断提升政治决策的专业化和针对性。政治决策的制定是一个十分复杂的过程，信访虽然可以为其提供大量鲜活的资料与数据，但仅仅依靠信访机构本身还是远远无法满足政策制定的需要，也无法充分挖掘信访数据的最大价值。信访制度智库性功能的发挥要充分借助各类人才优势，既要调动信访工作人员的研究热情，又要利用政治学、公共管理学、社会学、信息管理学等不同学科的专家和专业人才，以存在的实践问题为导向，对所掌握的第一手数据进行深层次、高水平、立体化的综合研究，总结归纳矛盾问题发生的规律和发展的趋势，剖析矛盾问题背后的本质。从多学科的角度为相关部门提供科学有效的决策信息以及具体的决策方案。

综上所述，信访服务于政治决策的制定，发挥信访的智库性功能也要紧紧围绕政治决策制定这一大局，对各类事关政治决策的信息进行充分的评估与研究，为政府更好地保障公民权利，实现人民民主提供必要的战略性决策建议。

（二）信访制度反映少数人的利益诉求，全面反映我国公民权益保护现状

1.信访制度是政治参与的重要制度

政治参与是政治文明进程中的一个重要变量，对于它的概念界定也十分多元，马克思主义对于政治参与的把握有两个基本方面：一是政治参与是工人阶级和人民群众直接管理国家事务，实现政治权利和人民民主的必要途径；二是政治参与是普通公民对于政治事务的参与。根据这些原则可以认为，政治参与是普通公民通过各种合法方式参与政治生活，并影响政治体系的构成、运行方式、运行规则和政策过程的行为。[①] 政治参与的基本特征包括：政治参与的主体是普通公民；政治参与的本质是公民对于国家的权利、义务和责任关系；政治参与仅限于合法的手段和行为；政治参与涉及政府决策在内的各项公共政治生活；政治参与不仅包括行为者自身的主动意识行为，也包括受他人影响而采取的行为。其中最后一点，在当下的网络时代尤其要加以重视。政治参与的主要方式包括：政治投票、政治结社、政治表达、政治接触等。其中政治表达和政治接触都与信访制度密切相关，而且从信访密切联系群众这一制度设计初衷来看，信访也是政治参与的重要制度。

（1）信访制度重视政治表达

政治表达是公民通过宪法规定的手段和机会来表达自己的政治观点和政治态度，从而影响政府政策的行为过程。它是公民行使政治权利的过程，其手段主要包括政治集会、政治请愿、政治言论等，主要通过汇集而成的集

---

① 参见王浦劬主编：《政治学基础》，北京大学出版社 1995 年版，第 206—210 页。

体效应向政府传达利益诉求或态度意向，进而对政府产生影响。《宪法》第三十五条规定：中华人民共和国公民有言论、出版、集会、结社、游行、示威的自由。作为宪法所赋予的公民权利，各级政府对公民的政治表达都十分重视，无论是对政治集会、政治请愿还是政治言论都保持严肃认真、谨慎细致的态度，而在现实的政治实践中，这些也大都被纳入信访工作的范畴。近年来，从全国范围来看，公民聚集的事件时有发生，信访部门也做了大量积极的工作。但目前看，这些还大多处于事发之后的应对与处置，在事前的预判、引导及疏解等方面，信访部门还有很多值得研究和发挥作用的空间。此外，关于政治言论，无论是口头的还是书面的，信访部门都大量接触，如很多联名性及集体访都会引用大量党的大政方针和政策口号，信访人主要希望通过这种方式来提高信访诉求的合法性、合理性，这些一定程度上反映了信访人的政治认知态度。但这些政治言论信息大都还停留在汇总整理阶段，既没有通过整合形成对政府决策的合力影响，也没有对公众的表达形成引导与规范。相信随着信访制度智库性功能的不断强化，信访在政治表达领域还大有作为。

（2）信访是制度化的政治接触渠道

政治接触是公民解决个别政治问题，请求个人或小部分人的利益而接触有关党员干部并对其产生影响的行为。政治接触本身既包括合法的行为，也包括非法的行为，但就政治参与层面而言，政治接触仅指合法的行为。信访就是我们国家制度化的政治接触渠道，公民可以通过来信或来访的形式直接同政府及其领导干部进行接触。前面在回顾信访制度的发展历程时，曾谈到信访工作中的"一事一议"的工作模式。"一事一议"的工作模式因其在解决由于特定时代条件下所形成的历史遗留问题的有效性而在信访工作中逐渐得到强化，并沿用至今。从短期来看，"一事一议"有利于单个信访问题的快速解决，可以针对性解决信访人个人的问题，尤其是在解决政治问题个案上具有明显的优势，由此也体现了信访在政治接触方面的制度优越性。与西方的个别接触或院外活动相比，信访在政治接触方面具有十分独特的制度价值：一是信访渠道面向全体公民开放，极大的践行了政治平等的原则与价值。二是信访程序简便、成本较低，十分便于公民个体或群体与政府接触。三是信访有专门的人员对信访人的利益诉求进行汇总与整理，并会定时向政府反馈，因此对政府决策有着积极的影响。当然，随着时代的变迁和社会的发展，特别是信访人经济类诉求的不断激增，信访"一事一议"的工作模式也暴露出大量的缺陷与不足，例如当信访人的经济利益诉求缺乏可靠的法律依据时，类似信访事项的不同的信访人之间、不同信访群体之间会互相攀比信访收益，不断加码利益要价，甚至引发政策与法律的冲突……这些都极大地破坏了信访的制度效力。信访作为制度化的政治接触渠道，理应按照国家治理的现代化和法治化要求发挥其积极的制度价值和优势，如何重构其工作模式、升级工作机制、更好地为公民服务，这些都有待于信访制度在政治建设领域智库性功能的进一步发挥与完善。

2. 信访制度重视"少数"群体的研究

相较于诉讼等司法救济手段，信访具有门槛低、费用少、程序简便的特点，这也使得信访成为很多公民特别是一些社会困难群体所选择的自我权益救济的渠道。按照政治经济学的观点，所谓困难群体，是指在社会生产生活中由于群体的力量、权力相对较弱，因而在分配、获取社会财富时较少的一种社会群体。而我们这里所说的困难群体事实上就是社会中的普通公民，由于公共政策在社会价值的权威性分配中的不尽合理，导致他们的权利受到忽视甚至损害。前文已经论述过，现代政治是民主政治，而民主的最基本规则是"少数服从多数"，但这一规则也必然导致在公共资源分配中少数利益的受损，因此，现代民主又增加了"保护少数"这样一条规则，"少数服从多数，保护少数人的利益"成为现代民主的基本内涵。公共政策的指向是全体公民，而且一旦实施就具有国家的强制力，但社会价值的多元、不同群体的差异以及决策的绩效导向使得公共政策的制定很难满足全体公民的利益诉求，取得百分之百的政策认同。每项政策都或多或少地会引起少数人的不满甚至利益损失，进而影响公民个体对整个政治体系的感知。这种不满可能是显性的，也可能是隐性的，在社会转型期，后者的比重更高；这种不满有可能是个体的，也有可能是局部的，在一定条件的催化下还有可能大范围蔓延；这种不满可能转化为社会危机，也有可能获得化解。我们说，普通人是社会的主体，但普通人也最容易成为社会的困难群体，成为政策制定中的"少数"。从整体的制度设计上，必须为这些"少数"保留一个自我救济的选择，显然，信访就是这样一种制度设计。在现实中，信访人多为这类困难群体，虽然从总体数量上来说，他们并不占公民的绝大比重，只是"少数"，但他们却极易成为社会矛盾爆发的"种子"。信访重视对这部分人群的研究，虽然是"少数"，却对社会矛盾的预防和化解具有重要的意义。

第一，信访重视"少数"的利益诉求。前文已经论述过，信访关注信访人的利益诉求，所谓"少数"的信访行为和利益诉求会透露出他们的社会心理，信访的研究需要从众多的信访信息中获取这部分群体的心理特征，进而为预测中国整体的社会心态提供素材。信访智库可以在数据汇总和分析的基础上，深入发掘社会存在的突出问题和重大问题，判定广大群众的社会心理状况。

第二，信访积极对待"少数"的不满。前文已经论述过，信访所接触到的不满可以分为显性不满和隐性不满。显性不满主要是通过信访行为直接表现出来的不满情绪，可能是激愤的语气、语言、行为等，主要表现在来访环节。隐性不满是由于经济社会发展政策、发展过程及发展结果的偏失，导致相当多的社会成员产生较大的不公平感和相对剥夺感，进而对某些制度、体制、规则或群体产生偏激的非理性判断的社会心态。如果从对社会的破坏力角度来分析，隐性不满的危害要远远大于显性不满。公共决策的形成往往采用多数决定方式，主要体现多数人的意志，少数人的利益容易被忽略或没有得到足够重视，在执行过程中这部分人就会反弹。政府的政策即使是绝大多数人都支持的政策，也存在少数利益受损的人。当这些利益受损的人不是同一群人的时候，就会出现这个政策损害了这一部分少数人的利益，另一个政策又损害了另一部分少数人利益的现象。尽管利益受损的少数人因不同政策而受损，但对政策制定者和执行者的不满却是共同的，经过一段时间积累，社会中就充斥着隐性不满。隐性不满通常不明确展现出来，不易发现和跟踪，却容易在特定时间被特定事件聚合发酵引燃，形成群体性事件。因此，信访必须加强对于隐性不满的研究，要在对显性不满的信访数据进行分析、处理、筛选的基础之上，借助新型智库的研究方法，分析出潜在的隐性不满，把握社会负面心态，积极寻求化解隐性不满的方法，营造健康积极的社会心态。

第三，信访及时进行社会危机预警。通过对"少数"的研究，信访能够从整体上把握广大群众的社会心态，准确认知既有的社会问题，预测问题的发展趋势，实现对社会危机的预警。另外，还可以通过问题原因的分析，为决策制定提供建议，力争从源头上采取妥当措施，防范和化解社会矛盾。北京市信访矛盾分析研究中心近年来的多项研究成果在为政府进行危机预警方面做出了十分积极的尝试，如通过社会矛盾指数研究、信访指数研究、社会健康指数研究等一系列专业指数群的建立，量化监控社会矛盾，预警存在的社会风险，预测社会矛盾发展变化的趋势，为政府的决策提供了积极的参考。

（三）信访制度的直接民主特性不断优化现代民主

1.信访制度是对间接民主政治实践的有效补充

"间接民主"又被称为"代议制"民主。作为一种由人民投票选举代表进行政治统治的制度设计，间接民主在当今世界的理论研究与政治实践中都占据着主要地位。作为与直接民主相对应的一种制度形式，间接民主的政治价值是建立在少数人代表多数人行使公共权力的基础上实现的，它在某种程度上妥善解决了直接民主所带来的诸如"多数人暴政"的可能性的弊病，具有极大的可操作性。不同于西方发达国家"三权分立"原则指导下的议会制或总统制，我国实行以"议行合一"为原则的人民代表大会制度，人民通过选举人大代表间接行使对政治、经济、文化等公共事务的管理权力。

在当前时代，以间接民主为理念的一系列制度设计毫无疑问是适合现代国家的政治实情与政治活动要求的，但不可否认的是，间接民主在实施过程中仍旧面临着不可避免的缺陷与问题。随着"人民"与"代表"的分离，"民主显然再也不能继续等同于人民主权意义上的民主了。事实上，在建立起代议制度之后，民主正朝着一种表达民主的方向发展，即通过选举代表并向代表提出意见、做出批评以及直接加入到代表们的讨论之中等方式，去参与社会治理活动"。①"人民民主"向"表达民主"的变化意味着"人民"现实意义上的"主权"地位与政治契约意义上的"主权"地位由初始的重叠走向了分离。进一步而言，间接民主外衣下，人民的代表很可能逐渐沦为局部利益甚至团体利益的代言人。

因此，为了不违背民主政治的本真性伦理，在政治制度的建构上就需要弥补政治实践中普遍奉行间接民主理念所带来的原初民主政治价值的伦理性失真。这就必须借助直接民主所内含的政治理念及其政治实践方式。信访制度作为一种能够直接联系群众的制度设计，在表达民意诉求，畅通政、民之间的沟通渠道，维护基层群众利益方面具有相当充足的职能动力和可操作性，表现出明显的直接民主特质，对当前间接民主制度的缺陷与不足具有可以预见性的补充。

2. 信访制度有助于推动协商民主

现代民主制度的最大特点在于，它以公民的意志作为其政治合法性的基础，政治决策以公民的意见为最终依据，其本质在于多数的绝对统治，这一本质使其成为当代各国政治发展的主流，但同时也决定了其与生俱来的缺陷。

第一，民主可能降低政策水平。从本质上讲，民主制度不以武力和金钱而以大多数人的意志为政治活动的基础，这是它的根本优势，但是另一方面，最大多数人的意志并不一定与最大的理性成正比。在现实生活中，有些决定需要专业知识。在这种情况下，专家、权威认识的意见可能比公民的决定更接近正确。可是民主制度下的公民往往容易形成一种趋附时尚的心理，

---

① 张康之、张乾友：《现代民主理论的兴起及其演进历程——从人民主权到表达民主再到协商民主》，《中国人民大学学报》2011 年第 5 期。

个别人物的真知灼见极易被社会制造的所谓"公众舆论"所遮蔽和窒息。民主制度不愿意冒"精英"独裁的风险，就不得不以降低政策水平为代价：把政治决策的权威性建立在民众的现有认知水准上，就难免使政策流于平庸、肤浅，缺乏远见和谨慎。

第二，民主轻视个人权利。法国思想家托克维尔曾经指出：民主国家的一个非常自然、但又非常危险的本能"就是使人轻视和不太考虑个人的权利"；多数享有无限的权威，不仅容易使个人的意志受到征服而造成思想的专制，而且也容易早就"巴结大多数"的国民心理。民主制度以"公意"为重，以"公意"为先，这当然限制了"私欲"的膨胀。但是，对公共事务的过分热衷以及公共事务的无限扩展，又容易使个性淹没在一种"整体化的社会"之中。在民主制度下，公共事务几乎成了公民生活的活动轴心，所以参与公共事务构成了社会成员即使不是全部的，至少也是第一位的活动，这就无形中使公共事务以及多数人在公共事务上的意见成为每个个体的生活准则和塑造个人人格形象的标准；每个个体从属于整体的权威，在这个强大的整体面前，个人的独立意志显得微不足道，甚至会失去存在的根据。在这种背景下，人们不断自觉或不自觉地克服"私欲"，抑制自我创造的冲动以求使自己融于社会整体之中。所有这一切，都极有可能造就一种个人意志脆弱、缺乏社会批判精神和独立判断的民众。

为了克服民主的上述缺陷，人们不断深化民主理论的研究，就目前看，协商民主可以说是人们对民主理论完善的又一尝试。关于中西方协商民主的内涵，当下的争议颇多，但无论如何，协商民主是建立在对既有的民主模式的批判基础上的，以协商共识为特征、以促进公共利益为最终目标，重视公民的政治参与能力，是民主政治内在逻辑发展的必然，是当代民主的核心所在。[①]"协商民主是一种具有巨大潜能的民主治理形式，它能够有效回应文化间对话和多元文化社会认知的某些核心问题。它尤其强调对于公共利益的

[①] 参见陈家刚：《当代中国的协商民主：比较的视野》，《新疆师范大学学报（哲学社会科学版）》2014年第1期。

责任、促进政治话语的相互理解、辨别所有政治意愿，以及支持那些重视所有人需求与利益的具有集体约束力的政策。"①

信访可以说是社会主义协商民主的重要制度实践。作为一种民意表达机制，信访在社会主义新时代越来越多的承担着化解社会矛盾的功能，它应该成为一个公民、法人、其他组织和政府多方参与的公议平台。通过这个平台，公民、法人、其他组织和政府可以充分地表达自己的见解，进行平等的对话与协商，积极发挥民主的功能。通过这种多元主体的参与与互动，各方的关注点可以最大限度地聚焦，各方的利益诉求可以形成最大的共识，进而为社会矛盾的化解和社会纠纷的解决提供一种有效的渠道，大大降低社会管理的成本，不断推进协商民主实践的深入。信访制度智库性功能的发挥需要积极探寻信访在协商民主方面的制度价值与功能，并通过舆论宣传与制度实施，着力推动协商民主在信访实际工作中的运用，开创信访工作的新局面，推进中国特色社会主义民主政治的不断发展。

四、信访制度智库性功能与政治发展和政治文明

政治社会化是在社会化的基础上发展而来的，正如社会化的定义仁者见仁智者见智一样，人们对于政治社会化的定义也尚未形成共识，但这并不影响我们对政治社会化的感知、认识和把握。通过不同政治学家对政治社会化定义的梳理，我们可以从中找寻到政治社会化的一些基本特点。

第一，政治社会化是社会的政治、经济、文化和历史传统等因素共同作用的结果。政治社会化的过程是一个伴随社会变迁不断发展变化的过程。

第二，政治社会化是社会整体与公民个体的政治互动过程。从社会整体层面来看，政治社会化是一个社会将普遍的政治认知、政治情感、政治态度和政治倾向不断传授给新成员的过程，社会的教化在这一过程中发挥着重要

---

① ［澳］约翰·德雷泽克：《协商民主及其超越：自由与批判的视角》，丁开杰等译，中央编译出版社2006年版，第138页。

的作用。从公民个体层面来看，政治社会化是一个人学习政治知识和技能、认识政治现象、内化政治规范、形成政治价值和政治态度的过程，也就是其由自然人发展为社会政治人的过程。社会的影响和个体的学习在政治社会化过程中相互影响、相互作用，共同构成政治社会化的完整过程。

第三，政治文化是政治社会化的核心，政治社会化的主要任务就是实现政治文化的传承和交流。对于个体而言，政治社会化表现为政治文化的学习过程，而对社会政治体系而言，政治社会化体现为政治文化的传播、交流、继承和发展的过程。政治文化功能的实现也主要是在政治社会化过程中完成的。

第四，政治传播与政治社会化密不可分。政治传播是政治行为主客体间的政治信息（政治消息、思想、态度等）的流动，政治说服、政治修辞、政治沟通都是其基本方式。虽然政治传播与政治社会化是两个具有不同内涵的概念，但在情感表达、政治文化整合、政治稳定等方面，两者彼此交叉，紧密相关。

第五，政治社会化是政治体系的重要机制，在政治稳定和政治生态的建设方面具有重要作用。政治文化对政治体系具有维持、变革和指导的作用，而政治文化这一功能的实现主要借助政治社会化的过程，从此种意义上来看，政治社会化是政治体系的自我延续机制和功能运行机制。

（一）信访制度能够促进政治沟通，推动决策主体和决策客体的良性互动

信访作为我国一项特殊的政治制度，在实现公民与政府间的良性互动中扮演着重要的角色，发挥了重要的作用。作为直接面向公民的窗口，信访系统可以有效地获取真实民意，洞察公民权益的现状，发现少数群体的不同利益诉求，进而研究既有政策的问题与不足。因而，在智库性功能的发挥方面，信访理应充分挖掘政治沟通潜能，承担起汇集民意，推动政策问题建构，不断提升政府决策的科学化与民主化水平的政治功能，成为推进国家治理体系与治理能力现代化进程中的重要力量。

1. 信访是促进有效政治沟通的重要制度资源

官民关系自古以来就是中国政治的核心问题，从当代的政治理论和实践来看，如何建立政府与群众的广泛联系、实现政府与群众的有效政治沟通，确保官民之间的信息对流是巩固政治秩序和长期执政的重要保证。

就沟通的不同视角来看，在当代政治学理论研究中，政治沟通一般有两种不同的含义：一种指的是那些传递有关政治的信息、思想和态度的活动；另一种指的是政治系统进行输入—输出的工具。① 前者是传播学意义上的政治沟通，涵盖传递政治信息、政治思想、政治态度的所有活动，所涉及的范围非常广泛；后者是政治系统论场域下的政治沟通，仅同政治系统相关，它把政治实体作为政治沟通的主体与核心，期望占有政治资源的政治实体通过一定的通道交流与转换政治信息以实现政治协调乃至双赢。因此，政治沟通赋予政治过程以结构、意义和情报的流动，乃至政治系统内不同政治主体之间的有效地互相传递和交流政治信息的过程。② 它"不只是精英对其民众发送信息，而且还包括全社会范围内以任何方式影响政治的整个非正式沟通过程"。③

政治学理论认为，政治沟通是政治生活和社会管理的生命线，任何政治生活和社会管理活动都离不开一定的政治沟通。政治沟通具有政治社会化、社会控制、政治整合、政治民主、化解社会政治冲突等功能。政治沟通在现实政治生活中起到传播信息、减少信息不对称性、加强政治决策的科学合理性、增强政治信任、提高政治权力合法性、整合政治系统等作用。

对政治系统来说，沟通是它赖以存在、得以运行的基本前提和不可或缺的要素。"政治沟通犹如血液循环，是滋养政治系统的东西。"④ "在任何议会民主制度下，政府管理者和被管理者之间都需要有一种沟通的手段。这种手

---

① 参见俞可平：《权利政治与公益政治——当代西方政治哲学评析》，社会科学文献出版社2005年版，第61页。

② 参见李俊、项继权：《政治沟通：价值、模式及其效度》，《求实》2008年第9期。

③ [英] 戴维·米勒、韦农·波格丹诺英文版主编，邓正来中译本主编：《布莱克维尔政治学百科全书》（修订版），中国政法大学出版社2002年版，第592页。

④ Gabriel Abraham Almond and James Smoot Coleman，ed.，*The Politics of the Developing Areas*，Princeton University Press，1960，p.47.

段可以保证前者对后者的负责任。选举者被要求在所提供的几个选择项中做出抉择，并在表达他们的选择之前了解一定的信息。如果政府要满意地继续执政下去，就要求了解有关选举人的信息以及他们的感受。"① 正是通过沟通，政治系统的所有功能才借此得以实现。"政治系统和传播体系是精确并行的，它们缺一不可。"②

民主政治是现代社会发展中的一种不可抗拒的历史潮流，它已经成为当代各个国家政治发展的普遍形式。在科恩、罗尔斯、哈贝马斯这些思想家看来，民主政治与政治沟通息息相关，民主政治的实现必须有其沟通机制的"在场"和"到位"，否则，其必定如空中楼阁般不可达。③

政治沟通是一个促进交流与合作的过程，其目的是达到政治协调甚至是双赢。可以说，政治沟通是现代民主社会的主要标志，是政府与普通民众进行交流与互动的桥梁和纽带。从一定意义上说，和谐有序的政治局面就取决于政治沟通的效度。

中国共产党自成立起就十分重视政治沟通的作用，密切联系群众，走群众路线，是中国共产党区别于其他政党的显著标志之一，"从群众中来，到群众中去"就是极具中国特色的政治沟通理论与实践，而作为群众工作重要内容的信访恰恰是实现政治沟通的有效渠道。

从制度设立的角度来看，信访是在合法程序下由法律法规所确定的正式的政治沟通渠道。信访作为人民群众利益和意愿的表达行为，历来受到党中央和老一辈无产阶级的重视。它是在长期的社会主义革命和建设过程中逐步建立和完善的，是中国共产党对实现有效政治沟通的经验总结，其制度的建立实际上是第一代领导集体精心培育的结果。

从信息流动的向度来看，信访既包括上行的政治沟通也包括下行的政治沟通。上行沟通主要是指普通群众向国家的相关部门提出意见和建议、表达

① 　Duncan Watts, *Political Communicati on Today,* New York: Manchester University Press, 1997.
② 　[美] 迈克尔·罗斯金等：《政治学》（第六版），林震等译，华夏出版社 2002 年版，第131 页。
③ 　参见 [美] 科恩：《论民主》，聂崇信、朱秀贤译，商务印书馆 1988 年版，第 158 页。

利益和意愿的行为过程；下行沟通一方面是指国家的相关部门对信访人进行的政策宣传与解释，另一方面是指国家的相关部门对信访人诉求的反馈。从获取执政合法性的角度来看，上行沟通的有效远比下行沟通来的重要，而信访也主要承担着上行沟通的功能。

从沟通的内容来看，信访主要传递的是行政信息。行政信息是整个行政活动的基本元素，也是重要的软资源，是科学决策的依据。"任何组织之所以能够保持自身的内在稳定性，是由于它具有取得、使用、保持和传递信息的方法。"① 决策是否正确，关键在于能否以有效、及时、真实、全面的行政信息为依据。如果政治沟通的内容空泛、非本质，行政决策的结果就不能把握住事物的要害，从而造成浪费；如果政治沟通的内容失效、失真，行政决策的结果就可能有缺陷，甚至完全错误。只有在行政信息沟通过程及时发现问题、确立目标，选择最佳方案，才能确保决策的可靠性，为实现预期的行政效率提供有效保证。此外，行政信息还是确保行政执行顺利的重要前提。行政执行是通过信息反馈不断与决策层保持联系的过程。只有确保行政信息内容的连续和反馈，整个行政执行过程才能得到有效控制，始终与决策指令保持一致，达到预期的目的。

从实际的功能来看，信访是决策者与普通群众之间互动交流的桥梁。就现代社会的政治实践来看，决策者与普通群众之间都会存在一定的距离，这种距离还随着时代主题、社会事件、政治环境的改变而不断的变化。而且，一般而言，执政的时间越长，其最高决策者与普通群众的距离就会越远。这一方面是由于科层制的运用与存在使得执政者内部形成多层级的官僚阶层；另一方面是由于执政者与普通群众的政治互信机制还不健全。沟通距离的存在会影响决策者尤其是政治领袖对基层决策信息的获取，如何倾听来自基层的声音是处于权力链条顶端的决策者必然面对和必须解决的问题。信访恰恰为解决这一问题提供了可能，作为一种政治沟通渠道，信访保证了每个普通群众都可以直接与任意层级的决策者进行直接的对话与交流，这大大提高了

---

① ［美］N. 维纳：《控制论》，郝季仁译，科学出版社 1962 年版，第 60 页。

政治沟通的效度。

2. 信访制度能够不断提升政治决策的民主程度与开放程度

政治决策，指政府或政党等政治管理主体对政治生活的重大问题指定和选择行动方案的过程，是对政治生活的方向、目标、原则、方法和步骤进行抉择的过程。它显然属于公共政策的范畴，是一个利益选择、利益聚合、利益分配和利益落实的过程。公共政策的本质在于均衡多元利益，其制定和执行的全过程都贯穿着多元利益的博弈。而要想政治决策能够达到平衡全社会的整体利益、调整和优化整个社会阶层的利益结构的效果，就必须要保证公共政策制定和执行的民主化和科学化，保证不同的政治主体可以在现行的政治体制框架范围内进行合理的利益博弈和有效沟通。建立畅通的政治沟通机制，完善沟通的渠道，显然有利于促进政治决策的民主化。① 信访作为政治沟通的重要制度资源，在智库性功能的发挥中也应积极发挥其在社会动员、社会参与、社会治理、社会监督以及民主自治和权力制约等方面的作用，关注群众特别是少数群体的偏好，注重凝聚共识，为政府决策提供实践和理论依据。同时，智库的思维方式、各类产出、不同学科领域的先进成果以及科技手段也在政治决策中起到越来越重要的作用。

信访可以从政治体系的两大构成要素——政府政治体系和非政府政治体系来提升政治决策的民主程度和开放程度。一是从政府政治体系层面来看，政治决策的民主化要求不断推进政府决策体制的民主化改革，提升政府决策的民主化水平；二是从非政府政治体系层面来看，政治决策的民主化要求智库、媒体、非政府组织、公民等多方主体积极参与决策过程，需要智库等机构政治功能的有效发挥、社会公共精神的逐步形成与公民参政议政能力的稳步提升。信访制度作为我国一项极具特色的政治制度，信访机构显然是政府政治体系中的重要构成，但智库性功能与信访机构不同，多元的类型构成使

---

① 参见曹永森：《从政治沟通看政治决策的民主性和开放性——中西方智库、媒体的比较分析》，《湖北行政学院学报》2011 年第 6 期。

得信访智库组成兼具政府政治体系和非政府政治体系双重角色。一方面，信访机构自身的工作人员及研究人员可以在政府政治体系内部推动政治决策的民主化；另一方面，信访机构之外的从事信访研究的高校、科研院所等可以通过对公民、法人及其他团体的影响提升非政府政治体系决策的民主化水平。

信访还可以从政策议程的构建中提升政治决策的民主程度和开放程度。政策议程的建立是通过利益主体的沟通将社会问题转化为政策问题的关键步骤。政策议程分为公众议程与政府议程，这两种议程既相互关联，又相互区别。一般情况下，政策问题的提出都是由公众议程进入政府议程，其中社会问题进入政府议程的触发机制包括：传媒曝光、抗议活动、突发事件、政治领导，[①] 通过这些触发机制，实现两种议程的联动，并最终形成政策问题。在我们特殊的国情背景下，信访与上述触发机制都紧密相关，信访一方面可以获得舆情的第一手资料并对其加以引导和影响，另一方面还可以促进公众议程与政府议程的合理转化。一般而言，公众议程不能顺利地进入政府议程的原因主要有：问题本身的性质、规模和影响尚未达到应解决的程度；问题的表达方式和途径不符合既定的组织体制和工作程序；决策者的失误；问题涉及决策者自身的利益等。[②] 通过分析，不难发现，前两种原因符合政策制定的基本规律，而后两种原因则主要体现为人为因素，主要是由决策体系的开放程度不够所导致的。在新制度主义学者看来，只有建立健全制度才能避免决策者本身的失误，加大决策体系的开放性，将体制外的合理诉求纳入体制内，进而实现公众议程与政府议程的有效联动，才能保证决策的合理性与有效性。信访制度无疑为决策体系的开放性提供了强有力的制度支持，信访智库的建设应充分发挥信访制度的这一价值优势，实现公众、媒体、专家和政府间的有效沟通，使得多元利益主体能够进行充分的辩论、协商、合作与博弈，进而保证决策的科学性与有效性。

政治决策的民主与正义取决于政治沟通的有效程度，信访是极具中国特

---

① 参见陈庆云主编：《公共政策分析》，北京大学出版社 2006 年版，第 105—113 页。

② 参见陈振明主编：《政策科学——公共政策分析导论》（第二版），中国人民大学出版社 2003 年版，第 213 页。

色的政治沟通制度。政治沟通的有效程度一方面取决于决策体系的民主化与开放性，同时，有效的政治沟通又可以促进决策体系的民主化与开放性。治理理论框架下的决策主体是十分多元的，公民、媒体、专家、政府及各类拥有不同利益诉求的组织和团体，在政策议程中彼此依赖、相互合作与博弈，要充分发挥信访智库在政治沟通中的价值和影响力，让信访成为多元利益主体沟通的桥梁和纽带，积极反映民意，实现利益表达和政策输出的上通下达，以有效的政治沟通促进决策的民主性和开放性，并最终实现国家治理体系和治理能力的现代化。

（二）信访制度能够提高公民政治意识，推动政治发展，促进政治稳定

政治意识，属于政治活动的心理范畴，主要包括政治思想、政治观点以及对于政治现象的态度和评价。从其构成上看，政治意识是由多种政治观念所构成的系统，可以分为主导政治意识和亚政治意识。主导政治意识是指某一国家在特定时期内奉行的政治价值取向，它具有单一性、主导性和规范性特征。亚政治意识是指主导政治意识以外的其他政治意识，是社会不同阶层、不同利益群体对社会政治现象的认知，是不同公民群体政治价值取向的反映。它具有多样性、非独立性和从属性特征。[①] 其中，公民政治意识是政治意识的主要内容，对于民主政治的发展和政治体系的稳定具有举足轻重的作用。

第一，公民政治意识是人们对政治系统及其运行过程的主观反映，具体表现为政治情感、政治立场、政治态度、政治思想、政治观念、政治心理、政治道德、政治价值等。公民的政治意识与政治发展、政治稳定和政治文明都具有密切的联系。

第二，公民政治意识是人们在一定的社会政治经济形势下所形成的对国家及政府政治实践的观念形态和理论形态的反映。社会的发展形势及具体的

---

① 参见朱选华：《培育公民的政治意识是政治文明建设的基础》，《宁波大学学报（人文科学版）》2005 年第 3 期。

政治实践活动塑造在一定程度上决定了公民的政治意识。

第三，公民政治意识因公民个体在智力、文化、心理、机遇及所处生活环境等方面的不同因人而异，在现实中特别是在转型社会中呈现复杂化、多元化、更新时间不同步、变动方向不一致等特点。

第四，公民政治意识的形成是政治社会化的产物，包括政治认知、政治情感、政治信仰等，其理论形态主要是政治文化。其形成的过程是政府与公民及其他政治主体相互作用的结果。

第五，公民政治意识在一定时期内呈现相对稳定的特点，但受政治传播的影响而不断变化。

政治意识是政治行为和政治制度的思想基础，文明的政治意识可以为政治行为提供智力资源，为政治制度提供合法性的说明，为政治行为的正当性和政治秩序的稳定提供精神层面的支持。

1. 公民政治意识指导政治行为，推动政治文明建设

当前，政治民主已经成为政治发展中的基本指标，政治民主化已经成为几乎全部国家的政治发展方向和目标。《宪法》规定，发展社会主义民主是国家的根本任务。但仅有制度的规定并不足以确保实现目标，还需要政治意识的不断提升。政治意识是政治制度的思想基础和运行前提。一方面，良好的制度设计来源于成熟的政治思想，而成熟的政治思想需要基于积极的政治意识。在社会变革过程中，带有普遍性的社会心理还会对政治制度的发展产生直接的影响。另一方面，制度的良性运行依赖于公民政治意识的认同，再好的制度如果得不到公民的广泛认可，也很难实现制度设计的美好初衷与效果。但如果制度所包含的价值理想符合政治发展的规律，并且是大多数公民的政治取向的话，那么就会形成统一的意志，汇聚成一股巨大的社会力量，大大推动政治的发展。

个体的政治行为也离不开政治意识，政治意识作为一种精神因素，时刻都在影响着政治行为，它对个体政治行为一方面具有驱动的影响，另一方面还具有指导的作用。人是理性的动物，所有的行为都是在意识的指引下完成

的，政治行为也不例外。当个体接触到政治现象之后，会自觉不自觉地根据既有的政治意识对其作出反应，进而采取行动。无论是消极的政治冷漠还是积极的政治参与都是在政治意识下的行为。行为的最终结果则更多地依赖于公民个体对政治体系的理性认知程度，取决于公民政治意识的自觉程度。

政治文明的建设离不开政治制度的发展与完善，也离不开公民政治意识的自觉和提高。政治意识文明是政治文明建设的思想基础，只有当公民意识到自己的民主权利，理性认知政治现象，积极参与政治活动，才能不断推动政治的有序发展。公民政治意识不断发展与成熟的过程，也就是政治文明不断发展与提升的过程。政治意识还是政治制度建设的观念基础，相信随着公民民主意识的不断培育，公民的政治知识会不断丰富，政治素质会不断提升，政治认知会日趋理性，参政激情会有序释放，政治意识不断成熟，并最终推动政治制度的不断完善和政治文明的整体进步。

2. 公民政治意识的提升能够促进政治稳定

由于公民政治意识是一定社会形势下的产物，那么随着社会的发展变化，公民政治意识的更新也十分必要。特别是在社会转型时期，公民能否真正理性的认知社会政治实践及国家的执政理念，对国家的治理和政治体系的稳定具有极为重要的意义。积极文明的公民政治意识有助于提升国家政治的凝聚力，进而促进社会政治经济文化的全面发展；反之，落后腐朽的公民政治意识则会给国家治理带来隐患，阻碍社会的发展。

对于政治稳定的含义有各种理解和不同的视角，学者康晓光曾经归纳了四种主要观点：其一指政治领导核心的稳定性；其二指关键政策的稳定性；其三指政府的稳定性；其四指政治制度的稳定性。① 这四个方面都是政治体系的组成部分，我们不妨将政治稳定理解为政治体系的稳定，即亨廷顿所说的政治体系的秩序性与继承性。在亨廷顿认看来，"任何一种给定政体的稳

---

① 转引自张伟：《冲突与变数——中国社会中间阶层政治分析》，社会科学文献出版社 2005 年版，第 8 页。

定都依赖于政治参与程度和政治制度化程度之间的相互关系。……政治稳定依赖制度化和参与之间的比率。如果要想保持政治稳定，当政治参与提高时，社会政治制度的复杂性、自治性、适应性和内聚力也必须随之提高"。①

如果亨廷顿关于政治稳定与政治制度和政治参与之间的这种比率关系成立的话，那么，政治稳定与政治制度和政治意识之间同样也存在这种比率关系。也就是说，政治稳定与政治意识之间存在反比率关系，因为任何政治参与都是在政治意识指导下的政治参与。政治意识低，政治自然稳定；政治意识高涨未必引起实际的政治参与高涨，但政治参与高涨必是政治意识高涨的结果。政治意识高涨既可以引起常态下的政治参与，即合法的、有序的政治参与，推动政治体系的良性发展，保持政治稳定，也可以引起非常态下的异常政治参与，从而导致政治体系的运行紊乱和政治不稳定，甚至是政治动荡。从某种角度上说，政治稳定实际上就是公民政治意识和政治思想的稳定。但是，从历史的发展和现代政治发展的角度上看，现代政治稳定显然不是建立在公民无政治意识上的稳定，而应该是建立在政治系统和社会系统的良性互动的基础上。也就是说，要实现现代政治稳定，政治系统就应该适应社会系统的变化和诉求，使其获得政治稳定所需要的来自社会系统的对政治系统的政治合法性和权威性的支持，把政治意识和政治参与引导到常态化的表达和参与渠道，将社会政治生活约束在理性的政治秩序范围内，确保政治发展和政治稳定的共生和双赢。②

综上所述，公民政治意识对于民主政治的发展和政治稳定都至关重要，社会主义民主政治建设的推进有赖于公民政治意识的提高和公民政治参与的制度化与规范化。信访制度智库性功能的发挥应当着力于培养积极、健康、成熟的公民政治意识，大力发挥政治参与的积极影响，推动政治制度建设，保证社会的长治久安。

---

① ［美］塞缪尔·P. 亨廷顿：《变化社会中的政治秩序》，王冠华、刘为等译，上海人民出版社 2008 年版，第 60 页。

② 参见李朝祥：《公民政治意识作用的逻辑》，《南京社会科学》2007 年第 9 期。

3.信访制度培育积极的公民政治意识，力保转型社会的政治秩序

信访培养积极的公民政治意识，在智库性功能的发挥中，要积极采取各种措施，认真研究各种政治现象，深入分析各类政治行为背后的原因，对公民进行积极引导，不断提高公民素质，切实保障公民权益，进而持续提升公民的政治意识。

（1）注重亚政治意识研究，积极引导各种亚政治意识的健康发展

前文已经论述过，主导政治意识和亚政治意识是政治意识内容的两个构成要素，在政治生活中相互补充。虽然，主导政治意识居于主导性地位，但它并不能决定亚政治意识，相反，在社会的不断发展变化中，主导政治意识可能会面临亚政治意识的诸多挑战。相较于主导政治意识，亚政治意识更为多变与多元，里面既有少数群体的利益情感表达，又有不同群体的政治态度。主导政治意识只有不断地从中吸取积极因素，才能不断地完善和丰富自己，并起到引领性的作用。就信访的具体工作实际而言，可能更多地接触的是亚政治意识，信访制度智库性功能的发挥必须注重亚政治意识的研究，从中发现公民政治意识的变化，保持主导政治意识与亚政治意识之间的合理张力，积极引导各种亚政治意识的健康发展，实现主导政治意识与亚政治意识的相互协调，并最终促进社会的稳定发展。

（2）认真分析我国政治意识的现状，协调公民的政治心理，培养正确的政治态度和价值取向

正如前文所述，政治意识的形成是一定历史条件下的产物，具有一定的稳定性，但同时也会随着时代的变迁而发生变化，我国公民的政治意识也是随着政治经济社会的变化而不断发展变化的。改革开放之后，我国公民的政治意识不断发展，政治责任感、公共参与意识不断增强，公民的政治心理也逐渐走向成熟，但转型时期的各种纷繁复杂的利益冲突以及传统文化和西方文化的融合与竞争，使得公民政治意识不断地由简单向复杂转化，进入多种政治意识的交错磨合状态。突出表现为：主导政治意识发展较慢，无法满足广大民众对政治意识更新的需求；国家整体的政治意识还有待加强；政治心理趋向矛盾；政治价值观逐渐模糊；政治态度不明确；政治取向日渐功利化。

近年来公民的政治意识有逐渐淡化的趋势，诸如政治立场不坚定、政治信仰脆弱、政治价值庸俗化等不良现象不同程度的存在。

信访制度智库性功能的发挥需要认真分析我国政治意识的现状，注重传播现代政治意识，不断拓宽公民的政治视野，不断吸收和借鉴各类政治文明成果，引导公民树立正确的政治观，加强公民对国家执政理念、政治制度和政治行为的理解，协调公民的政治心理，培养公民正确的政治态度和价值取向，不断推进信访法治化的进程，让公民从制度设计及实际的政治实践中感受和体会我国政治制度的优越性，提高公民对现行政治制度的认知水平，培育公民的政治认同感和政治向心力，增强民族凝聚力，推进中国特色社会主义各项事业的发展。

（3）加强政治社会化研究，为政治文明建设提供理论指导

正如前文所述，政治社会化不是单纯的政治教化，而是社会整体与公民个体之间的双向互动过程。虽然家庭和学校在公民个体政治社会化的进程中具有重要的作用，但在互联网飞速发展的今天，政治沟通对公民政治社会化的影响日渐凸显。信访制度智库性功能的发挥应加强政治社会化及政治沟通的研究，关注政治环境、政治关系、政治行为、政治传播方式等对公民政治意识的影响，重视信访特定人群的政治态度和政治行为的研究，充分考虑代际问题及社会转型与政治意识的关系，一方面为社会政治文化的更新找寻规律，另一方面为公民政治意识差异和反社会等敌视性政治态度找寻原因，不断进行深入的理论研究，为政治文明的建设提供指导。

（三）信访制度能够塑造与培养民众的政治情感，推进执政理念的不断创新

政治情感是公民形成正确的政治观点、政治立场和政治信仰的基础，作为一种心理活动，是指政治主体在政治生活中对政治体系、政治行为、政治事件和政治人物等所产生的内心体验和感受。执政理念是指在执政过程中所体现出来的价值取向和目标定位，是建立在对执政规律认识基础上的党的执政宗旨和指导思想，是关于为谁执政、靠谁执政和如何执政的理性认识，是

指导党的执政活动的根本原则。在中国特色社会主义制度的框架下，研究群众对党的政治情感和执政理念的政治情感都对我国政治体系的建设和政治文明的发展具有重要意义。

事实上，如何激发广大群众的政治情感始终是中国共产党政治工作的核心。按照裴宜理的看法，中国共产党之所以能够战胜国民党取得中国革命的胜利，关键因素之一，就是将情感的大众动员作为自觉策略。系统的"情感工作"是意识形态和组织之外的一个不可忽视的制胜法宝。[1] 从信访制度设计的初衷来看，其本身就是第一代领导集体精心设计的用以密切联系群众，与群众进行情感沟通的政治机制。信访制度智库性功能的发挥理应加强对群众政治情感的研究，寻求激发群众政治情感的新方法与新手段。当下的中国正在经历社会的整体转型，经济快速发展、社会结构急剧变迁、公共事务日益发展、各项改革不断深化、各种社会矛盾凸显，局部的利益冲突加剧，公共情感的失范已经成为一个比较严重的社会问题。如何塑造和培养群众的政治情感事实上是一个十分紧迫又比较复杂的问题，群众政治情感的激发需要高度的政治技巧，这既给信访智库的功能发挥带来机遇，同时也是一种挑战。

党对群众的政治情感集中体现在党的执政理念之中。从产生的角度来看，党的政治情感是在长期的革命斗争和经济建设的过程中形成的，既受到中国传统社会政治观念的影响，又吸收了外来先进文化的优秀成果。党的执政理念的确立，既要符合党的执政规律、社会主义建设规律和人类社会发展规律，又要整合社会心理、争取社会共识和民众认同。热爱人民群众的政治情感是中国共产党在革命年代的政治活动和政治体验中所形成的，这一情感保证了我党革命事业的成功，也为党的执政提供了合法性的基础，依靠人民、热爱人民，全心全意为人民服务体现在党执政理念的始终。对人民群众深厚的政治情感是党一切观念、思想和行为的最根本动力，是共产党人政治

---

① See Perry, Elizabeth, J., "Moving The Masses : Emotion Work in The Chinese Revolution", *Mobilization*, 2002, 7（2）.

价值观和政治情感的精髓，是惩治腐败、赢得群众支持的心理基础，是党不断取得胜利的精神动力和力量源泉。但由于经济发展和社会转型所带来的利益冲突、价值观的转变以及群众期望的提高，党的执政理念和政治情感都面临巨大的考验。作为承载与民沟通、为民执政的重要政治制度，信访也需要在新的历史条件下进一步发展与完善，这些都需要信访智库进行深入的研究，提供应对的策略和创新的思路。

（四）信访制度可引导和规范政治行为

当前，我国正处在深化改革的关键时期，市场化、工业化、信息化、城镇化、国际化在不断推进，经济体制深刻变革，社会机构深刻变动，利益格局深刻调整，思想观念深刻变化，群体性矛盾时有发生，这些都对政治体制的承受力提出新的挑战。而伴随公民意识的不断发展，公民的政治参与等行为也呈上升趋势，如果处理不当，极易引发不良后果。信访应充分发挥其对政治行为的引导和规范作用，在保证政治秩序的前提下，不断推进民主政治的发展。

前文已就信访与政治意识对政治行为的影响进行了详细的论述，这里专门阐述一下信访对政治行为的规范。

第一，信访可引导和规范信访人的行为。虽然，信访是实现公民权利的重要制度，但公民在享受权利的同时也需要接受制度的约束，不能进行权利的滥用。规范信访人行为，营造有序的信访参与，一方面，可以提高信访工作的效率，更好地满足信访人诉求，实现信访人的公民权利；另一方面，可以节约信访的公共成本，提高信访制度的绩效。在具体的制度设计和理论研究上，需要寻求行为约束与权利实现的有效平衡点，既要保证公民合法权利切实得到实现，又要避免无序信访造成公共资源的浪费，这些都需要信访智库进行深入的研究。

第二，信访可引导和规范信访工作机构的行为。信访机构作为政府面向信访人的窗口，肩负着信访制度的实际运行的重要责任。信访制度的价值一方面取决于制度本身的设计，但更多地依赖信访工作机构的践行。信访人对于信访制度的感知一方面源于法律和政策的规定，但更多地源于自己在与信访工作机构接触的信访过程中的切身感受。信访智库需要继续深入的研究信访的制度定位，各类信访机构的内部关系、信访机构与其他国家机关的关系，不断推进信访法治化进程，同时还需要加大对各级各类信访工作人员的培训，不断提升其信访法治理念和信访工作能力，总结和传播有效的信访工作方法，坚决杜绝信访工作中的各种不良现象与做法，切实规范信访工作机构的行为，提升信访工作的质量与满意度。

第三，信访可引导和规范涉访国家机关的行为。从目前的信访实践来看，大多数的信访诉求都指向政府部门，信访事项的解决有赖于涉访国家机关的配合。信访智库需要加大信访的系统性研究，从制度设计出发，统筹考虑涉访国家机关的角色与定位，尝试采用公开机制，探寻建立恳谈会、议事会等信访工作机制，切实解决信访人的利益诉求，不断推进民主政治的发展。

信访是一个跨学科的综合研究主题，信访制度智库性功能的发挥也需要各个学科和领域的共同努力。仅从政治智库领域的建设而言，信访大有可为。从目前我国的情况看，特别是针对政治学界的情况看，政治类智库方兴未艾。我国已经出现了一批以研究政治类问题为主的专门化的学术机构。但从整体的情况看我国现有以研究政治类问题为主的智库的研究水平基本上属于"专门化"的水平。政治智库的"专业化"水平，总体看尚未达到，这就是说，我国政治学界对于各类政治问题的研究方法基本上还是采用社会科学的普通的方法，研究对象的专属性研究的概念、方法不多。政治学研究中具有创新性的、专业化的研究方法还需大力发展。① 这事实上为信访智库的建设和发展提供了一个机会。而且随着社会的变迁和制度的发展，信访制度和信访理念也需要不断的创新与发展，这些也都要求加大信访智库的建设。但同时也要注意，智库的建设与普通的学术研究无论是在研究对象、功能定位、研究方式和组织形式方面都存在不同程度的差异，智库研究多着眼解决重大实际问题，因此不能仅仅局限于单一学科或传统的学院派风格，而应配以多专业、多学科、跨部门的综合学术研究团队。

---

① 参见房宁：《适应时代发展，推进中国政治智库建设》，《政治学研究》2013 年第 5 期。

第五章　社会治理领域的信访制度智库性功能

十八大报告要求，加强和创新社会管理，提高社会管理科学化水平，引导社会组织健康有序发展，并首次在党的文件中使用"国家治理"一词。之后，在十八届三中全会中首次提出了"社会治理"的概念，并多次强调创新社会治理体系。十九大报告强调"打造共建共治共享的社会治理格局"。十九届四中、五中全会再次强调"必须加强和创新社会治理"。社会治理理念和模式的提出是我国社会管理体制的重大变革，研究新时期的社会治理模式具有重要的理论价值和现实意义。为此，与政府治理、政治建设等领域相类似，充分发挥信访制度的智库性功能，从信访窗口梳理、寻求社会治理的创新经验，有助于深化对社会治理议题的认识。

一、社会治理概述

（一）社会治理的概念

对于什么是"治理"，在国际社会中并没有形成一个被普遍认可的概念。比较有权威的定义是全球治理委员会 1995 年在《我们的全球伙伴关系》的研究报告中界定的："治理是各种公共的或私人的个人和机构管理其共同事务的诸多方式的总和。它是使相互冲突的或不同的利益得以调和并且采取联合行动的持续过程。这既包括有权迫使人们服从的正式制度和规则，也包括各种人们同意或以为符合其利益的非正式的制度安排。① 它有四个特征：

---

① 参见陈春常：《转型中的中国国家治理研究》，华东师范大学出版社 2011 年版，第 22 页。

治理是一个过程；治理过程的基础不是控制，而是协调；治理既涉及公共部门，也包括私人部门；治理是持续的互动。"由此，治理理论在西方国家兴起，并逐步在世界范围内被普遍接受。从以上定义可见，"治理"在本质上是公共权力向社会回归的过程，是多元治理主体对社会公共事务进行合作管理以促进公共利益最大化的过程。社会治理理论是西方治理理论的重要组成部分。由于西方国家治理理论奉行社会中心主义和公民个人本位，因此，理性经济人的社会自我治理，在理论逻辑上构成了西方国家治理理论的核心理论内容。在特定意义上可以认为，西方国家的治理理论，本质上即是以理性经济人为基础的社会自我治理理论。

从运行意义上讲，社会治理实际是指"治理社会"。换言之，即是特定的治理主体对于社会实施的管理。在我国，社会治理是指在执政党领导下，由政府组织指导，吸纳社会组织等多方面治理主体参与，对社会公共事务进行的治理活动，是"以实现和维护群众权利为核心，发挥多元治理主体的作用，针对国家治理中的社会问题，完善社会福利、保障改善民生，化解社会矛盾，促进社会公平，推动社会有序和谐发展的过程"①。按照十八大报告，我国的社会治理是在"党委领导、政府负责、社会协同、公众参与、法治保障"的总体格局下运行的中国特色社会主义社会管理。十九届四中全会进一步提出"完善党委领导、政府负责、民主协商、社会协同、公众参与、法治保障、科技支撑的社会治理体系"。

十八届三中全会的《决定》在全面深化改革的意义上进一步指出，我国的社会治理主要关节点在于"四个坚持"，即"坚持系统治理，加强党委领导，发挥政府主导作用，鼓励和支持社会各方面参与，实现政府治理和社会自我调节、居民自治良性互动。坚持依法治理，加强法治保障，运用法治思维和法治方式化解社会矛盾。坚持综合治理，强化道德约束，规范社会行为，调节利益关系，协调社会关系，解决社会问题。坚持源头治理，标本兼治、重在治本，以网格化管理、社会化服务为方向，健全基层综合服务管理

---

① 姜晓萍：《国家治理现代化进程中的社会治理体制创新》，《中国行政管理》2014 年第 2 期。

平台，及时反映和协调人民群众各方面各层次利益诉求"。这就集中体现了社会治理中党和政府的公共权力与社会组织和公民权利之间的协调结合与和谐平衡。

第一，社会治理是由党委领导，政府负责，吸纳社会组织和公民等多方面治理主体有序参与，对社会公共事务进行的治理活动。在这其中，政府对于社会公共事务的管理，是政府治理的重要内容，而维护保障公民社会权利，完善社会福利、改善社会民生，化解社会矛盾，促进社会公平正义，推动社会有序和谐发展，则是政府治理的社会职能集中体现。从我国的实际情况来看，社会治理呈现三种基本状态，即政府对于社会的治理、政府与社会组织和公民的合作共同治理以及社会自治。在这其中，政府对于社会的治理，实则是社会治理的主体形式和主要内容，十八届三中全会的《决定》论及的社会治理创新，无论是改进社会治理方式，激发社会组织活力，还是创新有效预防和化解社会矛盾体制、健全公共安全体系，都是政府治理社会的重要内容。而政府与社会组织和公民的合作共治、社会自治，在广义上，也是政府治理的紧密相关内容，需要政府在改革进程中，"正确处理政府和社会关系，加快实施政社分开，推进社会组织明确权责、依法自治、发挥作用"。与此同时，加强对于社会组织的领导和引导。

第二，在社会治理中，作为党委领导、政府负责、民主协商、社会协同、公众参与、法治保障、科技支撑的社会治理，除了党和政府作为治理主体之外，还包含社会组织和公民等多方面有序参与的治理主体。因此，社会治理是一元主导、多方参与、各司其职的合作共同治理。我国的社会治理还包含社会自治，在社会自治的组织和体制结构中，党和政府是社会治理的领导和指导者，而基层社会的公民则是社会治理的具体运行主体，因此使得社会治理既在直接主体意义上区别于国家治理和政府治理，又在自治主体意义上区别于政府作为主体对于社会的直接治理、区别于政府与社会组织和公民对于社会的合作共同治理。

第三，社会治理涉及的通常是公民的社会生活和社会活动。一般来说，其涉及的内容主要是社会公共服务、社会安全和秩序、社会保障和福利、社会组织、社区管理等等。所以，社会治理涉及的基本是社会领域的内容。当然，随着社会治理趋向于制度化、程序化、规范化和法治化，所以，社会治理常常关涉国家相关法律和社会治理的体制机制和组织形式的创新改革。

（二）我国社会治理的现状

十八届三中全会确立了推进国家治理体系和治理能力现代化的改革总目标，这为社会管理体制改革指明了方向。从社会控制到社会治理，是我国社会管理体制的重大变革，这意味着研究从计划经济体制向市场经济体制转型中治理模式的变迁具有重要的理论价值和现实意义。为此，梳理、归纳社会治理的现状，有助于深化对这一议题的认识。

一方面，现阶段社会治理的成效是显著的。比如，社会形成了尊重价值多元、认同权利追求、倡导民主法治等宽容、开放的良好氛围。随着社会的成长、公民理性能力的培育、社会组织的发展、社会自主管理能力的提升以及社会主体参与意识与自主意识的觉醒，社会治理成为现阶段最为重要的管理方式。一般而言，社会治理就是党委、政府、社会组织、公民等多元治理主体在相互信任的基础上，为实现公共利益就社会事务管理而相互博弈、协商、合作的互动过程。社会治理的关键在于界定社会关系的紧密联系度，实现社会范围内权力、责任、权利的重新配置。它的实质在于建立在市场原则、公共利益和认同之上的合作。① 可以说，社会治理是社会为实现自我管理、自我服务、自我修复而对政府提出"做什么"和"不做什么"的要求。

另一方面，应当承认，我国目前尚未完成从社会管理向社会治理的转型。社会管理与社会治理既有区别又有联系。从政府与社会的关系看，社会管理与社会治理都要发挥党政的主导作用，但社会管理侧重政府对社会的要求，而社会治理体现出社会对政府的要求。从社会发展的维度看，社会管理与社会治理是社会层面不同的制度安排。由于我国长期实践着社会管理

---

① 参见陈振明、薛澜：《中国公共管理理论研究的重点领域和主题》，《中国社会科学》2007年第 3 期。

的基本模式，社会管理与社会治理将在今后一段时间内长期并存。此外，社会管理是管理型社会治理方式，追求效率与公平的价值，实行着党政—社会的主体管理结构；社会治理是治理型社会治理方式，强调治理主体的多元化，要求各主体为实现公共利益而相互合作、权责分担、共治、共建、共享。

社会管理与社会治理是特定历史阶段不同的管理策略。社会治理模式的变革在于社会转型过程中政府、市场、社会三者间关系的变化。从社会管理到社会治理，呈现出从一元主导到多元共治、从集权到分权、从人治到法治、从管制到服务的变迁历程。在计划经济时代，国家与社会高度重叠。政府几乎垄断所有的社会资源，并通过计划包办所有的社会事业，以此巩固新生政权。政府是社会管理的唯一主体。因此，计划经济时代的社会管理实质上是一种社会控制，原因在于权力、资源等要素在社会各阶层间的不均等占有。社会管理的目的就是协调个人、群体、社会间的资源分配关系，以最大的物质保障满足国家战略发展需要。但是，社会控制模式的长期实践使得政府的社会管理具有强烈的路径依赖。同时，社会的发展严重依赖政府力量的推动，社会的组织方式缺乏自主性。

改革开放以来，面临着市场化、全球化、城市化的巨大冲击，经济与社会体制双重转型带来经济体制深刻变革、社会结构深刻变动、利益格局深刻调整、思想观念深刻变化。这样的社会变迁释放了社会活力，但也使得传统的社会管理模式单一地靠运用政治教化和经济手段并不能完全解决好社会问题。社会矛盾的化解与社会问题的解决必须依靠社会建设，即运用社会政策工具提供基本公共服务，满足人的发展，实现社会稳定。于是，社会治理成为社会建设时代的主要管理模式。综合来看，社会治理作为政府的一项重要职能，是党政主导下吸收各方力量有效参与社会事务管理而形成的一种网络化治理模式。

（三）社会治理面临的挑战

综上分析，社会治理主要面临四个方面的挑战。

1.社会力量相对弱小

我国历史上就是一个高度行政化的社会结构，民间社会在社会资源的掌握利用和社会整合动员方面长期处于弱势地位。两千多年的传统中央集权体制下，政府是唯一有权力进行政治和经济干预的力量主体。新中国成立之后，计划经济体制下政府办企业、政府办教育、政府办医疗、政府办养老等大包大揽的做法，更是进一步挤压了社会组织和公民个人的社会空间。强大的政府直面"原子化"的社会公众，一方面，群众无论什么事情都去找政府，导致政府事务越来越繁杂、机构越来越臃肿而不堪重负；另一方面，由于缺乏社会作为纽带和桥梁，普通社会矛盾也容易激化成政治矛盾继而冲击党和政府的合法性和公信力。

2.社会治理成本居高不下

近年来，政府为了维护社会稳定和加强社会管理的压力迅速增大，各方面成本支出不断增加。中国社会科学院发表的《社会蓝皮书》表明，同期社会群体性事件的数量非但没有减少，反而增多。[1]为了应付庞大的社会管理事务，从中央到地方，各级政府的"三公经费"开支也在迅猛增加，用于政府日常运转的开支增加必然相应减少财政预算用于民生支出的数额。除了经济成本，人力成本也是一个重要的方面，近年来国家和地方招录的公务员人数总额接连攀升，而很多基层政府和机关仍然抱怨人手紧缺。社会治理成本的增加，反过来又削弱了政府在民生方面的投入力度；民生投入的减少，又会产生新的社会问题。此外，除了看得见的成本，群众信任的流失对政府形象和公信力造成的影响的"无形成本"更是无法估量。

3.影响社会秩序与公共安全的失范行为增多

经济体制的变革带动了社会结构、生活方式、行为方式和价值观念等各

---

[1]　参见陆学艺、李培林、陈光金主编：《2013年中国社会形势分析与预测》，社会科学文献出版社2012年版，第190页。

方面的变化，我国社会阶层利益不断分化，社会矛盾冲突多发高发，社会不稳定因素增多，社会风险持续加大。社会失范现象在现阶段主要表现在以下几个方面：一是在经济生活领域里的欺诈、诋毁、引诱、胁迫、虚假广告、商业贿赂等"不正当竞争行为"；二是表现在政治生活领域里的腐败现象；三是思想文化生活领域里的价值失范与社会病态。任由失范行为的蔓延而不去进行有效的治理必然会影响到社会秩序的良性运转，甚至会危及整个社会的公共安全。

4.社会认同和共识较为缺乏

社会共识是社会各群体对社会形成的普遍认同，是社会公共事务顺利开展的基本前提，也是社会各项事业发展的强大动力。一方面，市场经济造就了一大批具有自主意识、独立权利诉求、独立行为能力的个体，人们思想的独立性、选择性和自主性增加，民主意识、权利意识、政治参与意识增强。因此，近年来我国群众对于中国特色社会主义的道路自信、理论自信和制度自信总体上在不断增强。经济的市场化驱使人们盲目追逐自身利益，已经成为许多社会性事件发生的基础。此外，社会认同感的缺失导致各群体利益表达的不协调，每个社会群体都觉得自己是弱势的，困难群体更是感到"被剥夺感"严重而对改革红利的"获得感"不强，社会共识的缺乏成为阻碍全面深化改革的障碍之一。

（四）发挥信访制度社会治理领域智库性功能的迫切性

现阶段，我国社会治理仍面临上述诸多挑战和不足，如何让人民共享改革发展成果，是解决民生问题、化解社会矛盾、促进社会和谐、体现社会公平的重要途径和迫切需要。因此，我们迫切要求找到一个有利的观察窗口，准确分析研判我国的社会结构趋势、社会矛盾强度以及社会心理变化，而信访无疑是收集素材、分析研判的最佳窗口，从这个意义上说，信访在社会治理领域扮演着智库的功能。

一般来说，社会治理分为三个层面：宏观层面，在这一层次上我们能够考察社会结构的运行状况，以及结构形态对于社会稳定趋势的潜在影响；中观层面，在这一层次上我们可以观察社会矛盾的突出领域与特征，并据此判断其对社会秩序可能造成的消极后果；微观层面，在这一层次上我们能够判断社会心态的基本面，根据其性质与程度评估对社会治理带来的隐患。而社会治理的上述三个层面，我们都可以在信访领域找到相应的信息反馈，例如，通过信访窗口，我们可以知道，哪些群体是信访主要群体，他们在社会结构中处于什么位置？哪些社会矛盾构成顽而不化的主要矛盾，这些矛盾的广度与强度将产生怎样的危害？哪些消极的社会心态在普遍蔓延，又将如何塑造整个社会心理氛围？

　　一言以蔽之，从宏观社会结构，到中观社会矛盾，再到微观社会心态，掌握不同层面的社会状况、开展不同层面的社会治理，都离不开信访窗口所提供的鲜活的第一手资料。因此，我们要发挥好信访在社会治理领域的智库功能，充分利用信访领域的信息资源，准确研判社会发展形势，为积极有效的社会治理提供信访领域的智库支撑。

二、信访制度智库性功能之一：社会结构的"折射镜"

　　从宏观层面而言，一个社会能否健康有序运行取决于它的社会结构形态，稳定的结构形态是社会有效运行的重要基石。因此，准确研判一个社会的结构形态、趋势，对于分析社会运行发展具有重要意义。那么，如何准确认知、判断一个社会的结构形态呢？信访领域获得的第一手信息无疑是一面"折射镜"，这面镜子能够在宏观社会治理层面发挥智库作用。

（一）社会结构在宏观治理中的重要性

　　社会结构历来是社会学研究的核心问题，既是对社会做静态分析的终点，也是对社会做动态分析的起点。从认识上把握一个国家或地区的社会结构，就可以从根本上认清这个国家或地区社会变迁即社会结构变迁的原因和趋向。所谓社会结构，是一个国家或地区占有一定资源和机会的社会成员的组成方式和关系格局。社会结构包含种群数量结构、家庭结构、社会组织结构、城乡结构、区域结构、就业或分工结构、收入分配结构、消费结构、社会阶层结构等若干重要子结构，其中社会阶层结构是核心。[①] 当前，加强社会建设、改善社会管理的核心就是调整社会结构。

我国已进入工业化中期，在全球化、信息化、市场化、现代化的背景下，社会矛盾日益复杂，社会冲突日益多样。目前，我国的社会矛盾大体可以分为两大类：一类是常规性社会矛盾，一类是风险性社会矛盾。常规性社会矛盾是日常的、多发的、时时处处都有的，通过常规经济社会机制就可以解决的社会矛盾，不会造成社会的不稳定。风险性社会矛盾是难以通过常规的经济社会机制解决的社会成本比较大的社会矛盾，这类矛盾的解决往往周期长、代价大，解决起来比较复杂，会造成社会不稳定甚至社会动荡。风险性社会矛盾又可以分为裂痕性社会矛盾和颠覆性社会矛盾两大类。裂痕性社会矛盾的烈度还不很大，通过协调、妥协还可以处理，社会的裂痕还可以弥合；颠覆性社会矛盾是尖锐的烈度很大的社会矛盾，对社会的冲击力巨大，社会代价大的往往难以承受，轻则颠覆地方政权，重则导致整个政权的瓦解。因此，我们要重视常规性的社会矛盾，通过发展经济、发扬民主、改善福利、完善政策，不断满足人民群众的经济、政治、社会、文化需求，防止常规性矛盾转化为风险性社会矛盾，尤其是防止矛盾转变为颠覆性的社会矛盾，减轻社会运行的代价和成本，促进社会平稳运行和发展。这就要求充分利用信访这个窗口，发现矛盾、缓解矛盾，完善机制和政策，从而实现长治久安。

（二）信访是研判社会结构的反馈机制

信访常常被喻为社会稳定的"折射镜"，这个比喻说明了信访工作是社会建设和管理的重要信息系统，它能够给我们提供社会运行中的基本信息，

---

① 参见陆学艺：《社会建设论》，社会科学文献出版社 2012 年版，第 147 页。

就像我们出行要了解气象信息一样，社会建设与社会管理也同样需要社会信息。

社会管理的信息可以来源于自下而上的各级领导干部逐级汇报，也可以来源于自上而下的社会调研。但是这些信息由于各种原因并不能全面及时地反映各种社会问题。自下而上的信息汇报往往是不全面的，存在报喜不报忧的情况，对于问题往往避重就轻。而自上而下的调研往往也难以看到真实的情况，导致行政系统信息失真。而信访就是自下而上的，突破行政系统失灵的一种有效的信息渠道。所以，信访像企业的客户服务部门那样具有接受客户建议投诉的功能，也具有像企业的信息管理系统的汇集整理顾客信息的功能。

通过信访系统的信息反馈机制，我们可以细致地了解当前社会结构的状况。

第一，通过信访系统，可以了解当前哪些社会群体的利益受到侵害，并据此分析社会结构的形态。经济发展的不同阶段会面临相应的社会问题，在工业社会人们关注的焦点是财富分配，后工业社会人们则更加注重生活的满意度和幸福度。以北京、上海、深圳等一线城市为例，伴随由工业化社会向后工业化社会过渡的急速转型，人民生活由"生存型"向"发展型"转型趋势更加明显，社会成员不仅对教育、健康、环境、文化、社保等公共产品需求持续增长，而且也会逐步提高行使民主权利、保护自身权益和参政议政的要求。工业化时期的遗留问题和后工业化时期新产生的社会问题，在社会急速转型过程中扭结、重叠，使社会矛盾趋于复杂化。社会矛盾的结构源于共同的利益诉求不能得到满足时形成的群体不满。在一个智力密集、通信网络发达的城市中，特别是在利益集中度高、利益敏感度高、集体行动能力强的群体中，社会结构性矛盾张力非常容易生成。随着社会结构性矛盾张力集聚，公众参与集体行动意愿逐步增强，若不采取相应的化解行动，容易产生群体性事件。

目前，全国信访机构都不同程度地进行并完善了信访信息化建设。通过对信访信息系统中的信访数据进行科学的分析与研判，就能清晰地发现哪些群体在哪些方面利益受到严重损害，并据此分析利益被剥夺群体的特征，勾勒出社会结构的大致形态。这些知识将有助于政府决策部门检讨已经出台并实施的决策，并为科学出台下一步决策提供参考。

第二，通过信访系统，可以了解当前利益受侵害群体的主要诉求集中于哪些社会领域，并据此研判社会结构的新动向。以某市信访数据分析结果为例，我们从中可以发现当前表现较为突出的几类主要社会矛盾。这几类社会矛盾在其他地方也颇具代表性。第一类，土地矛盾。这类矛盾主要触及农民和城市居民的利益，一般来说，广大农民和城市底层群体在征地拆迁中往往沦为利益受损群体。第二类，劳资纠纷。这类矛盾主要损害普通劳动者尤其是农民工群体的利益，他们为转型时期经济发展过程作出了巨大贡献，同时也付出了群体性代价。第三类，环境问题。这类矛盾的主要诉求群体来自城市居民，逐渐崛起的城市中等收入群体对环境问题格外关注，承担着发展过程中不可避免的代价。

因此，通过对信访信息系统进行有意义的数据分析，就可以洞察当前利益被剥夺群体的主要诉求集中于哪些社会领域，并据此研判社会结构的新动向。

第三，信访监督提供了一种重要的信息源，可以为各项决策提供重要线索，尤其为改善社会结构中底层群体的利益做出应有的反应。改革开放以来，我国在经济社会各方面都取得了长足发展，但同时应当看到，相关的政策理论、社会建设、政府改革领域相对于经济发展出现了明显滞后，在社会管理领域问题突出。在全球化竞争时代，"落后就要挨打"的丛林法则依然存在，技术发展和经济进步不可遏止，如何避免"经济搞上去了，政权搞丢了"的悲剧发生，唯一的办法就是发扬求真务实、实事求是的作风，加快政策理论发展、社会发展、政治发展，适应经济技术社会进步，适应社会的现代化、信息化、全球化。

党的"群众路线"是一种符合中国国情的民主形式。信访信息系统中收集了大量来自人民群众的真实的声音。通过分析这些民意诉求，将群众诉求、群众智慧吸收到政策制定过程中，倾听政策成本承担者、群众的声音，不仅使政策具有更高的可接受度和正义性，而且也能避免困难群体产生被社会抛弃、对生活绝望的感觉，避免社会极端事件。

（三）发挥信访制度的信息反馈功能

通过信访信息系统反馈过来的信息更为丰富、直观，对这些信访数据进行科学的统计分析，我们可以发现具体是哪些政策出了问题。

信访系统的信息反馈机制，实际上是对社会矛盾变化的监控系统。透过信访系统的信息反馈机制，我们可以发现哪些政策出现了问题，进而有效控制政策细节出现的问题，降低社会事件发生的概率。通过信访数据分析和连续的社会调查，对社会矛盾在细节上的变化进行监测。

通过分析信访信息，我们发现，在公共政策的制定与实施过程中，优化政策制定的程序，注意采取政策措施的先后次序对社会的影响，这一点非常重要。例如，在一些涉及区域性居民利益的建设项目，需要注意建设项目的先后次序，同样的事情由于先后次序不同，对社会的影响就不同。

再例如，在公共政策的制定与实施过程中，还应注意在各种利益诉求群体之间使用比例优先原则处理问题。制定相关政策时，针对可能涉及复杂的民族、宗教、高校学生及毕业生、拆迁户、外来务工人员等高度结构化的群体，或者弱势群体时，不仅要考虑经济利益，而且要考虑可能蕴含的社会政治风险，比例优先原则值得借鉴。

三、信访制度智库性功能之二：社会矛盾的"晴雨表"

从中观层面而言，社会矛盾集中反映着一个社会的运行状态与趋向，社会矛盾的广度、深度、强度也是衡量社会健康程度的最佳指标。从这个意义上说，全面掌握社会矛盾的表征与实质，对有针对性地进行社会治理无疑具有重要的现实价值。而观察社会矛盾最便捷、最高效的渠道无疑是信访窗口，这一领域为我们绘制社会矛盾的"晴雨表"提供了智库支持。

（一）中观层面社会矛盾治理的重要性

社会矛盾作为矛盾的一个负面，是普遍而客观存在的。随着社会经济的发展，社会矛盾的形式也千变万化。社会矛盾一方面会造成不利的现实后果，另一方面也会在导致混乱的基础上促进改革、推动进步。现阶段的社会矛盾主要来源于三个方面：一是发展性因素导致的社会矛盾；二是政策性因素导致的社会矛盾；三是行为性因素导致的社会矛盾。

发展性矛盾来源于我国所处发展阶段和发展方式导致的阶梯性矛盾、目标性矛盾、结构性矛盾等。一是阶梯性矛盾。从发展阶段来看，我国要在同一历史时期完成从农业社会到工业社会再到信息社会的三大跨越。而各地区发展的不平衡性造成了我国社会内部实际同时存在着三个不同的发展阶梯，我们要同时推进处于不同发展阶段的不同地区在同一时间层面上实行不同阶段的转型，这就形成了多重跨越式的阶梯性矛盾。二是目标性矛盾。从发展方式上看，将社会主义与市场经济相结合是一大制度创新，然而倡导公平优先的社会主义和倡导效率优先的市场经济存在先天的冲突。在探索将两者有机结合起来以实现效益最大化的过程中就不可避免地存在诸多的矛盾和冲突。三是结构性矛盾。由城乡发展不平衡、地区发展不平衡、人口与资源环境发展不平衡造成的收入分配不公、社会管理与生态建设滞后、老龄化、人口流动的非均衡性矛盾构成了现阶段主要的结构性矛盾。四是多元文化冲突。传统文化、革命文化、外来文化以及新时期本土的新文化在短时期汇集在社会生活的方方面面，对人们的认知和心理都产生了多元化的影响，也必然引发文化碰撞上的冲突。

政策性矛盾主要来源于政策制定、政策执行以及现实环境方面的问题与冲突。一是不同政策法规之间的冲突。由于缺乏统一的顶层设计，我国不同历史阶段特别是改革开放以来在不同时期、不同地区、由不同部门出台的各种政策法规存在极其复杂的交叉关系，大量政策法规之间存在逻辑上的矛盾，且变动非常频繁，造成大量历史遗留问题。例如，仅土地管理和食品安全监管等方面的法律法规就极其繁复，北京的绿色隔离带政策和土地储备政策等土地管理方面的法律法规存在明显的冲突。二是政策执行过程和决策过程的不合理也造成了大量社会矛盾和群体性冲突。三是政府信息不公开、政策执行过程不透明也引发了大量不满。四是对于政策制定和执行中的突发状况预见不足，应对不力，缺乏严密的应急预案和风险管理系统，也是造成矛盾突发的重要原因之一。五是外部环境因素如国际金融危机、自然灾害、贸易环境变化等也在一定程度上增大了矛盾爆发的可能性。政策性矛盾是现阶段社会矛盾特别是信访矛盾产生的重要根源。

行为性矛盾主要来源于政策执行过程中由行为主体因素以及行为主体间关系导致的矛盾和冲突。一是作为政策执行主体的政府各级公务员在政策执行中的随意性和过度的自由裁量，使得同一法律法规的具体执行存在不一致现象，进而导致信访矛盾的增加。二是公众的法律意识与维权意识日益增强，社会参与的主动性和维护公平正义的觉悟逐渐提高也在一定程度上增加了信访量。三是腐败、权力寻租等现象的存在带来的负面影响。四是媒体特别是新媒体的日益普及在一定程度上也推进了社会热点事件的蔓延和发酵，并在一定时机下形成舆论压力和信访冲突。

由此可见，发展性矛盾产生具有一定的历史必然性，而政策性矛盾和行为性矛盾的产生既有必然性的因素，也有偶然性的因素。变革社会的演进、公民社会的发展、群体心理的特征、网络等技术因素的革新、政府改革的推进和日益开放是三类矛盾产生的主要原因。值得注意的是，上述矛盾的性质主要是人民内部矛盾，都属于裂痕性矛盾，而非颠覆性矛盾，是可以预防、可以修复和可以修补的。

（二）信访是解决社会矛盾的矫正机制

信访是社会矛盾的"晴雨表"，也是解决社会矛盾的矫正机制。信访制度设立的初衷是保持各级人民政府同群众的密切联系，保护信访人的合法权益，维护信访秩序。从这个意义上来说，信访制度应该是我们党的优良作风的具体体现，甚至是党在执政时期攻坚克难的法宝。这意味着人民群众通过各种方式进行信访，并对政府决策提出意见、建议和投诉请求等是合理合法的，是"送上门的群众路线"。

透过这条"群众路线"，我们发现，新时期我国社会矛盾的特征，使得社会问题从单独或者孤立的社会纠纷逐步趋向政策化，从而与政府公共政策具有高度相关性。而社会问题和矛盾的政策化趋向，则大大提高了信访工作与社会政策的关联性，其主要体现在：

第一，社会政策内容问题，是触发信访矛盾的政策因素。社会政策在相关社会问题和社会矛盾上缺位，或对于相关社会问题前后政策脱节，可能形成公民权利保障的"盲区"，使社会矛盾的化解缺乏政策性依据；社会政策内容脱离实际甚至扭曲社会利益关系，功能不彰，难以实现公民的正当利益诉求，由此使得社会政策本身成为利益矛盾的引发因素；社会政策被束之高阁，或者相应的社会问题和矛盾不能及时有效通过政策调整加以化解，往往容易激起民怨；转型时期，社会不断发展变化，社会政策的前瞻性常常容易转变为滞后性，难以适应迅速变化的社会形势和社会关系，由此延缓或阻滞社会矛盾的有效化解，甚至引发新的信访矛盾和冲突。

第二，社会政策过程问题，是引发信访矛盾的诱因。在社会政策制定过程中，信息缺失或者失真，程序缺省或程序不当，都会降低政策的正确性、针对性和公信力，影响预期的政策效果；在社会政策执行过程中，政策执行者的"选择性执行"，使不同时期和不同区域的政策受众受到形式甚至实质性差别对待，形成滋生社会矛盾的温床，进而引发规模性信访事件；在社会政策调整过程中，某些政策背离既定政策目标，或者缺乏解决相关社会矛盾和问题的有效性，经过社会政策执行和反馈过程，这种政策缺陷未能得到及时正确调整和弥补，由此不仅浪费了政策资源，而且激化了社会矛盾，贻误了解决问题的有利时机。

第三，社会政策议题设置问题，是信访矛盾发生发展的政策原因。信访实践表明，社会问题没有及时得到政府相关部门高度重视并上升为社会政策议题，经常导致信访矛盾发展甚至激化。在社会生活中，人们每天都会面临各种不同的社会问题，它们各自对公众有着不同程度的影响。但是，并非所有社会问题都能被政府相关决策者察觉并得到足够重视，因而并非所有社会问题都能及时被列入政策议程，成为政策议题。就此而言，政策的调控范围实际上难以覆盖普遍存在的社会问题，从而容易产生社会政策制定和调控的盲区，使得一部分社会问题游离于政策调控范围之外，难以及时上升为社会政策加以有效解决。在这种情况下，社会政策的盲区性，就会成为社会矛盾的诱发甚至激化的原因。社会矛盾与社会政策的这种紧密关联性，决定了集中解决社会矛盾和问题的行政信访工作越来越具有政策功能，由此使得以信访工作从孤立解决单个信访问题，逐步向影响具有普遍意义和效用的社会政策转化，因此，提升信访的政策功能，以优化信访来优化公共政策，实现信访矛盾和问题的政策性化解，成为信访工作的重要功能，而承担这一功能的重要途径，即在于信访工作影响公共政策的运行机制。为此，优化信访工作影响公共政策的运行机制，成为达成这一功能的着力点。

（三）发挥信访制度的政策矫正功能

综上分析，发挥信访制度对于社会政策的矫正功能，使其沿着正确路径发挥应有的作用，是信访制度的一项重要智库性功能。发挥这一功能，应从以下几个方面着手：

第一，决策信息获取机制，即信访的政策信息收集。在现代社会中，决策基本依据是社会成员对于政治系统的需求和支持状况的相关信息，"一个好的、科学的决策必定要有广泛的民意或利益诉求输入。这一环节对政府是否能做出科学决策起着基础性的决定作用，是决策科学化的重要前提"。这就要求政府及其相关部门在制定政策时，能够全面准确真实地获取社会成员的期待、意向、动机、思想意识、利益要求和偏好，知晓社会成员对于政府、规则和政策的态度和支持状况，从而善于从中发现政策问题，形成民主和有效政策。政府行政决策体制存在科层体制具有的信息传送失真和片面等问题，由此在一定程度上降低了公共决策的真实性、有效性和民主程度。行政信访以其特定的信息获取机制在一定程度上弱化了这一难题。与其他信息来源渠道相比，信访工作形成的信访信息收集网络式渠道具有天然优势，对于社会决策具有独特的信息收集和沟通功能。

一是信访具有民意表达的集中性。信访实践显示，社会急剧转型和经济高速发展带来的负面效应，往往集中释放于社会层面，并通过信访渠道投射出来，因此，群众信访犹如"一个巨大的'信息库'，它为各级政府决策的科学化提供了重要的资源保证"。

二是信访工作具有民意反映的广泛性。全方位覆盖的"信访信息员队伍"和以信访信息员为基层前哨的"纵向到底、横向到边"的信访工作网络系统。这一系统在信息收集和获取方面，构成了深入透彻的专属独特信访信息获取机制，为及时有效获取社情民意相关信息提供了特有路径。

三是信访活动具有民意诉求的普遍性。从信访机构收到的人民来信和接待的群众来访的实际情况来看，信访所反映的问题几乎涵盖了社会生活的各个方面。大到关乎国计民生的政策方针，小到细微末节的邻里纠纷，都可能成为群众信访的缘由；从企业改制、资产重组中的矛盾到工资福利问题，从"三农"问题到基层干部的违法违纪，从城镇拆迁和安置补偿到粗暴执法，从金融和财税系统的违法违纪到某些干部的贪污腐败，从上学难、就业难、看病难等问题到社会分配不公等各方面社会矛盾，无一不在信访活动中反映出来。这些社会问题的汇集使信访部门成为社会矛盾和冲突相关信息的汇集地，也使信访活动成为反映社会生活和社会矛盾状况的"晴雨表"。信访犹如"一张蜘蛛网的中心点，从这个中心点，你几乎可以与社会生活的任何一个主要方面取得联结，几乎可以窥见这个社会存在的所有主要问题"，信访活动反映的这些社会问题"不仅给国家提出了要求，带来了麻烦和压力，同时也带来了大量珍贵的第一手的信息，而这些信息有助于国家及时地了解社会动态并制定和调整政策"。

四是信访信息具有民意告知的真实性。信访过程是信访人与信访部门、政府职能部门面对面的接触过程，信访信息通常是信访人在提出信访诉求的过程中反映出来的。一般来说，人是他自己利益的最好代理者，作为一种自下而上的自发式有序参与，信访活动所反映的信息往往更能体现当事人的真实愿望和利益诉求。因此，信访机构获得的是"原汁原味"的信息。通过信访渠道反映的社情民意，相当程度上矫正了科层制下层层报送和传递所导致的信息过时、失真甚至扭曲，从而为政府决策提供了丰富真实的第一手原始依据。这种源自社会真实的利益表达，对于党和政府决策者及时、全面地了解真实的社情民意，把握社会公众的迫切需求，具有天然的优势。

正因为如此，信访制度往往成为社会政策相关信息的有效、广泛、真实获取机制，成为社会政策形成、运行、调整和发展的基本依据，从而深刻影响着社会政策及其过程。

第二，政策问题察觉机制，即信访矛盾的分析研判。一般来说，只有"那些已经进入政策程序的，被纳入政府解决、应对范围的社会问题或公共问题"才能称之为政策问题；而只有那些进入政策规划阶段的政策问题，才可能形成政策方案，进而最终形成社会政策。这种政策程序规范看似理所当然，但是，"议案和关注的焦点问题被确定为政府行动的候选对象的渠道并不是简单的。它们的提出是多方面因素共同作用的结果，而它们要想成为（政府）决心要做的事情之前，还要经过复杂的程序。这一阶段对全部政策程序以及政策结果具有决定性影响"。在这一阶段，信访矛盾分析研究对于哪些问题是紧迫的政策问题，怎样从纷繁复杂的社会问题中提炼出这些问题，往往起着重要作用。

信访工作实践表明，在日常运行中，有大量关于社会矛盾的信访数据汇集到信访部门，这些矛盾和数据是社会现实问题和矛盾的直接体现。不过，很显然，并非所有社会问题和矛盾都能被政府决策者及时发现，并非所有社会问题和矛盾都会受到决策者的同样重视。因此，包括信访机构在内的所有社会管理部门面临的最大挑战"来自于预判未来社会发展有可能出现的矛盾重点，并且提出有可能的针对性建议"。从某种程度上讲，政策问题察觉和预判实际上是对民意的准确真实全面的把握和聚合，这就要求承担政策问题察觉职责的政府工作人员不仅要有使用科学方法和手段的专业技能、很强的政治素养和大局意识，更为重要的是，他们只有成为深入群众、倾听民声的社会实践者，是经常接触普通群众，近距离感受社情民意的知情人和知心人，才能在规划过程中准确把握人民的根本利益和切身利益诉求。

如同毛泽东所指出的那样，"实际政策的决定，一定要根据具体情况，坐在房子里面想像的东西，和看到的粗枝大叶的书面报告上写着的东西，决不是具体的情况。倘若根据'想当然'或不合实际的报告来决定政策，那是危险的"①。

而信访机构及其工作人员每天面对普通大众，耳濡目染的是社会真实的状况和直接利益诉求，因此对政策问题的察觉、对政策规划内容和具体方案设计的建议，往往更具合理性，从而更符合实际情况和公众的需求。因此，信访矛盾和社会问题分析研究机构，恰恰为公共政策提供了一种良好的政策问题察觉和研判机制。这一机制具有察知民心、识别民情、聚合民意、转换政治输入为公共政策的特定效用和功能，由此使得决策者得以拟定一个在近期打算通过政策措施予以解决的问题的计划表，确定哪些问题列入政策议程和行动议程，哪些问题优先予以政策性解决。与此同时，对社会矛盾和信访数据的分析，也有助于了解数据背后蕴含的社会问题、社会矛盾及其发生、发展和变化规律，由此启动了信访工作从被动作为向主动作为、从感性认知向理性认知、从经验运行向科学运行、从表层工作向深层工作、从单一部门工作向政府治理和社会建设全局工作、从信访问题向社会政策、从参与权利救济和保障向参与社会决策转变的进程，并且积极努力达成"以数据反映规律，以规律促进决策"的目标。

第三，政策沟通协调机制，即信访问题的政策协调。信访在提供有效的问题察觉机制的同时，还提供了特定的沟通协调机制。信访工作的沟通协调机制，更多体现为日常的信访工作对政策制定和政策执行等过程的实际影响。需要特别指出的是，这种沟通和协调不同于简单的信息传递，而是经过切实调查，在对所获得的相关政策信息进行分类处理和综合提炼，以解决政策性问题为导向的沟通与协调。从制度运行的过程来看，行政信访实际上更多地担当着"沟通者"或"协调者"的角色。在信访工作中，对社会问题和矛盾的处理，一般是通过信访人、信访机构以及相关职能部

---

① 《毛泽东文集》第一卷，人民出版社 1993 年版，第 254 页。

门等多元主体之间的沟通协调来实现的。在公共权力体系内部，信访制度的政策沟通协调功能既涉及纵向的不同层级的职能部门之间的沟通协调，也涉及横向的同级政府职能部门之间的沟通协调。信访工作的实践显示，群众来信来访所反映的问题往往涉及多个层级的政府部门和同一层级的政府职能部门或单位，在这种情况下，群众所反映的问题能否成为政策问题，能否进入政府决策议程，关键在于不同层级的政府和同一层级政府相关职能部门对于特定问题的重视程度以及它们之间的协同和合作。信访人所反映的问题在多层级政府和多个相关职能部门共同支持下，得到重视的程度会相应提高，列入政策议程的机会也会相应增加。所以，行政信访在公共权力体系内部的沟通和协调，无疑能够使得特定社会问题更多地获得政府决策者的重视，从而使政府内部不同层次、不同领域部门形成协同合作，将其列入政策议程或者政策过程。就公共权力体系与外部环境的关系来看，信访机构居于信访人与政府权力机构之间，这种特殊的位置，赋予信访机构位于信访人与相关职能部门之间"斡旋者"的角色。其中，比较典型的是信访机构召集信访联席会议，在信访人与相关职能部门之间或相关纠纷主体之间搭建平台，使利益相关各方有机会坐下来，以圆桌会议的形式对其所关注的问题进行讨论和协商。

第四，量化分析矫正机制，即信访问题的预防化解。以北京市信访矛盾分析研究中心的"社会矛盾指数研究"为例。"社会矛盾指数"研究工作已持续开展 10 年，相对于当时社会上较多的"幸福感研究"等内容，"社会矛盾指数"研究选题方向更为新颖，对问题的对焦也更为精准，对信访渠道反映出来的社会矛盾进行深层次分析研究，同时依托信访数据资源优势，深入分析信访矛盾和社会问题，加强理论和前沿课题研究，为领导科学决策提供数据支持和理论参考。

"社会矛盾指数"是用来衡量主观社会矛盾的累计方向和速度的指数数据。"社会矛盾指数研究"工作针对每年的社会矛盾现状进行年度追踪调查，在积累大量基础数据之后进行数据挖掘，以具象化的指数形式衡量社会矛盾的大小和激烈程度。

"社会矛盾指数"的测评对象一方面包括教育、医疗、住房、治安、就业、社保与市政管理等民生领域，另一方面还包括经济改革、政府治理、民主建设、依法治国等宏观价值理念领域。物质性矛盾与价值性矛盾一起构成了"社会矛盾指数"的调查主体。

"社会矛盾指数"在具体测评中，全面分析各类细项社会矛盾的主观深度（不满情绪的外显程度）、广度（公众利益受损的广泛程度）、烈度（公众采取矛盾应对行为的激烈程度），同时创造性引入"社会矛盾缓解机制"的概念，主要分析涉及利益分配机制调整的政策体制以及政策执行力度、相关的经济形势对于社会矛盾走向的影响，这也使得"社会矛盾指数"的内涵更为丰富，主观与客观相结合、宏观与微观相结合、态度与行为相结合，这也使得最后的"社会矛盾指数"能够尽可能多地反映社会矛盾的各个方面，为政府决策部门提供实实在在的支持。

从研究成果来看，"社会矛盾指数研究"工作在我国的社会矛盾实证研究领域具有开创意义。"社会矛盾指数"忠实记录每个年度社会矛盾水平的细微变化，公众在矛盾情绪的驱使下会选择什么样的行为，所有的细微数据汇总起来就形成了社会矛盾的脉案，方便决策者来准确摸到社会变化的脉搏。

一是研究以具象化的指数形式衡量了社会矛盾的大小与激烈程度，这也为在数据趋势分析基础上进一步建立相关的预警机制提供了可能。

二是对教育、医疗、住房等多个民生领域的社会矛盾进行了专项分析，并对各项矛盾之间相互转化关系加以研究，形成了一套完整的对社会发展和社会矛盾发展的检测体系，为后续的专题研究提供了基础数据，也厘清了各项相互关联的社会矛盾，从而为找到有序解决的切入口创造条件。

三是作为年度性的常态指数研究，本研究能够提供系列基础数据，为进行社会矛盾与宏观经济发展的关联研究、探索社会矛盾指数与各种宏观统计指标（GDP、CPI 等）的共变趋势提供了可能。

四是对居民应对矛盾的行为划分与比较分析，为信访工作和社会管理工作的提升提供了理论与现实的支持。

四、信访制度智库性功能之三：
社会心态的"温度计"

从微观层面而言，影响一个社会稳定运行状态的直接推动因素即是社会心理的发生与变化，一旦消极的社会心态在群众中普遍蔓延，将为社会治理带来巨大挑战。因此，及时把握社会心理的动态趋势，准确判断其性质特征，对社会治理具有至关重要的作用。而信访窗口反馈的信息好比一支"温度计"，可以帮助我们测量一定时期内社会心态的"体温"，从而为有的放矢的社会治理提供智库智慧。

（一）社会心态在微观治理中的重要性

随着经济的市场化、政治的民主化以及文化的多元化，我国社会正经历着历史性的变迁与转型。这种深度变化一方面是推动社会发展的重要力量，另一方面也会引发社会矛盾与冲突的激化和加剧，进而引发公众社会认知、群体情绪和价值取向的变化，这些新的局面给社会管理提出了前所未有的挑战。

从群体心理层面看，转型期社会结构、社会秩序以及社会环境的急剧变化必然会导致公众社会心理失衡和心理震荡，必然会带来社会心理的嬗变。可以说社会心理既是社会变迁的结果，又是社会变迁的反映。因此，社会心理变化对于社会发展与稳定的影响不容忽视。研究转型期社会心理变化状况、探索社会心理发展规律对于营造理性、健康的社会心理氛围，有效规避社会风险，推动社会和谐发展将具有极大的现实意义和长远价值。

这里，社会心理的社会性和群体性特征尤其不容忽视：当个人集合成群时，往往表现出一些不同于个人固有特征的群体性特征，从而使得处于群体中的个体观念和情绪逐渐趋同，而个人意识和精神受群体感染而被群体的意志和精神取代。①

如果社会心理表现为一种理性、健康、平和的心理状态，那么对社会机制的顺畅运行和社会肌理的平稳构造无疑将产生积极正向的影响。反之，一种失衡、失态、失控的社会心理状态，显然将成为社会平稳转型的阻滞因素。

信访，作为一种颇具中国特色的制度，往往是社会矛盾的集中体现和剧烈反映。信访人，则是公众社会心理状况的集中镜像反映，他们往往代表着负面社会情绪尤其是群体负面社会情绪爆发的火山口。事实上，他们的所思所想所为，应该是整个社会矛盾和社会心理的冰山一角。

从社会管理实践来看，如果我们能持续关注公众的社会心理状态，注重营造健康和谐的社会心理氛围，并加强相关的制度和软环境建设，那么对于规避社会风险、完善社会管理机制、推动社会和谐稳定发展、提升公众的社会满意度和幸福感将起到积极的推动作用。进一步地，如果我们能及时把握公众中的不满情绪与不稳定因素、监测转型期社会心理变化、未雨绸缪地对社会矛盾与风险进行适时预警，那么对防范和化解潜在社会矛盾、有效规避社会风险也将发挥重要作用。十八大报告指出，要"注重人文关怀和心理疏导，培育自尊自信、理性平和、积极向上的社会心态"。"十二五规划"也提出要"弘扬科学精神，加强人文关怀，注重心理疏导，培育奋发进取、理性平和、开放包容的社会心态"。从这个意义上说，通过研究转型期的社会心理特征与表现，对社会风险给予评估与预警，具有重要意义。

（二）信访是评估社会心态的预警机制

社会心理指一定社会生活状况下形成的、互有影响的多数人共有的心理现象。社会心理概念涵括个体心理、群体心理和民族心理三类心理现象共有的特性。从学术传统上讲，社会心理有心理学取向和社会学取向两种研究取

---

① 参见［法］古斯塔夫·勒庞：《心理学统治世界2：群体篇·大众心理》，高永译，金城出版社2012年版，第2页。

向，后者更强调社会心理的社会性特征和群体性特征。这里将从社会学的角度研究社会心理现象。

第一，社会心理探讨的是与社会有关的心理学问题。它试图解释个体的思想、情感和行为如何受到他人实际的、想象的或潜在的存在的影响；同时也探讨个体的思想、情感和行为如何透过个体对现实的认知、情感和意向这样的建构性心理过程影响到他人和社会。

第二，社会心理强调其社会性特征，注重社会结构变迁、社会问题和社会行为的影响和作用，强调社会风俗、暗示、模仿、聚众等社会性因素对社会心理的影响。

第三，社会心理强调其群体性特征，注重探讨个人在群体中的行为和群体对个人心理与行为的影响，以及少数人对群体的影响关系。这里，群体或大众虽然来源于每一个社会个体，却又以一种整体的形态存在和影响着每一个社会成员，使人以为这就是自己的观念、态度和意志；或者自己无法摆脱这种观念、态度和意志的控制。法国社会心理学家勒庞开创了群体心理学的研究。他在《乌合之众》一书中对大革命时期法国人的群体心理研究成为社会心理学研究的经典。后来的许多心理学家通过社会认同、社会传染、自我刻板化等概念进一步强调了社会心理的群体性特征。正如莫斯科维奇在《群氓的时代》中所作的断言："我们生活在一个大众社会和大众人的时代里"[1]。

与社会心理密切联系的概念是社会心态。社会心态的概念虽然被广泛运用，但在学术上一直是一个意义含混、缺乏共识的概念。学者们往往把社会心理和社会心态这两个概念不做明确的区分，并在多种场合中不同程度地混用。严格来讲，社会心态属于社会心理范畴中最具宏观层次的概念。一般来讲，社会心理的概念范畴分为个人水平、人际水平、群己水平、群体水平、群际水平和宏观水平六个层次。社会心态是与社会运动、意识形态、文化心理一样处于最宏观层次的概念。[2]

---

① ［法］塞奇·莫斯科维奇：《群氓的时代》，许列民、薛丹云、李继红译，江苏人民出版社2003年版。

② 参见杨宜音、张曙光编著：《社会心理学》，首都经济贸易大学出版社2008年版。

社会成员对社会的发展变迁的喜怒哀乐所体验到的自身所处的社会情绪基调，社会成员的社会价值取向与态度汇聚而成的共识，共同发展成为一个可以称为共享的现实性的社会存在，这就是社会心态。它来自于社会个体心态的同质性，却不等同于个体心态的简单相加。因受到社会文化环境影响，社会心态具有动态性和复杂性。① 社会心态的考察和度量仍然通过社会心理的相关指标加以体现。

信访群体在拥有信访经历之后，比一般群体更容易接受负面信息的刺激，集中表现在对社会不公、收入不均等、腐败等问题的高度关注。这种情绪在不断积累的过程中有可能会转变为一种处于失衡状态的群体心理。按照勒庞的集体行动理论，集体行动是人们情绪感染的结果，群体特征表现为有意识的人格已经消失，无意识的人格占据主导地位，情绪因感染、暗示的影响使群体心理朝着某一个方面发展。从某种意义上说，信访群体可以被看作是一个独立的"人"，这个"人"的负面情绪会对其他"人"或整个群体产生某种暗示和感染，进而使得整个社会群体的心理朝着某个方面发展，这种群体情绪发展到一定的程度就可能引发更大的负面群体行为，进而造成更大的社会风险。

如前所述，社会心理变化是导致社会矛盾与冲突的重要原因，而社会矛盾的发展演变又会反过来影响社会群体和个体的社会心理状态。因此，从社会心理角度分析社会矛盾，进而进行社会风险评估与预警将具有重要价值。

"预警"一词是从军事术语演化而来，指通过各种手段提前获取信息，经过分析、判断预知敌方动态，并给予动态分类定级，由总部进行决策，以便提前采取行动来应对敌方可能的行为。随着社会的发展，军事预警逐渐被应用到社会的各个方面。社会矛盾与社会风险预警指通过对社会系统运行中的不稳定因素或负面因素进行监测和评估，就社会风险和社会危机爆发的临界状态作出早期的预报。②

---

① 参见王俊秀、杨宜音主编：《2011年中国社会心态研究报告》，社会科学文献出版社2011年版。

② 参见王林等：《中国社会矛盾预警研究》，重庆大学出版社2011年版。

　　近年来，对于社会风险评估和预警的相关研究逐渐成为学者们关注的问题。以美国为代表的西方社会早在 20 世纪 60 年代就已经开始了社会指标运动。该运动的发生与第二次世界大战后，各国工业化和大量开发自然资源导致的生态平衡破坏、环境污染以及面临的失业、犯罪等社会问题有着直接的关系。较早以科学方法进行实证性预警研究并建立相关指标体系的是美国社会学家 R.A.鲍尔，他在 20 世纪 60 年代中期出版了《社会指标》一书，成为科学社会预警方法产生的标志。此后，西方国家兴起一股"社会指标运动"。比较有代表性的是美国"哈佛景气动向指数"、"富兰德指数"，七国首脑联合制定的"经济监测指标"，美国外资政策研究所的"政治监测指标"等。[1]

　　社会指标体系和社会风险预警在我国的理论发展和实践运作中尚属初级阶段。目前我国还没有一套完整的社会指标，在社会风险预警方面的研究主要集中在城市风险预警、群体性事件预警、公共危机防控等方面。

　　如上所述，信访是社会矛盾的集中体现和剧烈爆发，信访行为是普通公众在遭遇社会冲突时的突出行为。从另一个角度看，普通公众是潜在社会矛盾和不良情绪的积聚地。因此，关注信访和社会矛盾发展态势，将信访人群与普通公众的心理状态进行对比分析将有可能对社会风险评估和预警研究和实践提供思路。信访行为的诉求对象是政府，各种社会矛盾和冲突的最终指向也都是政府。所以，我们也可以从公众对政府服务的满意度角度对社会风险进行评估和预警。基于这样的思路，我们对社会风险状况进行考察。可以看出，当前社会风险态势呈现出下述几个方面的突出特点。

　　第一，信访与社会矛盾焦点指向集中。数据显示，多年来信访矛盾主要集中在几方面的焦点问题上，城市管理、住房问题、劳动社保、社会建设、社会秩序、涉农问题、环境保护、违法违纪、公共卫生等方面是群众来信来访比较集中的领域。这一方面同我国正在处于的历史发展阶段有关，是发展性的社会矛盾来源，另一方面也是我们政府改革和政策变更较多的领域，属

---

① 参见刘旭东：《社会风险预警指标与我国现实比较》，《中国城市经济》2011 年第 1 期。

于政策性的矛盾来源。

从社会面的矛盾来看，比较突出的社会问题也主要集中在住房、拆迁、腐败、医疗保障、养老保障等方面。调查显示，普通百姓最为关心的社会问题是：住房、医疗保障、养老保障、物价、交通和食品安全。信访人最为关注的社会问题为：住房、腐败、医疗保障、物价、养老保障和拆迁。而一线信访工作人员则认为，拆迁、腐败、住房、分配问题和城市管理是社会的主要矛盾焦点。这里，住房、拆迁和腐败是大家一致关注度最高的领域，这也表明了社会矛盾的焦点所在。

当问及未来五年可能产生哪些比较尖锐的社会问题时，普通百姓、信访人和信访工作人员所认为的焦点问题依然集中在拆迁、住房和腐败方面。这表明，无论是过去、当前还是未来一段时间，无论是普通百姓还是信访人和信访工作人员，大家所关注的焦点问题具有强烈的一致性倾向。如果我们考察近期各种媒体特别是网络传播的社会热点问题，其集中的领域也与上述方面不谋而合，各类社会热点事件的一个突出特点是，无论事件的起因和发生领域，最终导致公众热评的始终围绕在官员腐败、强制拆迁、干群关系等方面。这种指向集中且长期一致的社会矛盾问题必然会增加现阶段和未来一段时期内的社会风险，是我们必须关注和注意防范的方面。对于社会问题专家的深度访谈也表明，住房、拆迁、腐败和分配不公将持续被关注；医疗保障、城市管理、物业纠纷、食品安全将越来越被关注；而国进民退、阶层壁垒、城乡和地区不平衡、文化建设方面将是影响未来发展的重要因素，公民诉求表达、非利益诉求、"三公"公开、司法腐败等现象作为未来社会矛盾的突出领域将受到关注。作为干群关系焦点的腐败问题将可能发展为裂痕性矛盾。

第二，信访总量长期高位运行，信访强度有所增加。信访总量持续多年不减，而作为信访强度风向标的联名信和集体访多年来一直处于高位，特别是集体访一直处于高位。

从来信和来访的比例来看，来访作为强度更为突出的信访事件，占比持续增加。而近年来我们对于来访特别是集体访问题在办理时的优先和重点关注措施也在一定程度上增加了来访矛盾所占比例。

　　近期的信访事件提示我们，在当前和今后一段时间内比较严重的社会矛盾特别是信访矛盾是导致社会风险持续处于较高等级的温度计。

　　第三，非直接利益冲突剧增，消极群体心理凸显，蓄积大量隐性不满。无直接利益冲突指社会冲突事件的参与者对冲突事件本身并没有直接的利益诉求，而是路见不平或借题发挥、借机宣泄以表达不满情绪而造成的矛盾。冲突可以理解为一种对抗性的矛盾。无直接利益冲突在西方社会一直存在，是由于公众长期压抑而形成的对某种制度或某一群体的不满，由一具体事件引发的集体宣泄行为，具有明显的"无直接利益冲突"特点。

　　无直接利益冲突跟人们在现实中感受到的被剥夺感和受挫感直接相关。美国著名政治学家亨廷顿在其著作《变革社会中的政治秩序》中提出了一个著名的命题：人们在现代化过程中会产生一种社会挫折感，这种挫折感会影响到社会的稳定，其过程是通过某些中介因素所构成的因果链条而发生联系的。① 科塞则提出了"非现实性冲突产生于剥夺和受挫"的命题：社会系统中缓解下层社会成员对稀缺资源分配不满情绪的管道越少，这部分社会成员发泄不满情绪的选择性就越小，他们怀疑现存制度合理性的倾向就越强，而那些缺乏发泄不满渠道的社会成员感到自我被剥夺的意识越强，则他们越有可能怀疑现存分配方式的合法性；社会下层成员想通过向上流动而进入社会上层的意愿越强烈，如果社会允许的流动性、开放性越小，那么他们就越有可能对现存制度的合法性持否定态度；社会的下层成员越是从绝对剥夺转为相对剥夺，他们的不公平感则越强，因而起来反对现存制度的可能性就越大。②

（三）发挥信访制度的风险预警功能

　　一般而言，社会心理分为显性不满和隐性不满。显性不满可以明确诊断

---

① 参见［美］塞缪尔·亨廷顿：《变革社会中的政治秩序》，华夏出版社 1988 年版，李盛平、杨玉生等译，第 50—51 页。

② 参见［美］L.科塞：《社会冲突的功能》，华夏出版社 1989 年版，孙立平等译，第 30 页。

社会领域的"病灶"所在，从而使决策者进行有的放矢的社会治理。而隐性不满则不同，它长期隐匿于社会群体的情绪中，在某一时段并不具有显著危害性，但随着日积月累的滋生蔓延，其积聚的负面能量一旦释放，将造成不可小觑的社会危害。因此，隐性不满作为一种社会心态，其萌生、形成和发展对我们是一个警示，更是一个启示。我们要格外重视它对社会现实的反映与折射，挖掘其产生的社会土壤，追寻其形成的社会根源，充分发挥风险预警功能，这对维护社会和谐稳定，构建社会管理新机制至关重要。

通过信访窗口，我们首先能够厘清隐性不满产生的原因：一是经济增长方式导致的经济社会结构失衡是公众"隐性不满"产生的根本原因。高速公路、高速铁路、大型水电站、城市房地产等产业都是在大规模固定资产投资的基础上迅速发展起来的，我国占世界第一的外汇储备总量也是通过出口创汇获得的。但是由大规模固定资产投资和出口创汇导致的征地拆迁、水库移民、环境污染、通货膨胀、劳资纠纷、职业病等问题却由人民群众承担。

同时，我国的社会发展和社会建设远远滞后于经济增长，由此导致的产业政策与城市公共治理之间的矛盾、收入分配政策与中等收入群体培育之间的矛盾、行业自律与市场监管之间的矛盾越发凸显。如果改革是通过"国富民穷""国进民退"的方式进行，如果改革发展的成果不能由人民群众共享，却承担由此带来的成本与风险，"隐性不满"的社会情绪就会滋生蔓延，改革发展的共识就会被抵触消解。可见，地区经济增长方式导致的经济社会结构失衡是公众"隐性不满"产生的根本原因。

二是公共政策制定执行导致的风险转嫁是公众"隐性不满"产生的主要原因。公共政策制定的根本目标不仅是促进经济发展，也是捍卫公平正义的道德伦理，保障困难群体的生存权益，实现公共利益最大化。市场经济能够充分调动人们的积极性、主动性和创造性，但同时也会产生逐利性、利己性以及道德滑坡现象，我们不仅要倡导诚实信用、公平正义的市场原则，还要通过公共政策的制定和执行来维护这些最基本的原则。如果在制度层面和公共政策层面，社会的公平问题没有解决好，如果改革开放的成果没有让广大的人民群众所共享，就会出现改革过程中一些利益受损群体对改革和发展的不满，会导致社会的隐性不满情绪蔓延并长期持续积累，最终影响经济社会改革发展进程。

在公共政策制定过程中，有很多的公共政策过多地关注如何促进经济发展而对维护公平正义、保障困难群体利益关注不够，这是我们需要特别警惕的。这些公共政策虽然是经济性的政策，但产生的后果往往是社会性的。许多公共政策的制定通过转嫁风险和负担，损害广大群众的权益，这些政策的后果损失的不只是金钱，还有那些隐性的社会性损失，隐性不满的社会情绪滋生蔓延就是最直接的后果。比如：鼓励汽车产业快速发展，但城市管理者为了治理交通拥堵又限制汽车拥有量的增长导致的不满情绪；过于倾向一些特殊利益群体的分配政策，结果社会分配严重不公导致的群众心理不满；大力发展重化工业导致的生态环境恶化；政令不一，朝令夕改导致的政府信用缺失；一些不切实际的、没有可操作性的规章制度匆匆出台，结果形同虚设导致的制度权威丧失；等等。

三是社会运行机制不健全、不完善是公众"隐性不满"产生的直接原因。经济结构失衡、公共政策失误导致的公众不满情绪如果能够通过制度化的平台得到有效的宣泄，公众的不满情绪就会得到释放和消解。社会运行机制不同于经济增长机制，经济增长机制更强调资源的稀缺性和有效性，而社会运行机制更关注在社会发展进程中人与人、人与组织、公民与国家之间的交流互动机制。一个健全完善的社会运行机制必然具有科学有效的利益协调机制、诉求表达机制、矛盾调处机制和权益保障机制，这些机制的建立和完善是加强社会管理、提高社会管理科学化水平的核心内容。

我国在健全完善社会运行机制上取得了很大成就。但仍有一些问题不容忽视。比如，劳资之间缺乏基本的利益协调机制，公共政策制定过程中缺乏公众的诉求表达和有效参与，公众在矛盾调处过程中使用诉讼策略较低，遇到征地拆迁、企业改制、环境污染等问题无力面对强势政府，权益得不到有效保障。这些机制一旦出现不畅通、不健全、不完善的情况，公众的利益得不到真正维护，公众诉求得不到真正表达，不满情绪就会隐藏积淀下来，最终影响甚至破坏经济社会的持续发展。我国正经历着空前广泛的社会变革。

这种变革在给我国发展进步带来巨大活力的同时，也必然带来这样那样的矛盾和问题，产生矛盾和问题并不可怕，可怕的是缺少相应的机制去宣泄，缺少接受人民群众批评监督的制度与平台。社会管理者通过制度和规则创造一个宣泄不满的空间，创建一个接受人民群众批评监督的平台，健全完善社会运行机制，是各级党政机关面临的时代挑战。

社会心态反映社会现实，良好的社会心态是十分重要的社会资本，公众隐性不满的滋生蔓延是社会资本下降的重要标志。加强和创新社会管理，需要积极、准确、有效地把握社会心态，尤其是社会负面心态。培育良好社会心态，最艰巨的任务就是消解经济社会改革发展进程中"隐性不满"情绪。

第一，继续深化改革，加快经济发展方式转变，缩减经济发展的社会代价。加快经济发展方式转变，加快推进经济结构、产业结构调整是经济社会发展的必然要求。在改革发展过程中，树立经济发展与社会发展并重的理念，减少执政资源流失，缩减经济发展的社会代价。在改革开放的早期，由于打破旧体制，探索新制度，人民群众长期压抑的活力得到极大释放，改革的成果实现了均沾和共赢。但当前的改革需要调整已经形成的利益格局，既得利益者往往又是强势利益集团，改革阻力加大。但我们要清醒认识到，一个国家的经济增长和改革发展成果如果不能实现人民群众共享，就会增加经济发展的社会代价，政权就不会稳固，社会就不会稳定。因此，转变经济发展方式，深化改革，应更加关注民生，扭转利益失衡的局面，尊重人民主体地位，尊重人民首创精神，把政治智慧的增长、执政本领的增强深深扎根于人民的创造性实践之中，努力营造一个人人肯努力、人人有机会、人人有希望的社会。唯其如此，潜藏在经济社会发展进程中的不满和危机才会真正得以消解。

第二，重塑关注民生的决策理念，完善公共政策决策机制，提高科学决策能力。科学发展离不开科学决策，科学决策是行动的起点、发展的基点。各级政府在公共政策决策过程中还存在着一些朝令夕改、向困难群体转嫁风险和负担、拍脑袋决策等现象，造成公众"隐性不满"情绪蔓延。公共政策决策应致力于民生问题，消解"隐性不满"情绪。建立和完善公平、合理的分配体制和激励机制，缩小贫富分化，完善社会管理制度，为群众提供平等的向上流动的机会；提高人民群众的收入，不断扩大社会的中产阶层比例；避免贫富差距、地位差别带来的阶层分化，防止长期底层认同带来的群体极化。

我们要重塑"以人民为中心"、"关注民生"的公共政策决策理念，重树公共政策的制度权威，完善公共政策决策机制，坚持公共政策决策的前瞻性、民主性、程序性和保障性，科学地选择发展目标、发展方式、发展道路以及发展手段，尽可能使代价最小化，尽量减少人为失误，防止代价扩大化。

第三，健全社会运行机制，充分发挥信访等部门代表政府接受人民群众监督的作用。消解"隐性不满"，不仅要求对公众强调"冷静、稳定、理智、克制"，还要加强完善党和政府主导的群众利益维护机制，强化源头治理，推进保障民生的社会建设，坚持依法行政和规范执法，健全多元社会纠纷解决机制。深入贯彻新发展理念是一项系统工程，有效推进这项系统工程，关键在于健全维护社会和谐稳定的运行机制，核心在于建立健全科学有效的利益协调机制、诉求表达机制、矛盾调处机制、权益保障机制，这些机制的协调完善能够实现不同群体之间、群众与公共权力机关之间的良性互动，在对话中协调立场，在交流中化解矛盾，我们才能最大限度地形成共识。

同时，在一个多元社会，尊重不同的声音和意见，既是尊重公民的表达权，也是疏解公众不满、疏导矛盾冲突的必然要求，还是提高执政水平的重要资源。因此，我们要创造条件让人民群众监督政府，积极推进政务公开，更加重视公共服务与社会管理职能，合理调节社会利益关系。认真解决企业改制、征地拆迁、环境保护、劳动争议、涉法涉诉等领域损害群众利益的突出问题，保障人民群众的合法权益。充分发挥信访、监察部门在代表政府接受人民群众监督的重要作用。

第四，创新社会管理机制，实现公共服务的精细化、专业化。随着经济的发展，社会阶层分化加剧。不同社会阶层基于不同的利益需要，产生不同的社会管理需求，要求政府提供的公共服务更加精细化、专业化，从而使城市管理的难度不断增加。迅速增加的人口数量，不断扩大的城市规模，进一步增加了城市管理的压力。流动人口管理、城乡一体化、社区管理等工作都面临着严峻的挑战。

精细化、专业化的公共服务不仅要求政府部门购买并提供不同群体需要的服务，而且提供的公共服务要不断满足各类群体日益增长的专业化需求，在提供专业化公共服务过程中，要实现管理的精细化。精细化必然要求系统化，要求构建一个信息化支撑、全方位响应、全社会参与的社会治理新模式，形成党委领导、政府负责、民主协商、社会协同、公众参与、法治保障、科技支撑的社会治理新格局。

第六章　信访制度智库性功能建设的探索

新的历史时期，党和国家高度重视智库建设。党的十八大指出："坚持科学决策、民主决策、依法决策，健全决策机制和程序，发挥思想库作用。"十八届三中全会明确提出："加强中国特色新型智库建设，建立健全决策咨询制度。"这是党中央文件中首次提出"智库"概念。2015 年 1 月，中共中央办公厅、国务院办公厅印发了《关于加强中国特色新型智库建设的意见》，意见明确中国特色新型智库是以战略问题和公共政策为主要研究对象、以服务党和政府科学民主依法决策为宗旨的非营利性研究咨询机构。十九大再次强调"加强中国特色新型智库建设"。当前，智库已成为新时期党和政府科学决策的重要支撑，成为推动国家治理体系和治理能力现代化建设的重要力量。从世界范围看，智库作为现代国家治理体系的重要组成部分，对世界各国的经济社会发展都起到广泛而重要的作用。顺应时代发展的潮流，信访部门应充分重视建设和发挥信访制度的智库性功能，开启"智慧信访"的新时代，推动新时代信访制度的深层变革，助力我国国家治理体系和治理能力现代化建设。

一、信访制度智库性功能建设的目标

信访制度的智库性功能建设的主体是各级信访部门。信访部门应遵循新型智库机构发展普遍规律，科学建设信访制度的智库性功能。新形势下，信访制度智库性功能建设基于如下目标：

（一）助力国家治理体系和治理能力现代化建设

国家治理体系是保证党领导人民有效治理国家的制度体系，它由一系列治理主体、治理制度、治理手段组合而成，涉及经济、政治、文化、社会、生态文明和党的建设等各领域，具有治理领域宽泛、服务对象多元及公共目标复杂等特点。而信访制度作为中国特色的政治制度设计，其属性和定位决定其更多承担的是对社会矛盾和问题的预防、发现和治理功能，体现着治理的系统性、全面性，与国家治理体系存在共鸣，为国家治理体系的构建和完善提供理念上的重要支撑。信访制度所具有的独特的"负反馈—正效应""隐性推力""刚性依赖"和"特质数据"等功能，使其在国家治理中发挥着不可替代的作用。

十八大以来，以习近平同志为核心的党中央站在党和国家工作全局高度，着眼实现"两个一百年"奋斗目标，立足推进国家治理体系和治理能力现代化，创造性提出了全面依法治国的一系列新理念新思想新战略，形成了习近平法治思想，开启了全面依法治国的新征程。十八届三中全会审议通过的《中共中央关于全面深化改革若干重大问题的决定》首次在国家文件的层面提出："全面深化改革的总目标是完善和发展中国特色社会主义制度，推进国家治理体系和治理能力现代化。"十九大报告把坚持全面依法治国纳入新时代坚持和发展中国特色社会主义的基本方略，对深入推进依法治国实践作出全面部署，2018年党中央和国务院实施的机构改革又设计了路线图，为实现国家治理体系和治理能力现代化提供了科学指引。

十九届四中全会审议通过了《中共中央关于坚持和完善中国特色社会主义制度、推进国家治理体系和治理能力现代化若干重大问题的决定》，专门研究了我国国家制度和国家治理问题，首次阐明中国特色社会主义制度与国家治理体系和治理能力之间的关系，从13个方面凝练概括了我国国家制度和国家治理体系具有的显著优势，明确了党在我国国家制度和国家治理体系中的领导地位，以及党和国家监督体系在中国特色社会主义制度和国家治理体系中的重要定位，并提出坚持和完善中国特色社会主义制度，推进国家治理体系和治理能力现代化"三步走"总体目标。

这些都要求新时代信访工作需要把握政治性、人民性、法治化和实践性等原则，发挥信访制度的智库性功能，推动信访制度成为国家治理体系的重要组成，将信访制度建成国家治理体系中重要的自我净化机制，官民矛盾化解的补充性机制，反映社情民意、维系公平正义的重要机制，进而提升国家治理体系和治理能力现代化水平。

1.发挥信访制度的智库性功能，推动政府治理创新发展

国家治理体系和治理能力是一个国家制度和制度执行能力的集中体现。国家治理体系现代化是社会政治经济现代化的必然要求，也是政治现代化的重要特征。从概念上来看，国家治理是在坚持中国共产党的领导下，通过国家立法、行政、司法等权力体系的整体运行来实现的。其中，国家治理又主要是通过以国家行政体系为代表的治权体系来实现的，即指政府依托完备、科学、合理的一整套紧密联系、相互协调的体制机制、法律法规、制度条例等管理社会各方面的事务，包括改革发展稳定、内政外交国防、治党治国治军等各个方面。在这个意义上，政府治理即是国家治权的运行，是国家治理的具体实施和行政实现。

在我国的制度安排中，信访是党和政府的一项重要工作，信访制度是一项公共行政制度，是政府实现公共治理的一种方式。公民通过信访可以实现向政府表达意志和民意上达，是公民的情绪输出装置。而政府可以通过信访渠道了解社情民意、搜集信访信息，实现上下联系和信息沟通，并宣传解释国家和政府的法律法规、方针政策。通过信访机制，可以有效解决施政决策时的"信息不对称"，有助于降低政府的信息劣势。

信访制度具有"未雨绸缪"、辅助政府决策功能的重要智库性功能，可将群众反映的问题纳入政府决策议程，推动相关政策出台。信访机构在为政府提供决策咨询、辅助政府决策方面具有独特的优势和潜能，不仅在政策执行过程中和政策实施后具有信息反馈和问题发现功能，在政策出台之前和出台过程中也具有决策参与和决策咨询功能。习近平总书记对信访工作作出的

"要加强风险研判，加强源头治理，努力将矛盾纠纷化解在基层、化解在萌芽状态，避免小问题拖成大问题，避免一般性问题演变成信访突出问题"①这一批示，准确揭示了信访在政府决策时的风险研判、辅助决策这一实质。随着我国进入大数据、互联网和云计算时代，很多信访部门引进"信访大数据"技术手段，为助力矛盾化解找到了新举措，也为党和政府科学决策提供了有效的信息服务。通过在线大数据综合分析，可强化预判预警预防功能，实现对信访信息提前预判和超前处置。例如针对可能引发群体性事件的数据信息进行分析预判，把握矛盾量变到质变的演变过程，自动生成预警信息发送至相关处理单位，相关单位迅速响应依法及时就地解决群众合理诉求，及时将隐患消除在萌芽状态。

发挥信访制度智库性功能，凸显信访制度的纠错调整特性，即将可能的错误加以纠正和修改，使之转变为正确的纠错和调整过程。其最大的特点是由公民主体或者法人主体去发现的，而非国家公权力主体发现的。也可以说，信访是国家治理体系问题的"事后反思"制度。信访工作不仅仅侧重于信访个案的解决，更重要的是促进政府政策长效机制的建立。作为一种倒逼机制，信访制度促使各级主要领导以此来修复政策中的偏差与缺陷，发挥政策纠偏的信号作用。在行政信访运行格局中，行政信访机构多处于居间协调的"枢纽地位"，信访机构与政府职能部门，尤其是决策部门的联动，对政策议程的推进以及政策目标的设置、政策方案的设计等都相当有利，强化行政信访对于公共政策的纠偏纠错，有效提升了政府治理能力，使信访在国家治理体系和治理能力现代化中发挥了不可替代的重要作用。

新的历史时期，发挥信访制度的智库性功能，有利于推动政府治理创新发展，可以促进政府相关部门注重综合施策，运用法律、政策、经济、行政等多种手段和教育、调解、疏导等多种办法，及时、高效地解决群众反映的合理诉求。同时促进政府依法决策，进一步健全决策机制和程序，在公共政策制定过程中，扩大受众参与权，提升公共政策的公信力，解决公共政策的

① 《习近平关于社会主义社会建设论述摘编》，中央文献出版社2017年版，第159—160页。

盲区性，形成科学合理、稳定连贯的政策体系，形成损益补偿等衔接和配套机制，避免因为施政施策的不足成为触发信访矛盾的原因，避免在社会转型时期公共政策产生滞后等问题。

2. 发挥信访制度的智库性功能，推进民主与法治建设进程

信访制度作为中国特色社会主义民主政治的重要组成部分，是一个直接调整国家和社会关系的战略性机制，是我国国家治理体系的重要组成部分。发挥信访制度的资政辅政、启迪民智的智库性功能，有利于深化公民的政治参与，强化公民对公权力运行的监督，充实政府执政资源，树立法治思维与法治方式，以法治信访推动依法行政，推动公共政策制定与实施，实现科学化、民主化和法治化，协调权力机关之间的冲突，推动社会矛盾纠纷的有效预防和化解。

作为一种民主政治制度，信访制度具有自身特性。信访是由公民主动发起而激发的民主，信访透露出来的民主信息具有可见性、直接性和协商性。作为一种具有不断建构功能的"动态直接民主"机制，信访制度成为"代议制"间接民主的有益补充，是当代中国珍贵的制度资源。信访作为我国国家治理体系中自下而上的特殊机制，已成为我国公民直接参与国家治理的重要制度设置。实践中，公民可以通过信访制度行使建议权参与国家治理，提出个人的意见和建议，参与国家政策、法律的制定过程；公民还可以通过信访制度参与政策、法律的执行过程。发挥信访制度的智库性功能，有利于将公民的意见建议有效纳入我国国家治理的运行过程，使公民深化政治参与，提升治理的科学化、民主化和法治化水平。

信访制度是我国公共权力监督体系的重要组成部分。信访作为一种权力监督方式，具有监督范围广泛、监督方式灵活等特点。信访制度所具有的促进公民权力监督功能，既符合国务院《信访条例》的法定要求，也是现实的公共治理的客观需求。未来还可推动信访制度与国家监察委衔接、协同，进一步强化我国公共权力监督体系的合力。通过信访，公民可以直接向政府反映情况，提出批评建议，提出申诉、检举和控告。公民通过信访渠道反映的

问题涉及政府与官员是否依法行政，对公权力依法运作起到重要的监督作用。发挥信访制度的智库性功能，有利于更有效地实现公民权利对公权力运行的监督和制约，推进我国民主政治的健康有序发展。

3.发挥信访制度的智库性功能，推动社会治理创新发展

我国的社会治理是指在中国共产党领导下，由政府组织主导，吸纳社会组织等多方面治理主体参与，对社会公共事务进行的治理活动，是以实现和维护群众权利为核心，发挥多元治理主体的作用，针对国家治理中的社会问题，完善社会福利、保障改善民生，化解社会矛盾，促进社会公平，推动社会有序和谐发展的过程。按照十八大报告，我国的社会治理是在"党委领导、政府负责、社会协同、公众参与、法治保障"的总体格局下运行的中国特色社会主义社会管理。十九大报告在加强和创新社会治理领域，提出要建立共建共治共享的社会治理格局，并且提出了社会治理的制度建设、提高"四化"水平。十九届四中全会进一步明确"完善党委领导、政府负责、民主协商、社会协同、公众参与、法治保障、科技支撑的社会治理体系"，深化社会治理共同体的建设。

当代，现代社会治理超越了政府单向管理社会的传统模式，转为通过国家与社会和市场的交互协同，实现多元共治的新趋势。信访在社会主义社会治理体系中，是社会治理的信息反馈机制，是保障公民参与社会管理的重要机制。信访在社会治理大格局中，发挥着协调国家、市场和社会之间关系的功能，对公共政策包括社会政策实施矫正机制，对社会平稳运行发挥着监测和参谋功能。作为推动社会治理从管治走向善治的一种治理体系，信访制度智库性功能的发挥，有利于支持社会治理效能发挥，提升社会治理的能力。

发挥信访制度的智库性功能，创新信访理论和理念，丰富了新时代社会治理理论体系。社会治理总是在一定的理论指导下展开的，而国情不同，社会治理的模式和理论自然不同。我国要加强和创新社会治理，打造共建共治共享的社会治理格局，就必须用时代化、本土化的科学的社会治理理论指导社会治理实践。这就需要我们立足新时代我国社会基本情况，创新和发展中

国特色社会治理理论体系。作为社会治理体系的有机组成,重视发挥信访制度的智库性功能,不断进行信访理论创新发展,丰富完善了我国社会治理理论体系。我国信访理论界和实务界运用新方法和新范式研究社会矛盾和社会问题的整体特点和普遍规律,围绕信访制度存在正当性、信访制度权利属性、信访制度功能、信访制度区域性、信访制度类型化、信访制度关联性、信访制度比较、信访制度改革、信访立法等基本问题开展了系统、全面、深入的研究,初步构建了以信访基础理论、信访认识理论、信访行为理论、信访治理理论等为基础的中国特色社会主义信访理论体系,为破解信访难题和化解社会矛盾提供了丰富的思路和广阔的理论视野,为我国信访工作的科学发展提供源源不断的发展动力,推动信访理论研究走向科学化、学科化和专业化的道路,使信访理论研究迈入一个新的阶段,推动完善了我国社会治理理论体系。

发挥信访制度的智库性功能,助力社会治理方式转型创新。发挥信访制度的智库性功能,要打破重实践、轻研究的经验主义倾向,将实现信访工作的科学化、学科化、专业化和数字化纳入社会管理创新的范畴,建立完善的数据传递机制和数据分析机制,推动实现社会矛盾的源头预防,科学把握社会心态现状特点和发展趋势,推进社会治理走向源头治理、标本兼治进行了有益尝试,增强了社会治理的前瞻性、主动性、有效性和精细化水平。

(二)推动新时代信访制度和信访工作的深层变革

十八大以来,习近平总书记运用马克思主义科学分析和深刻阐述了我国信访制度的基本理论、基本实践和基本经验,直面我国信访制度和信访工作改革中的突出问题,提出了一系列关于推进信访制度改革、做好信访工作的新思想、新观点、新论断。习近平总书记关于加强和改进人民信访工作的重要论述,是以习近平同志为核心的党中央治国理政思想在信访工作的集中体现。它系统阐述了信访工作在党和国家工作大局中的重要地位和作用,科学揭示了新形势下信访工作的规律特点,推进了信访工作创新、提高了信访工作水平,丰富了中国特色社会主义国家治理体系和治理能力现代化的内涵,是习近平新时代中国特色社会主义思想的重要组成部分。

面对新情况、新挑战，习近平总书记强调要深化信访工作制度改革，开拓思路，完善机制。十八届三中全会明确要求"改革信访工作制度"，这确立了推动信访工作发展的时代标识。党的十九届四中全会、五中全会再次明确要求"完善信访制度"。新的历史时期，只有坚持改革创新、开拓进取，努力创造适应群众新需求、体现时代新特征的信访工作新模式，进一步提高信访工作的质量和效率，才能顺应现代治理的时代潮流。审时度势，习近平总书记从顶层设计角度进一步明确提出"深化信访制度改革"的新要求，这对于指导和引领当前的信访制度改革，开辟信访工作的新局面具有重要意义。

新时期的信访制度已经具有鲜明的时代特征，应从国家治理的高度重新审视信访制度的功能定位，推动信访制度的创新发展与改革完善。从国家治理的视野审视信访制度，当前的信访制度具有特质数据、负正效应、隐性推力和刚性依赖四大特性。信访制度是具有中国特色的人民权益保护制度，是我国国家治理体系中预警风险、政策纠偏的制度设置，是我国民众参与国家治理、实施权力监督的重要制度安排，也是中国特色的替代性纠纷解决机制①。从长远而言，推动新时期信访制度的改革完善，应重视发挥信访制度的智库性功能，推动新时期信访工作的深层变革，推进信访制度成为国家治理体系下的重要制度设计。

1.发挥信访制度的智库性功能，推动信访工作从表层汇总型向深层剖析型转变

信访是一门学问。信访本身其实有着更高的价值，但多少年来，这种价值始终被"埋没"着，信访也成为坐拥"金矿"的"贫穷者"。信访部门积累、沉淀、拥有的大量数据和资料是反映一个地区社会矛盾和社会问题的基

---

① 参见张宗林、王凯：《国家治理视野下信访制度特性和功能的再审核》，《行政论坛》2019年第4期。

本状态和矛盾激烈程度的重要依据和重要指标，是观察社会矛盾和社会问题的第一手宝贵数据资料。信访部门的资料、数据包括大量的纸信、来访、电子邮件以及在此基础上产生的分类数据。每封来信、每次上访反映一个信访事项，将这些信访事项按照某种标准分类，就形成相应类别的社会问题。在工作方法上，传统信访只是在对信访总量、重复信访、群体信访等基本指标分析的基础上，对上述分类的表层汇总和简单描述。这种表层汇总型的分析仅显示某个地区某个时段的信访总体情况，缺少对每类问题深入的、专业的剖析和研究，对于化解社会矛盾的作用有限。

新形势下，亟须对各类信访问题进行深入分析，研究千差万别的现象之间的深层逻辑和内在机理，并探索社会矛盾的根本破解之策。信访部门只有通过深层次的剖析，发挥信访制度的智库性功能，探究问题症结所在，影响和参与公共政策的制定、执行和协调，才能推动政府治理的科学化，真正地推动社会矛盾的源头预防和化解。

2.发挥信访制度的智库性功能，推动信访工作从实务操作型向理论研究型转变

新的历史时期，信访工作模式就要打破传统的重用轻学的经验主义模式，发挥信访制度的智库性功能，深入探索信访活动的规律和信访背后的利益关系，从简单的受理、转送、交办等实务操作模式向深入探讨内在规律的理论研究模式转变。只有通过深层次的理论分析，依靠信访领域专门智库研究部门的专业化以及系统掌握特定领域知识的优势，才能从支离破碎的细节中整理提炼出对领导决策有用的信息，推动信访和信访矛盾问题的有效解决。

发挥信访制度的智库性功能，推动信访工作从实务操作型向理论研究型转变，重点在于改变信访部门传统事后处理的工作模式，强化社会矛盾的源头预防。实务操作型信访对于矛盾的治理往往着眼于事后，矛盾激化后才引起关注，进而着手疏导、解决。事实上社会矛盾中有很大一部分是本不应该发生，或是在矛盾发生的早期就可以进行有效化解的。但是由于矛盾早期得

不到及时的疏导和化解，导致矛盾逐步积聚激化，成为重复疑难问题，后期治理的成本和难度都大大增加了。发挥信访制度的智库性功能，推动信访工作从实务操作型向理论研究型转变，尤为强调对于矛盾的"源头预防"。发挥信访制度智库性功能，推动公共政策确保实现公平性、合理性、延续性，全面考虑各类人群的利益需求，做到科学决策、合理决策，将社会矛盾化解的重点从事后应对转向事前预防，将矛盾有效地遏制于未发和萌芽阶段。

3. 发挥信访制度的智库性功能，推动信访工作从参与保障型向服务决策型转变

新时代的信访工作已经不是传统意义上的信访工作。透过信访这个窗口，能够看到 GDP 增长的成本和社会代价，能够看到既有经济发展模式具有的弊端和问题；透过信访窗口，能够观察到公共政策制定、执行、协调过程中存在的不足和缺失；透过信访窗口，能够看到政府和官员是否依法行政；通过信访这个窗口，还能近距离了解和体察普通民众的愿望和诉求。新的历史条件下，信访制度作为国家治理体系的重要组成部分，不仅是党和政府密切联系群众的桥梁和纽带，更是分析研判社会风险的重要窗口及预防和化解社会矛盾的重要平台。因此，有必要加强信访理论研究，有针对性地提出政策建议，发挥信访制度决策咨询的智库性功能，推动公共政策制定、执行的科学化，推动政府和官员的依法行政，从而真正从源头上预防化解社会风险。实践中，信访机构利用其独特的资源优势，已日益承载决策咨询的智库性功能。发挥信访的智库性功能，不仅可以成为新时期信访制度改革完善的重要探索方向，还可以成为中国特色新型智库建设的重要突破口，推动社会矛盾有效预防化解，推进政府治理、社会治理的创新发展。

展望未来，伴随我国多元社会矛盾纠纷解决体系的日益健全及完善，信访制度推动纠纷解决、保障经济社会良好运行的参与保障型功能将逐渐"萎缩"。长远而言，伴随信访制度"民主参与、建言献策、诉求表达、协商沟

通"的积极功能的逐步扩大，信访制度服务决策的智库性功能将更加凸显，信访制度也将成为现代行政过程中"参与式民主"的重要形式和政府问计于民、问需于民的重要途径，在民主政治及社会治理中发挥其日益重要的作用。

（三）开启"智慧信访"的新时代

随着信息技术的快速发展，以统计学、数学和计算机为三大支撑性学科的数据科学正在兴起。经济学、社会学、管理学和法学等应用拓展性学科在发生变化，而与数据有关的学科如决策科学、信息科学、知识科学、行为科学等，也在积极探索数据科学和大数据技术为其自身带来的影响及其变革。大数据不仅是一场技术革命，一场经济变革，也是一场国家治理的变革。伴随"大数据"时代的来临，信访大数据库的价值更加凸显。在大数据分析方法、人工智能等现代技术的支持下，信访制度决策咨询的智库性功能将得到空前强化。大数据时代背景下，亟须建立"智慧信访"大数据系统，运用机器学习、人工智能等分析技术，对信访大数据进行深度分析，可将信访数据转化为多层次、多维度的信息，揭示数据背后的逻辑关联，实现对社会风险形势的实时监测，随时掌握社会风险的动态，追踪极端事件的苗头，实现未雨绸缪，推动社会风险的精准化解。伴随"智慧信访"时代的开启，信访制度的智库性功能将更加凸显，形成积极应对、精准分配资源的信访工作新模式，积极助力政府治理、社会治理的创新发展。

1.大数据、人工智能技术为信访制度的智库性功能提供有力技术支撑

随着大数据技术的发展和网络信息技术的普及，传统信访工作模式显得越来越难以适应新时代对国家以及社会治理体制、治理方式的要求。因此信访工作必须依托现代科技建设统一的网上信访信息系统，进一步畅通和拓宽群众诉求表达渠道，规范信访事项受理办理程序，接受社会监督，推动相关地方和单位落实工作责任，实现信访流程从"线下"到"线上"转变、信访引导从"碎片化"向"结构化"转变，维护正常信访秩序，形成加强和改进

信访工作的良性循环。

大数据、云计算、物联网与人工智能技术、区块链技术、5G技术等信息科技的发展为信访信息化、智能化、科学化提供了坚实的技术保障。一是技术革新打破线下物理壁垒，系统创新带动整体功能升级，以"智整合"实现信息多跑、群众少跑；二是使得信访工作将国务院《信访条例》规定的程序要求和工作职责在系统中固化规范，实现信访业务流程的标准化；三是流程优化助力整体效率提高，以"智追踪"实现进度明晰，群众了然。依托全国网上信访信息系统，实现信访事项网上流转、网上处理，处理环节、进展和结果公开透明，方便群众查询评价，接受社会监督；四是数据在线"智统计"，实现信息数据的自动采集、汇总和分析等的统计分析智能化，提高信访数据深度运用的水平；五是渠道升级带动引导功能增强，以"智学习"实现信访知识普惠，群众受益。这些有力支撑了信访智库性功能的发挥。

2."智慧信访"大数据系统助力政府治理和社会治理的精准化、现代化

信访科学管理、精准决策需要基于完整、客观的数据。"智慧信访"大数据要求将信访人的年龄、性别、诉求及理由、工作单位、诉讼史、信访史、案件案由、投诉事项、接谈过程、化解方案、化解效果等项目完整录入数据库。信访信息客观、翔实完备的"智慧信访"大数据系统，可以通过量的积累突破经验的局限性，借由人工智能等手段进行"全样本数据"分析，使得分析预判结论最大可能地接近信访规律，最终实现管理决策科学化、精准化，创造出符合信访规律的信访工作新格局。

基于大数据、人工智能等技术手段的"智慧信访"大数据系统，为深入挖掘信访数据库提供了技术支持，让全样本分析的实现成为可能，为深入开展研究社会矛盾和社会问题提供了可能。全国信访部门相继建立现代信访信息管理系统，通过充分挖掘信访信息管理系统中蕴藏的丰富数据，掌握研究社会矛盾和社会问题的第一手资料，不仅可以通过信访总量、联名信、集体访数据进行宏观研究，也可以针对社会转型期的农村问题、住

房拆迁、城市管理等突出社会问题进行专题研究，探索预防和破解突出问题的可行性方法。再如通过将信访人信息、信访事由和诉求等进行智能并联分析，相关性信访预判就能更科学，最终实现谋略先于未动，转变以往的事后补救为事前预警防范。由此，最终形成"智慧信访"大数据系统辅助科学决策和社会治理的机制，有效发挥信访智库效能，推进政府治理和社会治理模式创新，实现政府决策科学化、社会治理精准化、公共服务高效化。

3."智慧信访"大数据系统持续优化信访制度的智库性功能

"智慧信访"大数据系统有利于识别社会治理中的普遍性和趋势性问题，服务于党和政府科学决策，发挥信访制度了解民情、集中民智、维护民利、凝聚民心的"负反馈—正效应"作用。也就是说，"智慧信访"大数据系统有助于发挥信访信息的"四个特性"，即信息的广泛性、信访信息的直接性、信访信息的灵敏性以及信访信息的负反馈性。信访信息容量大、种类多、内容广，很多信息是来自群众的第一手材料，具有很强的时效性特点，对于把握前瞻性、苗头性、倾向性动向有着重要意义。尽管从信访这个窗口反馈出来的信息是负面的，但要达到的目的是正面的，也就是说海量信访信息能反映党和政府制定的路线、方针、政策、措施中不完善的方面，执行中出现偏差的问题，及时向党和政府反馈，促进政策规定修正、完善，对政府的法治建设具有重要的隐性推力作用。譬如我国国家机构改革成立的退役军人事务部，就是和大数据智能化背景下对相关上访、信访进行挖掘分析进而推进政策调整有密切关系。

"智慧信访"大数据系统驱动的信访治理既改变了信访的形式，促进社会治理模式从单向管理转向双向互动，从线下转向线上线下融合，从单纯的政府监管向更加注重社会协同治理转变，同时也持续优化了信访制度的智库性功能，推进政府决策科学化、社会治理精准化、公共服务高效化，用信息化手段更好感知社会态势、畅通沟通渠道、辅助决策施政，为中国信访制度未来的改革完善提供新的可能。

二、信访制度智库性功能建设的实践探索

纵观信访制度的发展历程，信访制度的智库性功能有着深刻的历史渊源。1995 年国务院《信访条例》明确规定，信访机构的职责之一便是"研究、分析信访情况，开展调查研究，及时向本级人民政府提出完善政策和改进工作的建议"，这是新中国第一次以法律法规的形式明确信访制度的智库性功能。2005 年修订后的国务院《信访条例》再次明确信访制度的智库性功能。这表明国家日益重视信访制度决策咨询的智库性功能。

进入 21 世纪以来，伴随着社会经济的加速发展，转型期的中国社会矛盾治理也面临着倍增的压力与挑战。新形势下，作为国家治理体系的重要组成，信访制度也走到了优化改革的重要关口。信访制度智库性功能因其在治理过程中的重要作用，在信访制度改革完善进程中的重要性日益凸显。建设和发挥信访制度的智库性功能，不仅已成为新时期信访制度改革完善的重要探索方向，也成为中国特色新型智库建设的重要突破口，推动社会矛盾有效预防化解，推进政府治理、社会治理的创新发展。

十八大以来，党和国家高度重视新型智库建设。在此背景下，伴随信访制度改革的深入推进，各地积极探索建设和发挥信访制度的智库性功能，取得较为丰富的实践探索经验，也形成一些具有代表性的成功范例。综合分析信访制度智库性功能建设的实践，目前的实践探索主要分为两大类：一是开展智库性活动，即信访机构通过积极开展信访理论研究，推动信访大数据建设等具体举措，强化信访制度的智库性功能；二是建立信访领域的专业智库，即通过建立信访理论研究的专门智库机构，系统性、前瞻性地服务于公共决策咨询。这一个专业的"智库机构"，其组织形式相对独立，拥有专门的人员编制，职能也是明确的，即服务公共决策咨询，为党和政府科学决策提供支撑。信访领域专业智库的代表性成功范例为全国第一家信访领域的专业智库——北京市信访矛盾分析研究中心。无论开展智库性活动，还是建立信访领域的专业智库，这些实践探索都为新时期建设和发挥信访制度智库性

功能、推动信访制度改革完善提供了有益的借鉴。

（一）信访机构开展智库性活动的实践探索

1. 国家层面信访领域的智库性活动

从国家层面而言，国家信访局越来越重视信访理论研究工作。主要表现为：

（1）重视信访与社会矛盾问题的研究，为党和政府科学决策提供支持。一是围绕信访工作制度改革开展调研。如 2013 年，国家信访局参与了"贯彻十八大、开创新局面"大调研活动，直接推动了"中办 27 号文"等重要文件和改革措施的出台。二是围绕信访热点难点开展政策调研。针对群众反映的信访突出问题，国家信访局组织力量从政策层面进行调研梳理，提出了多项政策性建议，推动相关部门开展政策攻关，完善顶层设计，促进一大批问题从政策层面解决。三是围绕典型经验的总结推广开展调研。聚焦"阳光信访""责任信访""法治信访"实践过程中涌现出的新经验新做法，深入信访工作一线开展调研，总结提炼典型，将地方的鲜活经验变成信访部门的共同实践。这些调研成果为领导决策提供了有益参考，有的还在国家信访局的杂志、网站上刊登，或汇编成册，供大家交流借鉴，推动了信访工作整体水平的提升。

（2）面向全国设立信访理论研究项目。2014 年，为深化信访理论研究工作，推动信访制度的改革完善，国家信访局正式建立了信访理论研究项目，并于次年出台了《国家信访局信访理论研究项目管理办法》，形成了从课题发布到资格审查、评审、立项，再到中期管理、结项论证、成果转化等一系列较为完备的工作制度，以法治化的思维规范并推动该项目的运作。国家信访局面向全国设立了信访理论研究项目，推动全国信访理论研究的深入。

（3）积极搭建信访理论研究平台。2015 年 4 月 10 日，国家信访局设立全国第一家信访理论研究基地，即北京市信访矛盾分析研究中心。2017 年 9 月 21 日，国家信访局在上海市信访学会建立信访理论研究基地。设立信访理论研究平台，有利于拓展信访理论研究资源，提升信访理论研究的水平。

（4）规范信访数据统计分析工作。国家信访局于 2015 年 5 月颁布《国家信访局关于进一步加强和规范信访统计工作的意见》(国信发〔2015〕9号),从信访统计制度体系、信访统计业务、信访统计质量管理水平、信访统计数据分析应用、信访统计工作的组织领导等方面提出新的意见和要求,从而最大限度地发挥信访统计数据的效用,促使其更好地为党和政府的科学决策和信访制度的改革服务。

(5)积极开展信访领域的国际交流工作。近年来,国家信访局与国外政府机构、科研机构的研讨交流逐步增多。国家信访局梳理了公民申诉制度相关法律法规,对多个国家和国际组织的相关法律文件进行了翻译,还与丹麦、俄罗斯等国开展了工作交流。这些做法都有利于推动信访制度智库性功能的建设和发挥。

2.地方层面信访领域的智库性活动

从地方实践来看,越来越多的省级信访部门明确了专门人员、建立了专门制度,推进信访理论研究,结合自身特点逐步发展信访智库功能。较有代表性的地方层面信访领域的智库性活动有:

2013年10月15日,湖北省信访局正式组建信访问题专家库,聘任49名相关专家,借助他们的专业知识协助开展信访工作。专家针对群众信访反映的突出问题,搜集、梳理社情民意,科学研判,提出有针对性意见和建议并形成报告,由湖北省信访局定期向省委、省政府汇报。

2016年1月28日,南京大学紫金传媒智库信访与社会矛盾研究中心成立。"中心集聚驻宁高校和科研机构的高端人才,聚焦信访与社会矛盾进行专业研究,为政府提供决策咨询,进一步深化信访理论与信访实践的研究与互动。"目前,该中心已完成系列研究课题,研究报告提交至相关政府部门并得到好评。

2016年4月6日,四川省信访局与四川省社科院签署课题研究合作框架协议,共建信访治理专家智库,并以此为基础组建第三方评估中心,为全省信访工作及改革提供政策评估咨询、理论指导、课题研究等智力服务。这种信访机构与科研院校合作的方式是一种通过高层次借智借力、引才引智以探索社会多元主体参与的信访工作机制的尝试。

2016 年 7 月 22 日，广西壮族自治区信访局推动广西法学会成立信访法治研究会。广西信访法治研究会是广西法学会领导下的法学理论研究机构，是由全区从事信访工作、法学教育、法学研究、司法实务的部门和个人自愿组成的学术团体。广西省信访局表示，信访法治研究会的成立进一步提升自治区信访法学研究的学术水平，为推动信访法治建设提供理论指引和智力服务。

综上，国家层面和各地信访机构的智库性活动形式多元、内容丰富，取得了许多有益而重要的实践成果。这些重要的探索为新时期建设和发挥信访制度智库性功能积累十分宝贵的实践经验，有力推动了新时期信访工作的深层转型，推进信访制度的深层变革。

（二）信访领域的专业智库：北京市信访矛盾分析研究中心

2009 年 11 月 25 日，北京市信访矛盾分析研究中心（以下简称"研究中心"）获批复成立。研究中心是全国首个利用信访资源从事信访矛盾和社会问题研究的专业智库，填补了相关领域的空白。研究中心为北京市信访办正处级的事业单位，共有 18 个正式人员编制。2009 年 11 月，北京市编办颁发的"京编办事〔2009〕106 号"文件明确研究中心的主要职责为："承担信访矛盾和通过信访渠道反映的社会矛盾的动态性、预测性、前瞻性研究工作；承办信访工作方面的理论研讨、课题研究工作；承担信访方面信息和舆情动态的收集、编辑、分析工作；联系社会科学领域的研究机构和专家开展有关理论学术方面的研究。"2016 年 6 月，北京市信访办公布《北京市"十三五"时期信访工作规划》，明确要求"加强信访矛盾分析和信访规律研究，推进信访矛盾分析研究中心新型智库建设，构建业务工作与研究工作互动的运行机制，为党委政府更好了解社情民意、掌握社会动态、科学民主决策提供支持和参考"[①]。

---

① 《北京市"十三五"时期信访工作规划》：首都之窗—北京市人民政府门户网站，http://www.beijing.gov.cn/gongkai/guihua/wngh/ybzxgh/201907/t20190701_99990.html.

研究中心的成立结束了全国信访系统没有专业智库研究机构的历史。研究中心的成立和成功运行，推动信访工作从表层汇总型信访向深层剖析型信访、从实务操作型信访向理论研究型信访、从参与保障型信访向服务决策型信访的深层转变，使新时期的信访工作摆脱了经验型、秘书型的传统模式，凸显了信访制度作为国家治理体系的负反馈机制的重要价值，发挥信访制度在政府治理、社会治理等领域的重要智库性作用，推动信访制度成为国家治理体系的重要组成。

1. 研究中心成立的宗旨

"以数字反映客观规律，以规律促进科学决策"作为研究中心的宗旨，体现了研究中心存在的目的以及对社会的贡献，动态地反映了研究中心的目标和具体业务。"以数字反映客观规律，以规律促进科学决策"，前半句体现了"用什么方法去做"的问题，后半句体现了"为什么去做"的问题，研究中心成立以来始终关注信访数据和资料的独特价值，坚持数字化的基本方向和工具，以促进科学决策为研究中心的主要目标。该宗旨既体现了研究的基础和方法，也体现了研究的主要目的，凸显了研究中心的智库性质。

2. 研究中心智库建设的创新举措

研究中心在发展建设过程中，始终贯彻着"制度创新、理论创新、实践创新"的思想，高度重视顶层设计，着眼机制创新，通过长期实践，构建了中国特色信访智库组织架构。

（1）共建共治共享的集成平台型组织系统

研究中心建成了政府与高校、社会联合的信访理论创新格局，打造了涵盖学术研究、政策咨询、教育与人才培养、信访学术资源网站、信访大数据平台、学术期刊的共建共治共享集成平台型组织系统，并致力于建成"信访理论与信访实践综合创新的平台"——"信访理论研究平台"、"指导实践的平台"、"信访人才培养的平台"和"信访学术交流的平台"。

第一，完善的内部组织架构。研究中心在发展建设过程中不断优化内部组织架构，针对理论研究和信访工作实践需要，细化信访理论与学术研究部相关工作，设立了办公室、理论研究部、专题研究部、政策法规研究部、数据资料部、编辑部和交流合作部七个部门（见图1）。此外，研究中心聘任21名知名专家学者担任指导专家，聘任4名著名社会学、政治学专家担任理论期刊的学术顾问，充实了研究力量，确保了研究质量。

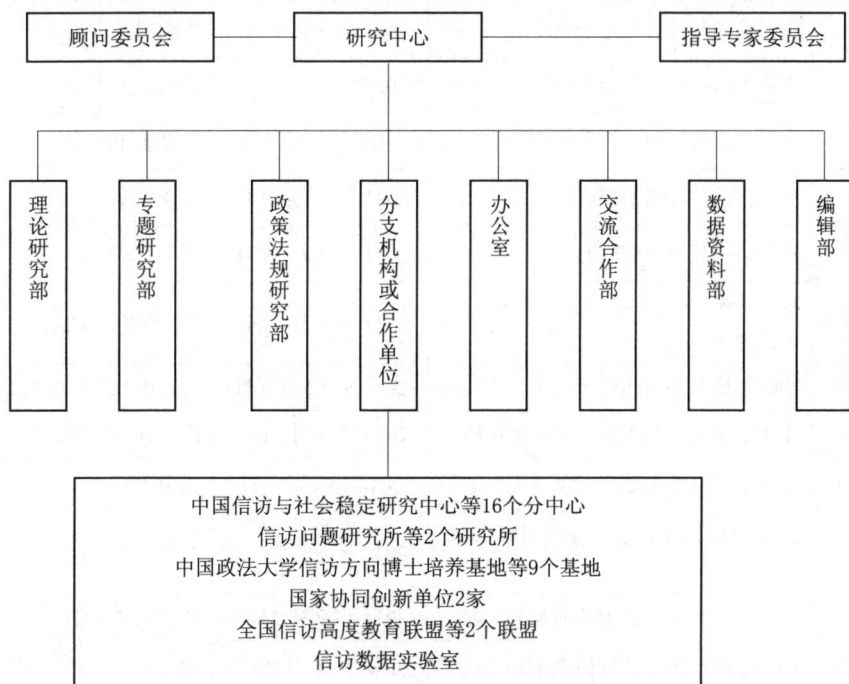

图1　研究中心组织架构

　　第二，立足北京、辐射国内、面向国际的"1+X"研究组织体系。作为智库，研究中心将学术合作重点放在高校和相关研究机构，发挥信访研究领域的龙头带动作用，整合高校和研究机构等外部优质治理资源，逐步形成政府与高校、研究机构的"政学研"信访理论创新发展战略。研究中心先后在北京、天津、武汉、重庆、广州成立了17个分中心和2个研究所（见表1），并联合建立9个研究基地、4家协同创新单位（见表2）、2个联盟（全国信访高等教育联盟、中国信访大数据学术与应用研究联盟）、1个信访数据实验室，贯彻了信访学术资源大整合的战略思路，形成了立足北京、辐射国内、面向国际的战略格局，构建了"1+X"的研究组织体系，推动北京的信访理论研究成果"走出去"，同时将全国信访领域的智力资源"请进来"。

表1　研究中心分中心以及研究所名录

序号	名称	成立时间	合作方
1	中国信访与社会稳定研究中心	2011 年 1 月 11 日	中南财经政法大学
2	当代中国信访与社会治理研究中心	2011 年 3 月 19 日	北京工业大学
3	中国信访与城市发展研究中心	2011 年 4 月 8 日	北京城市学院
4	中国信访与政府治理研究中心	2011 年 4 月 19 日	天津大学
5	首都信访规律研究中心	2011 年 4 月 28 日	北京行政学院
6	社会矛盾和社会问题独立观察与对策研究中心	2011 年 6 月 22 日	零点研究咨询集团
7	中国信访与法治建设研究中心	2011 年 12 月 5 日	北京市社会科学院
8	中国信访法治与国家治理研究中心	2014 年 3 月 11 日	广东外语外贸大学
9	中国信访与统筹城乡发展研究中心	2014 年 4 月 3 日	西南大学
10	北京市信访矛盾分析研究中心海淀分中心	2014 年 8 月 27 日	海淀区委党校
11	中国信访与地方法治政府研究中心	2014 年 9 月 23 日	西北政法大学
12	中国信访与地方治理研究中心	2014 年 10 月 30 日	中山大学
13	中国信访与法治中国研究中心	2014 年 11 月 19 日	西南政法大学
14	信访制度比较研究中心	2014 年 12 月 12 日	华东政法大学
15	中国信访与特区法治研究中心	2016 年 11 月 4 日	深圳大学
16	中国信访与公共政策研究所	2013 年 9 月 30 日	中国政法大学
17	信访问题研究所	2013 年 12 月 27 日	北京城市学院
18	信访数据实验室	2016 年 10 月 24 日	中国政法大学
19	首都信访专业化服务研究中心	2018 年 1 月 11 日	同方知网
20	信访与土地制度研究院	2019 年 5 月 27 日	广东外语外贸大学

表2　研究中心理论培训基地及协同创新成员单位名录

序号	名称	成立时间	合作方
1	"国家治理协同创新中心"协同单位和研究基地	2014年3月17日	北京大学
2	"国家司法文明协同创新中心"研究基地	2013年11月4日	中国政法大学
3	北京工业大学社会学实践基地、北京工业大学"社会建设与管理协同创新中心"成员单位	2013年9月	北京工业大学
4	"社会转型与社会治理协同创新中心"成员单位	2014年1月6日	中国人民大学
5	北京市委党校、市行政学院处级领导干部校外培训基地	2012年5月21日	北京市委党校
6	中国政法大学信访方向博士培养基地	2015年7月6日	中国政法大学
7	北京城市学院硕士研究生校外教学基地	2013年3月21日	北京城市学院
8	北京师范大学法学院教学科研基地	2013年10月24日	北京师范大学
9	信访理论研究与传播出版基地	2019年7月12日	中国民主法制出版社

迄今为止，研究中心与海外6家研究机构签订了交流协议，与40家机构开展了实质性交流合作，累计开展对外交流95次，接待外籍专家学者、留学生243位，涵盖50多个国家及地区，国家信访局充分利用研究中心对外交流的窗口，加强国际交流与合作。

（2）扁平高效的运行机制

研究中心根据自身的属性和特点进行准确定位，致力于建成"信访理论与信访实践综合创新的平台"，探索形成一系列的工作机制：

第一，机构管理机制。研究充分考虑到自身发展和研究内容的需要，基于研究内容和研究领域的特殊性，采取了扁平化管理模式。这种扁平化管理模式压缩了组织的纵向结构，简化了传统的烦琐的管理层次，有助于实行目标管理，促进信息的沟通与交流，更加有利于理论研究的迅速展开，极大地增强了研究成果的转化效率，形成了新型专业性智库的管理模式。

第二，智库成果形成机制。研究中心始终坚持创新思想引领机制，大力开展基础性课题研究，以期提升自身研究水平和学术影响力，同时为专题研究和公共政策研究提供创新动力，最终通过深入分析信访部门多年来积攒的大量数据和资源，为政府科学决策提供依据，充分发挥政策影响力。研究中心的智库成果形成机制（见图 2）。

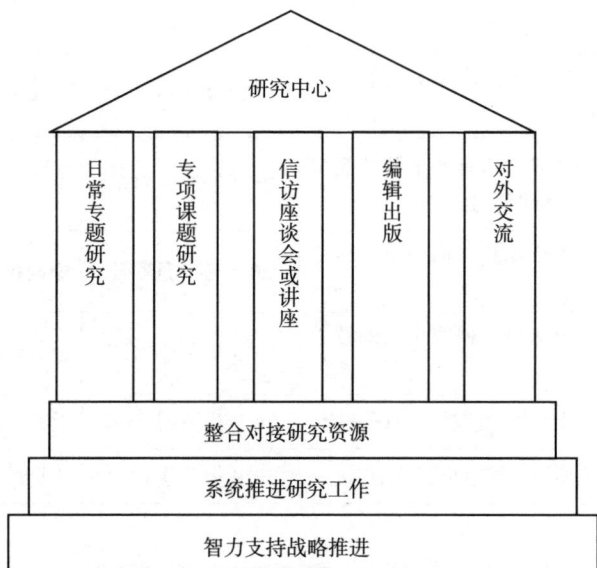

图 2　研究中心智库成果形成机制

第三，舆论引导机制。研究中心始终和各大媒体保持畅通的交流渠道，借助研究中心网站平台和议题设置，以及会议、讲座、培训、出版等，传播和推广研究中心的新思维、新理念、新视角和新知识，逐渐形成影响广泛的舆论引导机制，使之逐步被政策制定者、信访部门、学界以及公众认可和接受。

第四，人才队伍培养机制。研究中心建立健全了制度化的人才培养机制，以适应新的历史时期的信访工作需要。机制性的培养制度以及不定期的学习深造机会提供，促进了研究人员的成长和研究专业性的提升。同时，研究中心还建立了绩效导向化激励机制，通过可量化的、认同度高的绩效评价，奠定正向激励机制的基础，将绩效考核结果与选人用人机制、培训机会以及职业晋升直接挂钩，对人员产生一种无形的驱动力。

第五，多元的对外交流机制。研究中心先后与法国、意大利、奥地利、澳大利亚、新加坡、韩国的 6 所知名高校和研究院所签订了合作协议，在理论研究、人员互访、学生培养等多元领域开展合作。与 40 家国际机构开展了实质性的交流合作。研究中心主导打造高端国际论坛，创办了"社会矛盾预防与应对国际论坛"、"社会治理亚洲论坛"和"中法西人民权益保护制度论坛"等国际信访研究常设论坛，引领国际学术相关的研究和讨论。此外，研究中心还开展了对外培训，为发展中国家提供培训服务。

（3）立体推进的智库研究模式

研究中心坚持立体推进的智库研究模式，从研究理念、研究方法、研究视角以及研究项目分类实施、研究成果分类转化等维度构建了研究体系，全面立体化推进信访研究向纵深发展，推动信访工作朝着"四化"方向迈进。

第一，主导理念：科学化、学科化、专业化和数字化。研究中心探索建立"科学化、学科化、专业化和数字化"智库研究模式，该理念已成为智库建设的核心思维方式之一。

"科学化"就是要求科研人员发掘现象和事实的因果关系和内在规律，然后按照规律推进信访工作以达到决策的科学性和有效性，通过理论研究和实践经验的有机结合，发现信访活动的规律，建构一套科学的方法、态度和评价标准，实现信访工作的科学化。

"学科化"是指信访知识的系统化。研究中心作为智库研究机构，努力建立科学完备的学科体系，构建了"信访事实—信访研究—信访理念—信访理论—信访语言—科学决策—制度建设—指导实践"的信访运行系统，大力推进信访学科化，形成了现代科学的研究规范，把信访研究工作建立在思辨与经验、规范与实证、定性与定量的基础之上。

"专业化"是指研究中心推动对相关信访部门"前台业务"的整合，通过深入实践实现研究决策的"后台业务专业化"，建立与业务相适应的知识结构体系和人才培训机制，对信访工作的基本概念、数据指标进行统一的界定。通过专业化分工,研究中心作为后台业务部门,夯实了研究的基础性工作,构建了信访各部门之间进行数据交换和协作的前提。

在"数字化"方面,研究中心建立了完善的数据收集机制和数据分析机制,建立了20个数据库,打造信访数据实验室。通过挖掘隐藏在数字之后的深层次社会矛盾规律,寻找矛盾纠纷解决的长效机制,维护社会的和谐稳定和促进经济的可持续增长。在大数据研究模式方面,研究中心走在了国内智库的前列,对我国智库建设尤其是地方专业智库具有一定的借鉴意义。

第二,研究方法的综合运用。研究中心高度注重信访基础理论研究。研究中心针对信访基础理论问题,尤其是关系学科发展全局的重大基础理论研究制订了中长期的前瞻性研究规划。

研究中心创新交叉学科方法论,通过多学科的交叉研究开阔视野,从法学、政治学、社会学等多学科视角研究信访,从行政管理、政府治理以及党的建设角度分析信访,创新了多学科交叉的矩阵式信访理论研究方法,不断丰富信访研究内容,并综合运用文献研究、调查研究、个案研究、比较研究、跨学科研究等研究手段,进行理论研究上的中长期积累,避免现有单一的学科体制对综合性的信访问题研究的束缚。

第三,研究思路的多重视角。习近平总书记在2016年5月哲学社会科学工作座谈会上的讲话中提出"智库建设要把重点放在提高研究质量、推动内容创新上"[①]。研究中心以习近平总书记有关指示为指导,进行科学研究和知识创新,不断运用多重视角开辟新的信访研究领域,以新的视角来审视信访工作,不断提出新观点、新理论、新方法、新发现和新假设,严格规范理论结构,为进一步进行理论创新奠定了基础。经过多年的实践,研究中心实现了"信访数据的跨部门化、信访研究的去敏感化",信访研究内容不断丰富和完善,各界对信访工作的认识能力不断提高,信访研究成果不断更新。

第四,研究项目的分类管理与实施。研究中心的研究项目,既有基础理

---

① 习近平:《在哲学社会科学工作座谈会上的讲话》,人民出版社2016年版,第27页。

论性研究课题、应用性研究课题和发展性研究课题，亦有计划指令型项目、动态型项目和协同型项目，还有阐释性研究、综述性研究和创造性研究等。面对研究领域、研究功能、研究范围、研究层次各异的科研项目，研究中心根据研究性质进行了梳理分类，并结合自身的特点，采取了自主研究、委托研究和合作研究的分类实施模式，并配套健全了项目管理和成果使用流程。对于与信访工作实践联系较为紧密、数据资料属于内部资料或者涉密不以委托或合作研究的研究项目，研究中心采取自主研究的模式，主要包括专题研究、年度报告、国内外重大社会热点事件收集、舆情分析和数据挖掘。

在成果转化过程中，研究中心按照成果的属性分类采取相应的转化方式，丰富对党中央治国理政新理念新思想新战略的研究阐释。既包括以"对策研究"、"专项研究"和"政策研究"等方式上报领导、转发实务部门，反映在公共政策等决策方案中，也包括编辑出版和教育培训等，用于"咨政、启民、育才"。研究中心还对研究成果进行效果分析，比如投入产出分析、影响力分析（学术、社会和政策）、成果转化效果分析等，以期进一步优化研究项目和成果（见图3）。

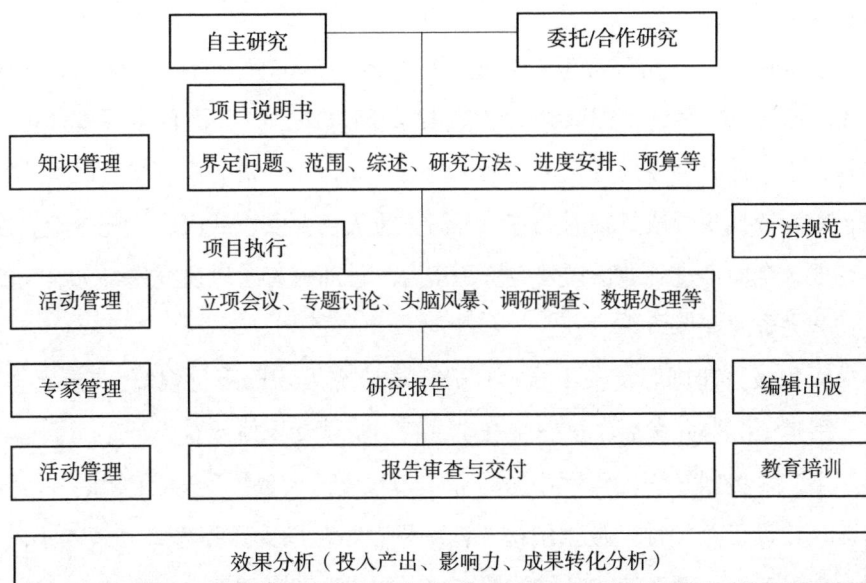

图3　研究中心自主研究、委托研究和合作研究模式

（4）智能化、专业化的研究支撑体系

第一，智力资源支撑体系。作为新型智库，研究中心不仅重视从需求端健全决策咨询机制，更注重从供给端加强智库自身的体制机制建设，战略推进智力资源支撑体系。实现战略目标关键在人才。经过多年不懈努力，研究中心初步打造了支撑智库发展建设的智力资源支撑体系。

①聚集专家团队促进研究专业化。研究中心构建学术共同体，人才吸引力不断增强。数年来，研究中心凭借务实创新的精神，在全国范围内凝聚了一大批从事信访理论研究的专家学者，专家的数量及研究领域发生了质的跨越。

②初步形成我国信访专业高层次后备人才培养体系。研究中心分别与中国政法大学、北京城市学院以及北京联合大学合作，建立了三个硕士培养方向。2016年与中国政法大学共同建设我国第一个信访领域的博士培养方向——"信访政策量化分析"。2017年，与中国政法大学联合建立了信访博士后培养方向。研究中心参与制定硕士、博士、博士后培养方案，编撰首套信访硕士研究生教材，进一步完善信访专业高层次人才培养体系，推进信访专业化发展。

③推动设立信访高等教育联盟，推进各地信访智力资源培育。2015年6月，研究中心联合中国政法大学等12所高校成立了我国首个以推动信访与社会矛盾冲突领域高等教育为目标的行业团体——信访高等教育联盟。目前，中心依托联盟成员辐射北京、上海、重庆、西安、武汉、广州等地，以点带面，全面推进各地信访智力资源培育，进而完善了以研究中心为龙头的信访智力资源支撑体系。

④积极搭建国际交流平台，提升信访研究人才国际化视野。"走出去"与"引进来"协同发展，进一步夯实了智力资源支撑体系。

第二，数据知识支撑网络。研究中心顺应"大数据""人工智能"时代潮流，建设了全国性"数据信访"网络平台，借助大数据思维和智能手段，整合数据资源，增强信访工作的精准性、便利性和高效性，提高社会治理社会化、法治化、智能化、专业化水平。

①首创专业化、集约化的门户网站平台。

研究中心于 2012 年 11 月开通全国信访系统首个"信访与社会矛盾、社会问题研究"专业信息网——北京市信访矛盾分析研究中心门户网站，建立了以理论研究、编辑出版、信息汇总等三大业务模式构筑的专业化、集约化支撑平台。网络平台功能全面、内容丰富便民。共有《信访新闻》、《学术前沿》、《创新理念》、《智库声音》、《国际交流》、《政策法规》、《环球视点》、《会议研讨》、《课题集锦》等 16 个栏目，定期发布信访理论研究前沿成果、展示各地信访工作创新做法、汇集社会民生资讯信息，并开展网上投稿、刊物征订和便民服务等。为便于国外用户浏览，网站进行了中文、英文、法文、德文、意大利文、俄罗斯文、日文、韩文等八种语言静态页面建设，这在国内智库机构中是比较少见的。

②首创信访数据资料采集与统合利用系统，获得两项国家专利。

研究中心于 2009 年创建全国首个"信访数据资料采集与统合利用系统"，迄今已形成集传统文字数据、现代多媒体视频为一体，含中、英文等多语种资料，并整合了信访工作部门、理论学术界、信息资源企业等资源的国内唯一信访专业性数据库。采集系统数据库容量大、分类齐全。截至目前，系统内已建成国内群体性事件库、北京市政策法规库、北京市信访案例库等 20 个数据库，其中极端行为事件数据库和群体性事件数据库在全国范围内极具特色。储存的数据文献总量达 16 亿条，其中 15 个数据库从设计到内容具有自主知识产权。

基于数据资料采集与统合利用系统，研究中心又拓展研发了"信访与社会矛盾综合研究工作平台""信访数据深度挖掘与决策支持系统"以及"研究中心门户网站工作平台与信资源支撑系统"，对相关信息进行深度挖掘，并在此基础上进行高度概括、分析和综合，为政府提供精准、快速的决策支持。这三个系统已经获得两项国家专利。

③首创信访数据实验室、中国信访大数据学术与应用研究联盟及社会治理综合指数群。

研究中心以信访和社会矛盾数据为支撑，与中国政法大学联合建成集科研、教学、信息资源功能于一体的全国首个"信访数据实验室"，为政府决策提供综合服务。实验室拥有专门的办公场所、专职工作人员、专业的数据实验器材、权威的研究人员、丰富的基础数据和现代的分析软件。信访数据实验室的成立，填补了相关领域的空白，是大数据背景下信访数据量化研究的新突破，也是信访理论与实践结合的有益探索。

2018年，研究中心继而联合中国政法大学发起成立了"中国信访大数据学术与应用研究联盟"，这是国内第一家专门从事信访大数据学术研究、实务应用开发的机构，通过整合信访大数据领域内部优质资源，促进要素资源的共享协作、高效利用，增强信访工作的前瞻性、系统性、针对性，为推动信访领域工作改革创新提供智力支持。

研究中心持续探索运用"指数研究"量化反映社会的健康水平，2010年在全国率先进行"社会矛盾指数研究"，推动社会矛盾由"事后应对"走向"事前预防"，为增强国家治理效度提供咨询建议。迄今，研究中心已研发形成了社会矛盾指数、信访指数、信访法治化指数、社会犯罪指数、社会隐性不满指数等"社会治理指数群"。基于较为全面的指标体系和较完善的指数分析方法，从不同视角量化评估社会矛盾、社会风险的现状，成为新时期科学观测社会健康现状的重要突破口之一。2017年10月，研究中心又率先提出"社会健康指数"概念，统领涵盖整个社会治理指数群。

④自主研发"智慧信访"大数据平台。

2017年11月，研究中心在全国首创的"智慧信访"大数据分析平台完成第一阶段研发，并通过专家评审，该大数据平台由研究中心自主研发完成。"智慧信访"通过机器学习、人工智能大数据分析技术，对信访形势进行实时监测与准确预测，可随时掌握信访形势发展动态，掌握极端事件出现的苗头，同时从源头上对信访发展可能性做出预判，将矛盾冲突化解在萌芽状态。

该系统具备"深度挖掘"与"态势感知"两大功能。"深度挖掘"是指利用文本挖掘和先进的数据算法对信件中信访人语句和用词表达的情绪进行分析，量化打分。大数据可对长篇信访来件进行自动文摘，生成简洁核心内容。系统还可通过大数据进行事件识别，通过文本相似类分析，将多个相似的信访件划分归类。同时，准确找到事件发生恶化的"转掠点"，计算恶化指数。"态势感知"则可对事件进行关联分析，精准预判，并通过抓取信访事件关键词汇，基于知识库和案例库的存档，自动、实时地推送准确法条及类似案例作为工作参考。通过"深度挖掘"和"态势感知"等手段，增强信访工作的前瞻性、系统性和针对性，使"智慧信访"成为现实。

⑤"政学研"一体化支撑平台。

研究中心致力于搭建"政学研"信访研究新平台，促进信访研究常态化和可持续发展。研究中心通过构建"信访高等教育联盟""中国行政法学会信访法治化专业委员会""中国信访大数据学术与应用研究联盟"等一系列专业性平台，将国内数十家研究机构整合为专业化、高水平的学术共同体，形成了覆盖全国的"政学研"一体化支撑平台，这使信访领域的研究和教育能紧紧把握当前信访领域的重点、难点问题，从而精准破解实践难点，进一步推动信访理论及实证研究，信访学科建设及人才培养，加快学术成果的传播应用，提升信访和社会治理科学化、法治化、专业化水平。

研究中心构建的"政学研"平台，已成为全国信访理论研究和实务研究的重要载体，为全国信访工作实务提供了有益借鉴，并逐渐在全国范围内形成了重视信访理论研究的共识，促进信访理论接地气、进人心，获得了国家信访局和社会各界的认可。

目前，以研究中心为龙头的信访研究人才体系、学科体系逐渐形成，以研究中心为首的政学研平台，通过开展研究项目发挥智库性功能，研究中心的智库影响力日益增强。

3.研究中心的智库影响力

研究中心在开展新型智库建设过程中，配置智库资源，形成合力，在理念文化、制度文化、行为文化等维度夯实了影响力和吸引力的基石，形成较强的学术影响力、社会影响力和国际影响力，对提升我国社会治理社会化、法治化、智能化、专业化水平发挥了积极作用。

（1）管理力和吸引力不断提升

第一，管理力提升方面。研究中心紧贴发展需求，设立分支组织机构，确立管理模式并引进先进技术手段，深化制度规则及各类平台建设。通过机构管理机制、智库成果形成机制、舆论引导机制、人才队伍培养机制、多元的对外交流机制的良性运行，在理念文化、制度文化、行为文化等维度夯实了管理力的基石。

第二，吸引力提升方面。一是人才吸引力不断增强。现阶段，研究中心的专家库吸纳了相关学术领域1000多名知名专家学者，其中100多名专家长期直接参与研究中心的课题研究，促使研究中心的研究领域和内容更加精细化、专业化，为进一步提升研究中心的吸引力与影响力筑牢基础。二是学术合作日益多样化。研究中心在现代社会治理、社会矛盾问题研究领域与几十家国内外机构开展了举办大型研讨会、专题研讨会、专题报告会、合作研究等"常规动作"类交流，并实施了独具特色的"1+X"合作机制，以及创建国家协同创新中心、研究基地等"自选动作"，有效吸引了国内外相关学术资源。

（2）学术地位和影响力日益巩固

学术研究创新是支撑研究中心持续发展的坚定基石。研究中心重视基础理论以及系统性问题研究，不断深化交叉学科研究，同时结合大数据时代特点，引进数据分析方法，不断增强学术议题发现与解决能力，引领信访理念创新。经数年发展与积累，共出版信访理论著作43本，学术论文成果和著作成果丰硕，研究中心的学术地位和学术影响力逐渐彰显。

第一，学科建设效果明显，学术引领力与日俱增。研究中心在全国率先关注信访学科建设，明确提出"信访应该成为一门专业学科"的创新理念。研究中心在信访学科建设领域已取得一系列突破性成果，填补了相关领域的空白。2011年10月，研究中心与北京城市学院合作开设"信访与社会矛盾冲突管理硕士研究生班"，此为全国首个信访方向的硕士研究生班。随后研究中心在中国政法大学、北京联合大学也分别建立信访方向的硕士生近百名。2015年5月，研究中心与中国政法大学合作开设的我国第一个信访领域的博士培养方向——"信访政策量化分析"博士培养方向。2017 年 7 月，研究中心与中国政法大学合作设立了全国首个信访博士后培养方向——"大数据视域下信访老户研究"博士后培养方向，信访专业培养实现了硕士、博士和博士后的全覆盖，信访专业化建设迈上新台阶。

为支持信访学科建设的发展需要，2012 年 9 月，研究出版了全国首套信访研究生教材，共计六本，分别为《信访学概论》《中国信访史研究》《高级信访工作实务》《冲突与危机管理》《信访法制》（上、下），共计 150 多万字，填补了国家相关领域的空白。2015 年 9 月研究中心与中国政法大学联合向国务院学位办申报设置信访学科，2015 年 11 月国务院学位办批复同意设置信访学科，这标志着信访学科在中国的正式设立。信访学科的建立，标志着信访制度的发展进入新阶段，掀开信访制度发展历史崭新的一页。

第二，研究前沿问题，成果丰硕。迄今研究中心开展课题研究 100 余项，并积极参与为国家决策服务的国家重大项目研究 13 项，其中"信访立法课题"研究成果获得北京市第十三届哲学社会科学优秀成果奖二等奖，"社会矛盾指数课题"研究成果获得北京市第十四届哲学社会科学优秀成果奖二等奖，获此殊荣的北京市级部门仅有 10 个。2018 年 5 月，光明日报社、南京大学联合评选的 2017 年度中国智库最佳实践案例评选结果揭晓。在全国 23 个省市自治区申报的 441 个项目中，北京市信访矛盾分析研究中心申报的《社会矛盾指数研究》项目脱颖而出，荣获本次评选的最高奖项——2017 年度中国智库最佳研究报告特等奖。2018 年 11 月，在中国社会科学评价研究院主办的第一届中国智库建设与评价高峰论坛上，研究中心的《信访立法可行性研究》报告在全国 478 份申报材料中脱颖而出，荣获"中国智库学术成果奖"优秀报告奖。

截至目前，研究中心申报的公开出版学术著作 43 部，包括基础理论研究类、实务研究类、信访与社会矛盾冲突管理研究教材、改革创新类和信访法治研究类等五大类，80% 以上被国家图书馆收藏，《中国信访史研究》一书被法国国家图书馆收藏，全国首套信访与社会矛盾冲突管理方向硕士研究生教材结束了我国信访高等教育没有专业教材的历史（见表 3）。此外，研究中心完成专题、思考建议等研究报告 100 余篇，连续 6 年以《年度报告》形式持续监测政府公共政策制定执行情况、社会矛盾基本情况、群体性事件发生情况，成为研究中心的拳头品牌之一。

表 3 　研究中心发表专著情况

类别	解决问题	著作名称
基础理论研究类（共 8 本）	紧扣时代发展脉搏，回答信访是什么和为什么等基础理论问题，包含：信访本体论研究：信访概念、信访属性和信访功能的界定；信访认识论研究。从社会建设、公共政策和国家治理的角度和层级充实和完善信访理论	《以治理的民主实现社会民生——对于行政信访的再审视》《信访制度与国外相关制度比较研究》《信访与治理》《中国信访理论的新发展（2005—2014）》等
实务性研究类（共 13 本）	将信访理论研究应用于实践工作中：总结信访规律，提炼信访实践规律，为政府科学决策提供理论依据	《涉农信访与社会稳定研究》《全国信访法律文件汇编（2015）》《信访理论研究——全国首届"信访与社会矛盾冲突管理"研究方向教学成果》等
信访与社会矛盾冲突管理研究生教材（8 本）	致力于信访领域高端人才培养：研究中心专门为信访方向研究生编写了一套学习教材	《信访学概论》《高级信访工作实务》《中国信访史研究》《冲突与危机管理》《信访法制（上）——信访法制通论》《信访法制（下）——信访法制专题问题研究》等
改革创新类（10 本）	从国家治理的视角，重信审视信访制度的功能定位；首创"指数"研究新模式，深度挖掘信访数据价值；努力将研究中心打造成专业智库	《国家治理体系下的信访制度研究》《中国信访：新视角　新思维　新理念》《社会矛盾指数研究——创新信访工作的新路径》《使命与愿景：北京市信访矛盾分析研究中心发展报告（2009—2014）》《信访制度智库性功能建设研究》等
信访法治化研究类（3 本）	致力于推进国家层面信访法治化进程：前瞻性地开展信访法治化研究	《信访与法治》《信访法治化研究》《社会矛盾化解与信访法治化问题研究》

据不完全统计，研究中心及其分支机构在国内权威的杂志或期刊上发表

学术论文 60 余篇，并呈逐年上升态势。因研究成果在相关领域是具有独创性的前沿性的，很多成果得到人民网、新华网、求是理论网、光明网、凤凰网等权威网站广泛转载与关注。研究中心创办的《信访与社会矛盾问题研究》是全国第一份从信访角度研究社会矛盾和社会问题的理论期刊，填补了相关领域的空白。创刊 10 年共刊发 54 辑，字数达 540 余万字，成为信访理论研究的重要平台。

第三，率先提出系列重要创新理念，引领信访研究的方向。研究中心的研究成果具有较强的前瞻性，重视信访基础理论研究，提出一系列具有重要影响力的创新理念，如应推动信访工作从表层汇总型信访向深层剖析型信访，从实务操作型信访向理论研究型信访，从参与保障型信访向服务决策型信访转变；信访工作要科学化、学科化、专业化、数字化；信访制度是国家治理体系的重要组成部分，是重要的负反馈机制；预防化解信访和社会矛盾应关注社会的"隐性不满"；信访改革的三个方向为推进以信访立法为抓手的信访法治化进程，推进信访制度成为国家治理体系下的重要制度设计，推进信访机构成为国家重要的特色智库；信访立法的指导思想首先是约束行为，其次才是规范程序等。这些重要理念重新审视信访制度的功能定位，创新信访制度发展完善的思路，在信访的理论和实务界都产生了较大的影响，形成积极的引领作用。

（3）政策影响力日益彰显

研究中心作为政府体制内的新型研究机构，以理论研究和对策研究为主要任务，组织社会科研机构和专家学者，通过客观理性的科学方式，为政府解决信访矛盾和社会问题提供相应的智力支持和政策性建议。

第一，拓宽成果转化渠道，提升成果转化效率。研究中心不断创新工作方法，摸索创新规律，多措并举完善科研成果转化机制，拓宽成果转化渠道，提升成果转化效率，研究中心在加强智库建设的过程中，非常重视发挥领导批示的积极作用，努力转化更多有价值的研究成果，推动智库建设迈上新台阶。研究中心成立以来，创新了一系列信访理论研究工作方法，创造出一大批前瞻性突破性成果，既有思维理念上的创新，也有工作方法上的改革，在信访理论研究领域发挥了前沿引领作用，因而受到领导和相关部门的高度重视。截至 2020 年 12 月，100 多项智库成果获省部级以上领导重要批示 193 次，其中，多位国家领导人均对研究中心的成果作出批示。

第二，政策制定，提升建言品质。研究中心探索介入政策制定前期设计（如调研、意见征集、方案设计等）、中期建言（通过内参、研究报告等形式设计政策框架）、后期追踪（包括评估、完善及应对社会舆论）等全过程的方式，以专业、客观和独立的方式协助决策者对政策进行论证与评估，进而体现政治决策机制的公开化、社会化、民主化和科学化。2013—2019 年研究中心持续开展信访立法相关领域的研究，形成实地调研报告共计 100 多万字，先后形成 3 部信访法草案专家建议稿，相关成果上报中央后，得到国家领导人的高度重视，推动信访立法工作的实质性开展。2015 年、2016 年，国务院持续将《信访法》正式列入了年度立法工作计划。2017 年 3 月，国务院原法制办将《信访法（草案）》发至全国各省市征求意见。2017 年 4 月，《全国人大常委会 2017 年立法工作计划》提出：对有关方面提出的信访、社会治安综合治理、农村金融等方面的立法规划外项目，由有关方面继续研究论证。2018 年 9 月，十三届人大常委会立法规划再次将《信访法》列入"研究论证立法项目"。

第三，"旋转门"机制助力，咨政传播渠道渐成体系。研究中心创新人才机制，广泛邀请各界人才加入智库团队，其中既有省部级领导，也有实务部门领导干部，既有国内学科带头人，也有外籍社会治理领域专家。研究中心咨政传播渠道渐成体系，根据研究成果的不同性质，以内部决策参考、学术报告、科普活动、记者发布会、教学、基层干部培训等不同形式对外传播，形成推动政策变迁的持续性力量。利用网络等新型媒体，及时对研究中心的理论成果进行宣传，不仅扩大其政策影响力、学术影响力，而且扩大了民众影响力。

（4）社会影响力取得长足进步

研究中心通过信访理论研究，澄清了一些理论界对信访制度功能、定位、性质的误解，使一些原本对信访工作持消极态度和观点的学者和公众，重新认识信访工作的重要作用。研究中心在国内学界统一了对信访立法必要性和可行性的认识，促进理论界和实务界就制定信访法日益形成共识，为信访法立法工作营造了良好的社会氛围。

第一，建立覆盖全国的研究共同体，社会参与度逐步提高。研究中心在全国范围建立了 17 个分中心和 2 个研究所，分中心覆盖北京、上海、天津、重庆、广东、湖北、四川、陕西等省市，以研究中心为龙头，以分中心为支点，在全国范围内开展大量研究工作。

研究中心建立了"中国信访高等教育联盟"（覆盖 14 所高校，全国 5 所政法大学均有参与），在政治学、社会学、法学、公共管理学和心理学等多元学科的专家中凝聚共识，吸引全国范围内的多元学科专家积极参与信访理论研究。

研究中心推动中国行政法学研究会建立了"中国行政法学会信访法治化专业委员会"，填补相关领域的空白，并在安徽、广东、广西、陕西、内蒙古等省区建立 8 个研究基地，为信访法治化研究深入开展奠定坚实基础。2016 年，研究中心与中国行政法学会信访法治化专业委员会功能沟通启动了首届全国"法治信访进步奖"的评选活动，全国 16 个省市自治区的 65 个信访机构主动申报了 75 个奖项。2018 年 11 月，第二届全国"法治信访进步奖"评选活动成功闭幕，影响力和辐射力大幅增强：奖项得到中央部委的关注。生态环境保护部、国务院台办等多个部委主动咨询、申报多个项目；全国 21 个省、自治区、直辖市的信访机构主动申报奖项，涉及党委、人大、政府和法院的信访机构，申报范围显著扩大。奖项引发较强的正向效应，新华网、人民网、《光明日报》、《法制日报》、今日头条、中国新闻网、凤凰网、搜狐网等知名媒体均进行报道，各省市信访机构的官网也跟进发布，产生了积极的社会影响。

第二，重视发挥媒体的作用，社会关注度持续扩大。随着研究中心的影响力提升以及研究成果日丰，研究中心的媒体关注度也在持续扩大。近年来，传统媒体以及新媒体发表观点、获得报道数量不断增长。线上线下媒体的正面反应、正面报道推动了研究中心影响力的扩大。报道的媒体数量有

100 多家，包括《人民日报》《光明日报》、新华网、凤凰网、千龙网、《法治日报》《北京日报》、新民网等，均为中央及地方重点新闻媒体和全国知名门户网站，在新闻报道的文章性质方面，皆为正面报道，报道显示研究中心的研究内容对社会发展具有积极的正面效应。

第三，社会声誉不断提升，持续多年被评为全国最具影响力的智库。研究中心的成果得到国家信访局的高度关注和充分肯定。2015 年 4 月，国家信访局在研究中心设立"国家信访局信访理论研究基地"，研究中心是国家信访局在全国设立的第一个理论研究基地。

研究中心多次获评最具影响力智库。2015 年，研究中心被中国网认定为 91 个国家级官方智库之一，是 91 个国家级官方智库中唯一的省级以下机构。2016 年，研究中心成为光明日报、南京大学的"中国智库索引"首批来源单位。2017 年，研究中心入选上海市社科院评选的中国最具影响力 105 家智库榜单。2018 年，中国社科院评价研究院对研究中心的智库建设进行专项评估，认为研究中心作为全国党政机关在信访领域的唯一专业性智库，是我国信访和社会矛盾领域的重大创新，智库影响力较为突出，必将产生十分积极和深远的影响。2019 年 3 月，上海社科院公开发布《2018 年中国智库报告——影响力排名与政策建议》，研究中心在全国政法类智库影响力中名列全国第 6，排名比 2017 年前进了一位，共同进入该榜单的有国务院法制办、中纪委、司法部、国家知识产权局及高等院校的智库。这是研究中心连续第三年入选该中国智库排名榜单，研究中心是全国唯一入选的信访和社会矛盾领域的专业智库。

（5）国际影响力日渐显现

研究中心通过核心竞争力建设，不断增强对外交流实力，通过国际会议、国际合作、构建国际化网络、吸纳外籍研究人员等多种方式，提高国际开放水平，引进国际先进的学术成果及学术人才，输出国内的学术成果和学术精英，加快学术"走出去"步伐，宣传中国方案、中国智慧对国际治理体系的贡献，逐渐得到国内外学术界的高度认可。

第一，国际交流对象遍及五个大洲，国际影响力基础扎实。研究中心的国际交往对象遍及亚洲、欧洲、美洲、非洲和大洋洲五个大洲 50 多个国家和地区，合作对象 40 余家，对外交流合作从人员互访向深度合作发展，与法国、意大利、奥地利、澳大利亚、新加坡、韩国的 6 所知名高校和研究院所开展合作研究、人员互访、学生培养、出版等全方位领域合作。除了学术理论上的"引进来"和"走出去"，研究中心还开展人才的"引进来"和"走出去"。研究中心累计派遣 72 人次到国外或境外进行论坛、讲学等形式的访问交流，累计接待海外专家学者、留学生 243 位，以"引进来"方式举办国际学术讲座 13 次，累计培训人员超过 1800 人次。

一些重要国家和地区包括俄罗斯联邦总统办公厅公民和团体信访局、丹麦议会监察专员署代表团、美国驻华大使馆官员主动来中心交流。这些活动不仅有利于向国际社会推介我国信访制度，还有利于与各国专家学者就社会矛盾领域的前沿问题交流最新情况、最新理念，为我国信访制度理念的创新与发展提供大量可借鉴的启示和经验。研究中心已经成为对外传播我国信访制度的重要窗口之一。

第二，搭建高端国际交流平台，不断增强国际话语权。为进一步推介我国本土化、内生性、具有中国特色的信访制度，研究中心创设了 3 个"信访与社会矛盾"国际性、常设性高端论坛，即与意大利比萨圣安娜大学、奥地利维也纳大学、新加坡南洋理工大学、澳大利亚迪肯大学合作设立"社会矛盾预防与应对国际论坛"；与日本中国法研究中心、新加坡南洋理工大学合作设立"社会治理亚洲论坛"；与法国、西班牙的政府部门及智库研究机构合作设立"中国、法国和西班牙人民权益保护制度论坛"。受邀出席的专家学者累计 560 余人次，增强了我国信访工作研究在国际上的影响力和话语权，有效宣传了中国特色信访制度和治理体系形成的中国智慧和中国方案，逐步掌握了全球治理体系的一定话语权。

三、信访制度智库性功能建设的难点和着力点

信访制度智库性功能建设应分清主次，找到建设中的难点和推进建设的

着力点。体制机制改革、人才配置问题、信访专业化教育问题以及信访大数据保障问题就是建设中的难点和重要着力点。因此，在建设过程中，亟须推进信访机构的体制机制改革；需要重视顶尖人才、复合型人才的吸收和科研团队的培养；必须关注信访机构整体人员素质的提升，促进信访机构工作人员专业化水平的提升；还应重视信访大数据建设，在信访工作中引入大数据、人工智能技术，有力支撑和推动信访制度的智库性功能建设。

（一）信访机构的体制机制改革

在信访新型智库性功能建设进程中，需对当下信访的体制机制进行改革完善。当下信访机构数量繁多、结构松散，存在差异性，信访制度智库性功能建设在体制上，要根据不同地区的客观实际区别推进，不能"一刀切"。智库的运行发展对独立性和创新性有特殊的要求，因此在发展智库性功能的过程中，信访机构还需要在运行机制上进行必要的调整，以适应智库的要求；同时还应着眼于信访制度的特点，重视发挥外脑的作用。

1. 体制改革

当下信访机构的结构设置在横向和纵向上都比较松散。横向上，不仅有行政信访，还有党委信访、人大信访、政协信访、监察委信访、法院信访、检察院信访，部分企事业单位也有信访机构。这些机构之间互不隶属，彼此之间没有直接的联系。纵向上，行政信访中，信访机构对本级政府或党委负责，各地具体设置不一。上级行政信访机构指导下级信访机构的工作，并建立案件信息等的相互通报制度，但彼此不是领导关系。其他机构的信访，如党委信访、人大信访等，缺乏制度化。

根据信访机构设置现状，信访制度智库性功能建设有三个可以选择的模式：第一种模式，各个信访机构自行发展，使之具备智库性功能；第二种模式，同级党委、人大、政府、政协、司法机关等也可共同建立一个信访机构，集中发展信访制度的智库性功能；第三种模式，可借鉴北京市信访矛盾分析研究中心的实践经验，在信访机构内设立一个独立的专业性的智库机构。

以上三种模式各有利弊：第一种模式的弊端主要是各自为政，一定程度上造成资源浪费，也不利于信访数据的综合分析，且各个机关财力、人力有限，可能不具备建设智库性功能发展的物质条件。但第一种模式也有其优点，即能够针对特定领域的信访问题进行特性分析，有利于信访研究的专门化。第三种模式对于信访制度智库性功能的发挥是较为理想的，既保障了信访新型智库功能的相对独立性，又能确保信访智库与各个信访机构保持密切的联系。但设置成本较大，需要大量的资金支持和科研人才。第二种模式在同级各机关之间设立一个集中的信访机构发展智库性功能，这样既能避免第一种模式的弊端，避免各机构之间各自为政，信息交流不畅，又能避免第三种模式较为高昂的成本。但第二种模式，在如何保障智库性功能的独立性和如何协调各个信访机构之间的关系上仍需其他组织制度的健全和完善。

各地信访机构智库性功能建设模式的选择，首先需考虑本地信访案件的数量和规模；其次是考虑本地区信访机构智库性功能建设的成本；再者应考虑当地经济发展和政府经费承受能力。因而，社会矛盾冲突较为激烈、信访案件量大的地区可以考虑设立独立的信访专业性智库。一般而言，县市级信访机构相对更适于选择上述第二种模式的信访智库；而国家级和省级的信访机构可考虑选择第三种模式，建立独立的信访专业性智库。当然，如果一个地区，信访工作人员学历普遍较高，科研力量相对雄厚，也可考虑发展第一种模式的信访智库。总之，信访制度智库性功能建设要因地制宜，根据实际情况选择合适的模式，从而确保各机构之间的有效联系，强化人员流通和信息共享。

2. 机制改革

信访制度的智库性功能建设强调独立性和创新性，信访机构目前日常的来信办理、来访接待、复查复核、督查督办等工作机制显然还不能承担新时期的信访智库性功能。根据信访工作的特点，在发展信访智库性功能中信访机构的智库性研究机制亟待强化：信访日常工作要有专人对信访案件所反映的问题进行深入研究，建立起信访与社会矛盾的分析模型和预警机制；设立信访理论研究课题，组建研究团队，开展重点、难点信访与社会问题的深层研究；就信访信息所反映的问题进行系统研究，提出具有战略性的建议和方案。

除工作内容的转变外，信访制度智库性功能建设还应注意健全完善相关制度和运行机制，从而确保研究的独立性：应保障研究人员的人事制度的独立性，保障人员的稳定性，并赋予研究人员晋升的弹性、自治性和制度化；应保障信信访机构智库性功能建设和运行的经费独立和稳定，激发研究热情；通过制度和机制的设置，鼓励信访研究的独立性。此外，信访机构新型智库性功能的发挥需要持续的科学研究和创新，亦需要较好的工作环境等。

实践中，建设信访制度智库性功能应重视发挥外脑作用，应积极联合高校、科研院所共同开展信访问题研究，构建信访理论研究的多元平台，吸引更多专家学者聚集到信访理论研究这个平台，使信访理论研究赢得更多学者的关注和支持，推动信访学术共同体的持续扩大。

（二）信访制度智库性功能建设的人才配置

信访机构建设智库性功能，人才的因素不能忽视。信访机构要有效发挥智库性功能，出色完成党委和政府交办的任务，独立作出具有决策影响力、学术影响力和社会影响力的研究成果，在人才培养中应注意三个重要问题：高端人才的引进；科研团队的组建和运营；多学科复合型人才的培养。

首先，高端人才对信访智库的建设发展意义重大。正如布鲁金斯学会中国中心主任李成在谈到智库发展中提到："智库最关键的是人才，而非经费。智库选择的人才必须是非常著名的或有巨大潜力的，有话语权，他们能够不断地得到媒体、学术界、国际国内民众的注意。"[①] 高端人才作为信访研究领域的领军人物，能够引领推进相关领域的研究取得突破性的进展，为党委和

---

① 《美国布鲁金斯学会外交政策项目约翰桑顿中国中心主任李成：成功的智库尤其要重视有效的传播》，中国社会科学网，http://www.cssn.cn/zm/zm_jfylz/201406/t20140603_1195047.shtml，最后访问时间：2014 年 6 月 3 日。

政府的科学决策提供有力支撑，从而有效凸显信访的智库性功能。其次，信访机构智库性功能建设中应重视形塑团队文化与协作精神，倾力打造专业研究团队。信访案件数以万计，信访问题的研究任务繁重，没有高效的团队是不可能胜任的。值得注意的是，新形势下通过信访反映出的社会矛盾和社会问题的复杂性与日俱增，这就要求信访机构的研究人才具备政治学、法学、社会学、公共管理学、心理学等多元学科的知识储备，具备扎实的理论基础、过硬的业务水平和突出的创新能力。因此，复合型人才对信访制度智库性功能建设必不可少。

（三）信访制度智库性功能建设的专业化教育支撑

信访领域的专业化教育支撑是信访制度智库性功能建设的关键。深入推进信访制度智库性功能建设，要求强化信访领域的专业化教育支撑，实现信访工作科学化、学科化、专业化和数字化[①]。强化信访领域专业化教育支撑，需持续推进以下工作：一是加强信访基础理论的研究。重视信访的基本概念，信访制度的历史渊源，信访制度的法律定性和定位，信访制度的体制结构、运行机制，信访制度与诉讼、复议、仲裁等相关制度的衔接，信访法治化建设工作，信访面临的重大问题和挑战，信访制度改革的方向与路径等信访领域基础理论的研究，推动信访基础理论体系的形成。二是推进信访专业学科的建设。系统化信访领域的专业知识，形成特定的信访基本理论和研究方法，建立健全信访高等教育的课程体系和教学方案，形成较为完备的学科体系，积极推进高校的信访领域专业化高等教育，培养信访领域的专业化人才。三是建立与信访业务相适应的人才培训机制。通过专业化培训，拓宽信访干部的视野，持续提高信访干部的理论水平和法治意识，强化信访干部的业务技能，整体提升信访干部的治理能力和水平。

当前，信访领域专业化学科教育支撑建设已取得不少进展：国务院学位

---

① 参见张宗林：《科学化、学科化、专业化、数字化——新时期信访工作探讨》，《信访与社会矛盾问题研究》2012年第1期。

办正式设置了信访学科；中国政法大学与北京市信访矛盾分析研究中心合作启动信访领域硕士、博士和博士后专业方向的培养；不少高校开设了信访领域的必修或选修课程。但整体而言，信访领域的基础理论研究仍显不足，信访领域专业知识的系统化还亟待深入。目前，全国范围内设置信访领域专业课程的高校仍然有限，高校信访专业培养的课程体系和教学方案的建设仍在起步阶段。实践中，对信访工作人员的专业化培训系统性、针对性、专业性和前瞻性均有待提高。就未来而言，强化信访制度的智库性功能，推动信访制度的深层变革，应持续加强信访基础理论研究，推进信访专业学科的建设，强化信访工作人员的专业化培训。

（四）信访制度智库性功能建设的大数据保障

大数据时代已经来临，利用大数据和人工智能发现客观规律，是不可阻挡的历史潮流，这既给信访工作带来挑战，同时也给信访工作创新带来机遇。大数据时代背景下，抓住了信访大数据，也就抓住推动信访工作创新发展、发挥信访智库性功能的关键所在。当前，亟须在信访工作中引入大数据、人工智能技术，开启"智慧信访"的新时代，对信访数据和资料进行深度分析，揭示数据背后的逻辑关联，实现对社会风险形势的实时监测，随时掌握社会风险的动态，追踪极端事件的苗头，推动信访和社会矛盾的精准化解。

在信访部门推进大数据建设，有三个基础性条件：一是数据有效共享和互联互通。首先，应实现信访系统内部数据的有效互联互通，整合现有信访网络资源，扩展信访信息的收集渠道，实现信访系统数据资源的深度共享。其次，逐步推动实现信访部门与其他部门之间的数据开放与共享，推动信访数据与其他相关部门的数据进行交互和融合，将有利于提及信访大数据分析的深入。二是对信访工作人员大数据方法论和理论的指导。信访大数据研究的开展，要求从事信访大数据分析研究的工作人员拥有相应的理论基础，科学掌握定性和定量方法论，具备开展信访大数据分析研究工作的基本素质。三是拥有专业的大数据分析技术。首先，掌握专业大数据分析方法和技术，对信访数据开展关键词分析、情感分析、多源融合分析、预测性分析等大数据分析。其次，及时把握大数据领域的最新技术成果，跟踪把握如数据供给层面的区块链技术、数据交换技术，数据处理层面的大数据存储管理技术、分布式计算技术、编程语言技术，数据分析层面的大数据基础算法、机器学习、数据智能技术，大数据应用层面的大数据可视化、真伪判定技术等大数据技术的最新成果，支持推进信访大数据分析的深入开展。

就全国范围而言，信访大数据建设得到越来越多的关注和重视，国家信访局和各地信访机构（如北京、安徽、广东等地信访机构）积极推进信访大数据领域的建设，取得系列重要成果。但整体而言，信访领域的大数据建设仍处于起步阶段，有待突破深入。实践中，信访领域数据的有效共享和互联互通还有待突破，基于多方面的客观原因，信访数据领域的"数据壁垒"现实存在；其次，量化分析仍是当前信访工作重要而又相对薄弱的环节，信访机构尤其缺乏具有量化分析专业知识的工作人员；再次，信访领域还需要及时吸纳和掌握更多的专业大数据分析技术，这些制约当前信访大数据建设的深入开展。对此，应采取有针对性的措施，有效破解信访大数据建设领域的瓶颈问题。

展望未来，伴随信访大数据建设的深入开展，将开启"智慧信访"的新时代，信访制度的智库性功能将得到空前强化，从而形成积极应对、精准分配资源的信访工作新模式，有力推动政府治理、社会治理的创新发展，助力新时期国家治理体系和治理能力现代化建设。

附　录
激活信访的"智库效能"（新论）

《人民日报》（2019 年 8 月 26 日 5 版）

信访是我国国家治理的重要反馈机制，是中国特色社会主义民主政治制度有益补充，堪称了解群众期盼、总结为政得失的一面"镜子"。近年来，各级信访机构建立健全网上办公系统，将各类信访信息及时录入系统，在日积月累中形成了数据庞大的动态数据库。这些数据，涉及城乡建设、城市管理、"三农"问题、劳动就业、住房问题、社会保障、教育文化、医疗卫生和环境保护等多领域问题，覆盖当前社会热点难点问题，具有一手性、动态性，是各类矛盾的现实"缩影"。从这个角度讲，读懂信访数据有利于较为稳妥地化解治理风险与挑战。

透过信访信息，能把握公共政策制定、执行中的得失。公共政策制定得不合理、执行得不到位、协调得不顺畅，往往是引发信访事项的重要原因。实践中，有些公共政策较多地注重促进经济发展而忽略了社会公平正义；有些政策缺乏连续性和稳定性，没有形成科学合理的政策体系；有些政策缺乏配套性和协调性，没有形成损益补偿等衔接和配套机制……这些，容易在现实层面积累一些矛盾或问题。借助信访数据采取针对性强的改革举措，有利于推动决策科学化、民主化，推进治理创新与完善。

透过信访信息，可体察出立法、执法和司法中的得失。分析信访数据和信息，相当于从一个方面打开了法治中国的量化窗口，不难发现：在立法领域，仍存在部分缺失、滞后，以及程序瑕疵等问题；在执法领域，有法不依、执法不严、违法不究的问题还未完全解决，行政机关未能有效落实依法行政仍是深层原因；在司法领域，利益表达机制还有待健全，公信力仍需进一步增强。关注信访反馈机制，从信访窗口管窥法治进程的得失，准确地把握当前的改革进程，有利于弥补缺漏，推进法治中国建设不断前行。

透过信访信息，能洞察社会心态的特点及趋势。作为社会情绪的"解压阀"，信访能直接反馈社会的"显性需求"，它一般表现为利益受损引发的新主张，并试图寻求救济。值得关注的是，通过数据技术还可以洞察"隐性需求"，而它往往具有隐蔽性、广泛性和积累性等特点，是社会治理的难点。通过建立在大数据基础上的"智慧信访"人工智能分析平台，能实现对民众的情感倾向分析，可深入挖掘社会的"隐性需求"，从而预警社会情绪的积聚，有利于从源头上采取有效措施，及时防范和化解潜在的社会矛盾。

时代在发展、形势在变化，从国家治理现代化的高度审视，信访绝不是包袱，而应被视为宝贵的制度资源。这一自下而上的特殊机制，是治理体系中反馈风险的重要机制。从某种意义上说，信访具有辅助决策咨询的智库性功能。如北京市成立信访矛盾分析研究中心，积极推动信访从表层汇总向深层剖析、从实务操作向理论研究、从参与保障向服务决策的转变。展望未来，信访工作必将摆脱传统模式，充分发挥治理体系重要反馈机制的价值作用，进一步向高质量发展。

（作者：王凯　单位：北京市习近平新时代中国特色社会主义思想研究中心）

后　记

　　信访制度是中国特色社会主义民主法治中一项重要的制度设置，是中国特色社会主义治理体系的有机组成部分。十八届三中全会提出"完善和发展中国特色社会主义制度，推进国家治理体系和治理能力现代化"这一全面深化改革的总目标。十九届四中全会、五中全会进一步明确了新时代推进国家治理体系和治理能力现代化建设的系列重大举措。特别是习近平总书记关于加强和改进人民信访工作的重要论述、关于推进国家治理体系和治理能力现代化建设的重要论述等，为新时代我国信访制度的深层变革和推进国家治理体系和治理能力现代化建设指明了方向。

　　《信访制度智库性功能建设研究》是北京市信访矛盾分析研究中心出版的"信访制度改革研究系列丛书"中的一本。本书论述了信访制度与国家治理体系之间的关系，从国家治理的视野重新审视了信访制度的特性和功能，探索新时期信访制度改革完善的重要方向——信访制度的智库性功能建设的内在机理和实施路径。大数据时代背景下，信访制度在政府治理、政治建设和社会治理等领域的智库性功能日益凸显，建设和强化信访制度的智库性功能，不仅可成为新时期信访制度改革完善的重要探索方向，还可以成为中国特色新型智库建设的重要突破口，推动社会矛盾有效预防化解，推进政府治理、社会治理等领域的创新发展，助力新时代国家治理体系和治理能力现代化建设。

　　本书是集体智慧的结晶。国务院原参事、中国政法大学博士生导师朱维究教授，北京市信访办原副主任、北京市信访矛盾分析研究中心创办人张宗林教授对本书进行了精心指导。北京市信访矛盾分析研究中心主任郑广淼、

280

副主任吴镝鸣为本书提出了很多宝贵建议。本书的作者为北京市信访矛盾分析研究中心副主任、副研究员王凯，国家开放大学教务部副部长、副教授陈鲲，北京市信访矛盾分析研究中心办公室主任叶明珠、理论研究部田华，最高人民法院司法案例研究院研究部副主任李晓果，首都经济贸易大学法学院副院长、副教授、博士生导师尹少成，中国纪检监察学院党建教研部教师霍沛，中国政法大学和浙江发展规划研究院联合培养博士后王娇娇，中国政法大学博士刘振宇，北京大学博士温学鹏。其中，导论由王凯撰写；第一章由温学鹏、王凯撰写；第二章由王娇娇撰写；第三章由霍沛、刘振宇、李晓果、尹少成撰写；第四章由陈鲲撰写；第五章由田华撰写；第六章由叶明珠、王凯撰写。

本书的筹备和出版，得到了人民出版社的领导和编辑的大力支持，特别是邓创业副编审做了大量认真细致的工作，他们从图书出版的专业角度出发，对本书内容、设计出版等方面提出了很多重要的完善建议。

衷心希望本书的出版能够为信访理论与实务工作者提供有益帮助。由于时间和水平所限，本书还存在诸多不足之处和局限性，权且抛砖引玉，敬请读者朋友们多提宝贵意见和建议。

编 者

2021 年 1 月